ワルシャワ便り

岡崎恒夫

未知谷
Publisher Michitani

はじめに

本書は二〇〇八年から二〇一九年までの十年間にＮＨＫ「ラジオ深夜便」で放送したワルシャワからのレポート原稿を基に書き上げたものです。深夜便のリスナーの方を対象にしたレポートなので、その内容をどんな方（年齢や職業など）に焦点を当てて準備したらいいか苦労しました。ポーランドはどこにあって、どんな国なのか、またそこに住んでいるポーランド人はどんな人たちかをどう紹介すればリスナーの方にポーランドのファンになってもらえるかずいぶん模索しました。そんな時、放送ではいろいろ質問を出して関心を絞ってくださったＮＨＫのアンカーの方たちに助けられました。本書を読んで、一人でもポーランドのファンが増えたとしたら、これ以上の喜びはありません。

ワルシャワ便り　目次

はじめに　1

2008
交通事情　9
ポーランドのクリスマス　11
この国の大晦日とお正月　13

2009
食生活　15
住宅事情　17
ポーランドの自然　19
子供と教育　21
ペット事情　24
休暇の過ごし方　27
海はありますか？　29
スポーツ事情　31
遠くて近い国　33
ポーランドのお盆　36
日本語熱　38

2010
ショパン生誕二〇〇年祭　41
ワルシャワの「柳桜会」　43
ポーランドの料理　46
カティンの森事件　48
花を好む人びと　50
レディーファースト　52
結婚観　55
秋の味覚　58
キュリー夫人　60
コペルニクス　62
若者のサブカルチャー　65

2011
伝統工芸　67
試験とテスト　70
調律師——ショパンの能　72
東日本大震災へのポーランド人の反応　74
茶道の普及　77
盆栽人気　80
日本に眠るポーランド人　82
首都ワルシャワ　85
絆の架け橋　87
エスペラント　90
航空ショー　93
シベリア孤児救済　96

古都クラクフ　98
戒厳令三〇周年　101

2012
ヴィエリチカ岩塩坑　103
山岳都市・ザコパネ　106
この国の験担ぎ　108
社会主義時代を振り返って　111
ワルシャワ蚤の市　113
サッカー欧州選手権　116
ワルシャワ・ゲットー　118
日本のゲームクラブ　121
日本美術技術博物館　123
ポーランド人と魚　125

2013
ワルシャワの寿司職人　127
ポーランド人留学生の日本の大学生観　130
日本初体験　133
幸福観　136
イギリス文学に貢献したポーランド人　139
市民の台所＝ハラ・ミロフスカ　141
ポーランドの園芸　144
桜咲く国から艦隊来る　146
ワルシャワ・フィルハーモニー　148
ワルシャワ大学日本学科を救った日本人　151
大衆食堂「ミルクバー」　153
貯金の実情　156

2014
ポーランド日本人会　159
ワルシャワの地下鉄　161
ポーランド語について　164
食べるお祭りイースター　166
医療態勢　169
別荘ブーム　171
世界を変えた発明発見　174
ワルシャワの日本祭り　177
野性の鳥たち　179
温泉事情　181
ポーランド語のたとえと格言　183
子育て今昔　186

2015
三大珍味　188
アウシュビッツ強制収容所解放七〇周年　190

恩義の人スタシェックさん 193
ポーランドの住所表示 195
第二次世界大戦終結七〇周年 197
ワルシャワのうどん屋さん 199
ワルシャワ文化科学宮殿 201
ビーバーは友達か敵か 204
黄金の列車 206
第一七回ショパンコンクール 209
肥満児問題 212
年の瀬 214

2016
幼児期の外国語教育 216
ワルシャワ市内に出没するイノシシ 219
ベトナム系ポーランド人 222
ポーランドで活躍するダンサーとバレーリーナ 225
博物館の夜 227
ワルシャワ大学創立二〇〇周年 230
少女「アシャ」 232
アンジエイ・ワイダ監督逝く 235
新作能「鎮魂」 237

2017
ポーランドの今年の課題 239
クリスマス・チャリティ・オーケストラ 241
日曜日の商業活動禁止 243
第三八回全ポーランド日本語弁論大会 246
将棋の国際化を図る女性 248
ベルナルド・ハナオカさんの死 251
カタツムリ大国 253
ルドルフ・ワイグル先生 255

2018
私の年末年始 258
IKEAとポーランド 260
渡りをやめたコウノトリ 262
激増する中国観光客 264
難民問題 266
人生は一〇〇歳から 270
忘れられたノーベル賞学者 272

後書きにかえて　著者インタビュー　聞き手　沼野充義 275
おわりに 291

ワルシャワ便り

交通事情

12／1
2008

自動車化《モータリゼーション》の発達と交通道徳《エチケット》は深い関係にあり、残念ながらポーランドのモータリゼーションは出だしが遅れたこともあり、運転手のお行儀は決していいとは言えません。幸いに遅れている分、車の数が多くないので、大都市の市内を除いては渋滞と言えるほどのものがないから、特に日常生活に支障は出ていません。事故でも起こらない限り、市外で渋滞が起きることがほとんどないのが現状です。市内でも信号を数回まったら、もう渋滞に巻き込まれたと騒ぐくらいです。

市内交通の利用システムと言えば、バスや電車の乗客は切符を備え付けの機械に入れて自分で切るシステムです。切符の値段は一律で、一駅でも終点まで乗っても大人七〇円ほどです、子供はその半額ぐらいです。乗客は自主的に切符を切るわけですが、一駅くらいと思って切らないでいて、時々回ってくるコントロールの係員に見つかると、通常の切符の六〇倍ほどの罰金を払う羽目になります。地下鉄は建設が遅れて、予定のほぼ二倍の時間がかかって第一区間が一九九五年から稼働していますが、おかげで朝晩のラッシュがだいぶ緩和されています。

乗客のマナーですが日本と大きく違うのは、お年寄りや子供連れ、それに妊婦には席を譲ることが全く当たり前の習慣として市民に行き渡っていることでしょう。最優先は身障者であることは言うまでもありません。次に妊婦、お年寄り、子供連れの母親の順でほとんどの人が自然に譲り合っています。高齢者である私の場合、気後れするぐらい誰からも席を譲られます。もちろん若者が寝入ってしまって気が付かないこともありますが、そんな時はほかの客がわざわざ起こして注意をしています。中には自分も疲れているからと主張する人がいますが、そんな人は乗客全員を敵に回すことを覚悟して臨まねばなりませんから、たいていは勝ち目がありません。また電車やバスがいくら混んでいても、母親は乳母車を乗せる権利があるので、ほかの乗客は乳母車の場所を確保し、母親の席を空けなければならないので大変です。ラッシュ時を避けてくれれば他人に迷惑が掛からないのにと思うのですが、大体誰も文句を言わずに場所を空けてあげます。

国営鉄道には、いわゆる改札口というものがありません。誰でも勝手にホームに入れるのです。もちろんどの列車に乗ろうが咎める人はいません。検札はどうなっているかというと、列車が走りはじめてから、車掌が回ってくるだけです。発車のベルもありませんし、日本のような詳しい車内放送もないので、途中で降りる場合はよほど自分で気をつけておかないと、乗り過ごしてしまいます。列車が万一途中で何らかの原因で停車することがあっても、説明などないのが普通です。日本との基本的な大きな違いは、乗客がすべて自分の責任で乗ったり降りたりしなければならないことでしょうか。駅員や乗務員に頼っていたら、どこにも行けません。こちらの交通機関は乗客に対して不親切だという日本人もいます。しかし私は日本の過剰な客扱いを少しこちらに

市内バス

回してくれれば双方ともちょうどよくなるかなと思っています。

ポーランドのクリスマス

12／15

クリスマスはポーランド人にとって、春のイースターと並んで一年の中でもっとも大事なお祭りで、子供も大人も胸をわくわくさせて待ち望んでいます。このわくわく感は大晦日、お正月を待つ日本人の心境に似ているかもしれません。

　今日はそのポーランドのクリスマスの様子をご紹介しましょう。まずクリスマス・イブですが、日本の方は欧米では必ず七面鳥が食卓に載ると思っているでしょうが、カトリックの国ポーランドではこの日の肉食は禁止されているので、魚を中心にした食事が用意されます。伝統的には一二種類の料理を作るそうですが現代はそれを守る家庭は多くありません。その料理は地方によって少しずつ違いますが、共通しているのはニシンと鯉、それに干しキノコやキャベツを使った料理です。赤カブを使ったボルシチという真っ赤なスープにワンタンのようなものをいれたのや、鯉を野菜スープの中で煮てゼリーで固めたもの、干しキノコとキャベツを一緒に煮込んだものなどが定番です。

　食事はキリストの生誕にちなんで、一番星が現れたときに始まります。テーブルカバーの下には、これもキリストが厩で生まれたことを象徴して干草を敷く習慣があります。初めてポーランドのクリスマスを迎えたときのことです。家族全員がテーブルに着いたとき、私の家族は六人なのに七人分の席が設けられていたのです。誰かお客さんがあるのかとたずねたら、「いや、これはどの家庭でも不意のお客に備えて準備するものだ」というのです。クリスマスは一年に一度家族全員が集まる大事な日ですが、何かの理由で家族と一緒に祝えない人が、木枯らしが吹く中を歩いていて、通りから窓を通して暖かい家族の様子が見えたとき、思わず見知らぬうちのドアを叩いてしまった。そんなときにその人を暖かく迎え入れられるようにと一人分余計に準備するのだということでした。事実、ある年のイブに一人の新聞記者が実際に何軒かの家のドアを叩いたら、どの家庭でも余分の席が用意されていて、歓待を受けたと報告していました。

こうして食事が終わると、次にプレゼントを交換する楽しい瞬間が待っています。小さい子供がいるうちでは、まず子供たちをちょっとの間一室に閉じ込めて、その短い間にたとえば母親がプレゼントをクリスマスツリーの下に並べ、父親は鈴を鳴らしてあたかもサンタクロースが空を飛んで駆けつけてくれたかのようにします。私たちの子供も、ずいぶん長い間それを信じていたと言っていました。

クリスマス・プレゼントについてですが、十二月の声を聞くと、ポーランド人はみんな会社や学校からの帰りにプレゼントを買いに走ります。冬のその頃は、三時にはすでに暗くなり、四時だと真っ暗です。イルミネーションに飾られた大通りなど、なんだか劇場の舞台の上を歩いているような錯覚を覚えます。そんな雰囲気の中で大人も子供も贈る人の趣味や好みを考えてかなり真剣にプレゼントを選びます。一番うれしいのは、「こんなものが欲しかったんだ」というお礼の言葉です。学生に聞いたところ、最近は日本のお年玉のように現金を渡す親も少なくないようです。しかし私のクラスの大半はそんなプレゼントは心がこもっていないので、うれしくないと言っていました。

イブの日、深夜一二時になると、ローマより数が多いと言われるワルシャワの教会でいっせいにミサが始まります。イブの真夜中に行われる深夜ミサ「パステルカ」です。今ほど温暖化が進んでいなかった頃は、ダイヤモンドダストの中を教会から流れる尼さんたちの聖歌を聞きながら旧市街を散歩すると、本当に心が洗われる様な気分になったものです。

この国の大晦日とお正月

12/31
2008

一年で一番大事なお祭り、すなわちクリスマスを一週間前に祝ったポーランド人にとって、大晦日、お正月は暦の上での大きな分岐点というか、区切りとしか見ていないようなところがあり、習慣上も際立った特別なものが見られません。習慣上の重要さから言えば、ポーランドのクリスマスが日本のお正月に当たり、ポーランドのお正月が日本のクリスマスに当たるようだと言えば解りやすいかもしれません。

したがって、ポーランドの大晦日、お正月はその日の特別な料理もなければ、決まった行事もありません。ただ年の変り目を楽しむパーティーがあるだけです。そのパーティーを「シルヴェストラ・パーティー」と言い、これは大晦日がシルヴェステルという男名の名付けの日に当たることから出た名称です。

自宅で静かに年越しをする人は別ですが、パーティーに行く人たちの選択には大きく分けて二つあります。一つは、普通のアパートか、ホテル、レストランなどで開かれるパーティーに参加することです。もう一つは町の広場や旧市街などに設けられた舞台で繰り広げられる歌を中心にしたバラエティーショーを朝まで楽しむものです。売れっ子のタレントから、老練の歌手、時に外国から招待した歌手もオープンエアーの舞台で歌ったり踊ったりします。そのどちらにも共通していることは、零時になるとシャンペンを飲み、キスをしながら新年の挨拶を交わすことと花火を打ち上げることです。自宅でのパーティーの場合は中庭で小さな花火を上げ、広場では大規模な花火が豪快に上がります。花火の破裂音は、町中どこでも凄まじいので、前日にはテレビやラジオで動物精神科の獣医が爆発音を恐れる犬や猫をどう守ったらいいか伝授するほどです。花火による火傷や怪我も多く、お正月のニュースに必ずその被害状況が報道されます。また、クリスマスツリーから出火して火事になるケースもあり、消防車の出動回数なども話題になります。

大広場での大掛かりな歌謡ショーは、テレビで全国に生中継され、いくつかの大きな都市がその豪華さを競い合うのも視聴者の楽しみです。

テレビでは日本の紅白歌合戦のようなものはありませんが、名画を立て続けに放映し、パーティーに行かない人の目を楽しませてくれます。

レストランやホテルでのパーティーは、豪華な食事、楽団付で切符の値段が五千円から一〇万円まで様々で、そこに集まるお客さんもたいていは見知らぬ人が多いのですが、ポーランド人は他人との垣根が低く、自己紹介しあうとすぐ親しくなって、朝方まで大いに遊ぶようです。

最後に日本のお正月と似ている点をいくつか挙げましょう。

零時になってシャンペンを酌み交わすとき、頭の中で一年の計画を立てるようです。いわゆる、「一年の計は元旦にあり」。そして皆が朝の始発まで遊ぶのですから、元旦は寝て過ごす人が大変多い。いわゆる「寝正月」です。

大晦日の夜

私の場合、大晦日に年越しそばを食べ、年が変わるとお雑煮を食べながらウィーンから生中継で送られてくるニューイヤーコンサートを聴くことで新しい年が始まります。

食生活

ポーランド人にとって日常の食事の中で一番大事なのは昼食です。社会主義時代は昼休みなしの八時間労働でしたから、昼食は帰宅してから、と言うと、四時過ぎにゆっくり昼食を楽しんだものですが、二〇年前の民主化以後西欧の就業形態に合わせて一二時の昼休みが一般的になりました。それでも日本のように麺類を掻き込むというようなことはなく、デザートまでフルコースを楽しんでいます。こちらの人に日本では夕食をしっかり取ると言うと、寝る前にたくさん食べるのは合理的ではないしそもそも健康上よくないと誰もが指摘します。

ここ一〇年ほどでポーランド人の食生活が大きく変化しました。それは健康食志向から来た日本食ブームです。九〇年代の初めには一軒しかなかった日本レストランが今や七〇軒とも八〇軒とも言われるほど増えて、たいていのショッピングモールには寿司屋があります。日本人の板前さんがいるのは五軒に一軒くらいですから、レストランによってはちょっと首を傾げたくなるような寿司が出てくることもあります。一番驚いたのは、にぎり寿司に衣をかけて油で揚げた天ぷら寿司です。味はご想像にお任せします。

寿司屋のほかに麺類専門店、焼肉、鉄板焼きなどがありますが、お昼時にはどこもポーランド人客でいっぱいです。アメリカ辺りの健康食志向がそのまま入ってきて繁盛しているといった感じです。みんな上手に箸を使って食べているのを見ると、日本の食文化がしっかり根を下ろしたかに見えます。とは言え、一般的に和食と言えばすしと刺身のことを言い、せいぜい味噌汁どまりで、それ以外の料理はまだあまり普及していません。

伝統的なポーランドの料理と言えばやはり牛肉、豚肉を中心とした肉料理でしょう。焼いたり、揚げたり、蒸したり、衣を付けてカツレツ風にしたりした肉にマッシュトポテト、フライドポテトを付け、脇にサラダを添えるのが一般的です。クリスマスイブに肉料理は禁じられているので魚が中心になるお国ですから、魚は肉とはみなされていません。鶏肉さえも肉のカテゴリーに入れない人もいるくらいです。私自身はポーランド料理の中で、その種類の多さ、季節感の豊かさ、味の深さなどから見て、スープに止めを刺すと見ています。春になるといちごスープ、夏は冷たいボルシチスープ、秋にはきのこスープ、冬には体の芯から温まる具のたくさん入った野菜スープなどと挙げていたら切りがないほどです。これらの料理の素になる食材について、日本の方に面白いと思われることをお話ししましょう。スーパーなどに行けば肉やソーセージはパックされたものもありますが、スーパー以外の普通の店ではたいていの物が計り売りです。それもキロ単位ですから、気をつけて注文しないと店の人に驚かれます。野菜も果物も形や色も様々なものが混じっていて、買い物客は料理に合った大きさのものを選び、それを店の人が秤にかけて料金を払うシステムです。ジャガイモ、ニンジンなどは泥がついていますし、リンゴや梨はところどころ鳥がつついた跡があります。客の中には、鳥こそ一番おいしい果物が解っているので、わざと傷物を選ぶ人さえいます。このようなポーランドのエコロジー感覚が西側諸国で大変もてはやされ、ポーランドの農産品はとても評判がいいそうです。

八百屋の店頭

住宅事情

2/15

日本と同様首都圏への一極集中が進んでいるため、ワルシャワでは不動産の価格がどんどん上がって一時中心部はパリのそれより高いと言われました。しかし、このところ全世界規模の不景気のあおりを受けてアパートも徐々に安くなってはいますが、若い夫婦にとってはまだまだ高嶺の花と言えます。どのぐらい高いかと言いますと、ポーランド人の平均年収が円換算でほぼ一〇〇万円ですから、六〇平米のアパートを買うには、安い物件で一平米二〇万円前後として年収の一二倍、高くなるとその約三倍、すなわち三六年分くらいになります。これは生活費別計算ですから、どんなに高嶺の花かお分かりになると思います。

私の教え子たちを見ていても、例えば結婚してすぐに新居が構えられる人は稀で、とりあえずどちらかの両親と同居して、その間貯金などして頭金を作ってからローンを組んでアパートを買うと言うケースが多いようです。ローンも日本と似ていて、二〇年、三〇年は普通です。さすがに次の世代にまたがる二世代ローンの話は聞いたことがありません。祖父母が亡くなってからそのアパートに入ることもよくあります。新しいアパートを建設している会社が倒産して、お金もアパートも失ったと言うニュースも後を絶ちません。

住宅そのものですが、戦前に建てられたものはほとんど見られなくなりました。ご存じのようにポーランドの大都市は第二次世界大戦中に爆撃などでほとんど破壊されました。ワルシャワは八五％以上が壊されました。戦後すぐ建てられた住宅は、昔ながらの赤レンガで造ったしっかりしたものです。少し無骨ですが、冬は暖かく、夏は涼しい理想的な住環境を作っています。七〇年代は、プレハブ建築技術が導入され、安価で手っ取り早くできるアパートがたくさん建てられましたが、今では耐用年数も過ぎてひび割れなどが目立っています。日本のような地震国だったらと思うと、背筋が冷たくなります。ベルリンの壁崩壊後は西欧型の資本主義が入ってきて分譲住宅会社が様々なアパートを建築販売しています。それらは正にピンからキリまであって、価格も様々です。またしばしば手抜き工事が話題になります。

　ポーランドは冬が厳しいので住宅の暖房対策は万全です。ワルシャワでは南北二箇所にある発電暖房局から全戸に蒸気を供給して室内温度が二〇度以下に下がらないようになっています。どの建物も入り口に入ると、廊下も階段も暖かいので、日本で使うような温かい下着が要りません。零下一〇度くらいの寒いところに出るときはしっかりした防寒着を着るので、下は薄着でも不都合はありません。厚い下着を着ていると建物の中に入ったとき難儀をします。ポーランドではお手洗いの中も暖かいので、ポーランド人に日本ではトイレの便座が温かいと言っても、何のことか理解してもらえません。

　最近でき始めた新しい団地は、団地全体を柵で囲み、一箇所しかない入り口では常に警備員が監視し

ていて、友人を訪ねて行っても、警備員が友人に確認してからでないと中に入れません。盗難防止、不審者締め出しには効果があるかもしれませんが、そんな陸の孤島のような住環境の是非がしばしば新聞紙上を賑わしています。もちろんそんな団地のアパートは驚くほど高価です。

ポーランドの自然

3／9

今回はポーランドの自然についてお話しします。まず地球上のポーランドの位置ですが、中央ヨーロッパにあって東のロシアと西のドイツにはさまれ、北はバルト海に面しています。その国の自然や気候に関係がある緯度で見ますと、ポーランドの北端はサハリン辺りで、南端が北海道のさらに北に当たるので、とても寒い国だと思われがちですが、意外にも年間を通しての平均気温が函館のそれと似ているのです。ポーランドの上空を流れている偏西風が常に暖かい空気を送り込んでいるからだそうです。

ですから、気候や植物相なども北海道に良く似ていて白樺、ナナカマド、スズランなど北海道ではおなじみの草木がこちらでも良く見られます。動物も鹿、熊、かわうそ、ビーバーなどがいますし、鳥もコウノトリ、鶴、カッコーなどがいます。とりわけコウノトリはヨーロッパ全体の過半数が生息していると言われるほどたくさんいます。コウノトリは木の上には決して巣をかけません。必ず人間の生活圏内にある住宅や納屋の屋根か電柱の上に巣をかけます。冬になる前に数千キロ離れた北アフリカまで渡りますが、夏には必ず同じ巣に戻ってきます。どうしてきちんと前の巣に帰れるのかとても不思議でなりません。日本でも言われている通り、ここでもコウノトリは赤ちゃんを運んでくると言われていて、とても大事にされています。一生涯パートナーを変えない習性からそのような伝説ができているのかもしれません。

山岳部と平野部の比率は日本と反対で、七〇％ほどが平野で、山は南部と西部の一部に固まっています。ポーランドの国名もポーレという平野と言う意味の言葉からできているほどですから、日本から来る人たちは本当に平坦な国だと言う印象をもちます。汽車旅行をしても土地の起伏がほとんどありませんし、飛行機から見てもまっ平らです。国土の四分の一を占める森や林もポーランドの特徴といえましょうか。森は国の森林官が監督していて、とてもよく整理され、動植物の保護も行き届いています。

　夏から秋にかけては、森にキノコ狩りに行くのがポーランド人の楽しみの一つです。もちろん毒茸もあるので、知っているキノコだけを採るのが原則です。どの森も下はブルーベリーの低木が密生していて本当に時間さえあればいくらでも集めることができます。それに、木苺、黒イチゴ、野イチゴなどもたくさんあって飽きません。平野部は中部から南部にかけて地味の豊かな農地がありますが、他は砂地のあまり肥沃とはいえない土地が広がっています。主要な農産物と言えば小麦、ジャガイモ、テンサイなどが挙げられます。北東地域にあるマズーリ地方は、氷河が残ってできた大小の湖がたくさんあり、その数は三千とも言われています。そのマズーリ地方では繋がっている湖を何日もかけてヨットやカヌーで巡るのが昔からの休暇の過ごし方です。

　次に、すぐにやってくるポーランドの春についてお話ししましょう。暦の上では春分の日に当たる三月二十一日が春の始まりです。実はこの日に、ポーランドでは日本の灯篭流しに似た習慣があります。それは「マジャンナ流し」と言って、布を被せたりリボンやビーズで飾った藁人形を川に流すのです。この行事はキリスト教がポーランドに入ってくるずっと前からある、古代スラブ人の伝統です。この人形は寒い冬と死神を象徴していて、これを川に流すことによって、不吉なものを追い出し、生命に満ちた春の到来を祝うという行事です。おそらく春から秋にかけての農作物の豊作を願う気持ちもかねているのではないでしょうか。マジャンナというのは、ある草の名前で、その実から染色の原料になる赤い色を取り出すのですが、それが血の色を連想させることから不吉と思われているようです。地方によっては違う名前も使うそうですが、ワルシャワのあるマゾフシェ県では大体マジャンナを使っています。昔この習慣を異教徒の習慣としてカトリック教会が止めさせようとしたことがあるのですが、民衆の中に根強く伝わっていて、カトリック国にしては珍しく宗教色の無い行事となっています。

　同じ日に、もう一つの習慣があります。日本語に訳せば「学校をサボる日」とでも言いましょうか。公然と学校をサボった生徒たちが仮装などをして町に繰り出すもので、先生たちもそれを大目に見てくれるという奇妙な行事です。さすがに大学ではこの習慣が認められていません。

また春になると、まずユキノシタが白い可憐な花を咲かせ、次に猫柳やライラックが咲き始めます。ライラックが咲く頃はチューリップ、クロッカスが咲き、木々の新芽が出てきて無彩色だった世界が一気に豊かな色彩を帯びて国中が花園に変わります。冬の間はまったく緑のない世界なので、春の彩りはまた格別です。

子供と教育

ポーランドでの子供の養育と教育システムは、次のようになっています。保育園へは生後四ヶ月から三歳まで、幼稚園は三歳から六歳までです。小学校は七歳から始まりますので、日本より一年遅いことになります。しかし最近日本の文科省に当たる国民教育省が二〇一二年度から就学年齢を日本と同じ六歳からとする政策を打ち出したため、保護者から反対の声が上がり、教育省との押し問答が続いています。学校に入る時期が一年早くなると、それだけ子供である時間が短くなると言うのが保護者の言い分です。

ポーランドも六、三、三制が布かれていて、小、中学校が義務教育です。公立学校は小、中、高とも授業料は要りません。一方、私立の学校は当然授業料がかかります。日本と同様だんだん学歴主義が顕著になってきて、いい大学に入るためにいい高校を、またいい高校に入るためにいい中学校をという、子供時代からの競争が激しくなっています。

保育園と幼稚園は有料ですが、子供を一二時までに引き取りに来れば無料だそうです。幼稚園では共稼ぎの親のために、朝七時から夕方七時まで子供を預けることができますが、その場合は一二時以後の追加分だけを支払う計算になります。でもそれは大した額にはならないそうです。

社会主義時代は、国そのものが労働者の社会でしたから、学歴と出世は必ずしも一致しなかったので、高等教育など受けずに早く社会に出て、手に職をつけたほうが得だという考えがありました。しかし、二〇年前の民主化後は西ヨーロッパからの企業進出や文化流入のためポーランドも学歴社会に変わって、私立の学校がどんどん増えてきて、今や私立大学の数が国立大学のそれを追い越しました。

ポーランドの小学校では、三年生までは科目別の授業がありません。大きく人文系、社会科学系、理科系の三つのグループに分けた教科が教えられます。

それから日本と大きく異なるのは、小、中、高とも一年ごとのクラス替えがないことです。小学校など一年から六年まで同じクラスの同じ生徒がそのまま繰り上がるというわけです。担任もしかり。また、三年生までは成績も三色のフクロウでつけます。青いフクロウは大丈夫ですが、黄色いフクロウをもらうとまあまあ、しかし赤いフクロウをもらうと要注意というわけです。

クラブ活動はありますが、朝練のような厳しい鍛え方はしません。スポーツの種目にもよりますが傍から見ていると遊びに近い練習をしています。次にないのが朝礼の類です。入学式、卒業式のほかは講堂に全校生徒が集まって校長先生の話を聞くというような習慣はないのです。その次にないのが制服です。セレブの子供が行くような一部の私立学校以外は制服というものがありません。せいぜい私服の袖などに学校のワッペンを縫い付ける程度ですが、それもほとんど見たことがありません。それで日本のように全校同じ制服を着ると言う光景はまったく見られません。時々制服を指定したらという問題が出てきますが、ポーランド人社会は大変個人主義的傾向が強いので、だいたい尻すぼみに終わります。その私服ですが、普通の格好であれば先生は何も言いませんが、特に派手なものを着ていると、少し注意

ポーランドの小学校　撮影：岡崎宇音

されるそうです。私の観察では、ほとんどなんでもありといった状態です。髪の毛の長さ、スカートの丈、服の色、靴の種類などそれは様々です。先生自身が先生らしくない格好をしていることがしばしば見受けられるので、子供はそれ以上に自由な服装を楽しんでいるようです。

　学校での生徒の義務が極端に少ないのもポーランドの学校の特徴です。日本では生徒自らが教室を掃除すると言うと、みんな驚きます。学校には掃除専門の職員がいるのに、なぜ生徒がそんなことをするのかと訊かれます。学校内に食堂はあるのですが、そこでは普通の食堂のようにお金を払って食べるだけで、日本のように給食の当番が教室に給食を運んで、先生も一緒にみんな揃って食べるということは彼らには理解できないようです。ですから、学校には先生以外の職員の数が大変多くて、たいてい一つの学校で二〇人近い職員が働いています。

　私の子供が小学校に通っていた頃の生徒手帳を見ますと、生徒にはこれこれの権利があるので、先生はそれを侵害しないようにという項目ばかりで、校

則といえば登校時間厳守とか、授業中に騒がないようにとかいった事しかなく、学校内での飲食や服装などについての文言も一切ありません。

さっき学歴社会になりつつあると言いましたが、それにしては塾がほとんどないのは不思議です。放課後、例えばボランティア活動のように学校外での社会活動に参加するケースはしばしば見かけますが、勉強のための塾がまったくないのです。では成績の悪い子はどうするかと言うと、家庭教師を雇う以外に方法がないようです。登校拒否とか、引きこもりとかといった現象も社会問題になるほどではありません。しかし秩序を乱したりする生徒がいないわけではありませんので、そのときは他校に移したり、特殊学校に転校させたりしています。

夏休みに宿題が全然ないので、子供たちは目いっぱい遊びます。休みには休みなさいという大人の本音のメッセージに子供は全幅の信頼を置いているようです。このようなところに、大人と子供の信頼関係があるので、学級崩壊のような現象が見られないのかもしれません。

ペット事情

ポーランドでは「犬は人間の最良の友達」と言われていて、ポーランド人は本当にたくさんの犬を飼っています。猫好きも多く毎年国際コンクールが大きな見本市会場で、開かれます。統計によれば、犬は二世帯に一匹、猫は三世帯に一匹が飼われているそうです。

血統書つきの犬のコンクールも毎年開かれますが、面白いのは血統書なしのいわば雑種犬のコンクールが町外れの競馬場で毎年開かれることです。ここでは血筋のはっきりした犬に劣らず、大事にされていることがわかり、とてもほほえましい印象を受けました。

私がポーランドに来た当初の印象は、何とたくさんの犬を飼っているのだろうということと、雑種と言えども日本では絵本や図鑑などで見たような犬ばかりで、日本の犬とはぜんぜん違うということです。ところ変わればとは、このことでしょうか。

次に気付いたことは、朝新鮮なパンやミルクを買いに行くと（ポーランドにはミルクの配達がありません。そういえば新聞の配達もないのです）店の前に必ず数匹の犬が喧嘩もせず飼い主が出てくるのを待っている光景が見られることです。どの犬を見てもリードを着けず、ちゃんと適当な距離を置いて坐っています。そして主人が出てくると尻尾を千切れんばかりに振って喜びます。それはとてもユーモラスで心温まる光景です。

肉屋の前で主人を待つ犬たち

そのしつけの良さはどこから来るのでしょう。小さいときは排便のしつけから始まるのは当然として、毎日三回の散歩に連れて行く際に初めはリードを着けていますが、慣れてくるとリードを取って足元から離れないように歩かせます。言うことを聞かなければときどきリードでお尻をぶたれることもあります。犬とリードの関係ですが、繋がれていないと他の犬と出会っても特に主人を守ることを意識しないのか、お互いに防衛本能も薄れるのかして、攻撃的になることがありません。私の経験でもリードを着けている方がずっと犬は神経質になるようです。ですから、ポーランドの犬の散歩風景は、リードのない犬が主人につかず離れず好きなテンポで自由に歩き回っているのが一般的です。中には獰猛な種類の犬もいますが、それは必ずリードと口輪をはめることが条例で定められています。散歩の途中で犬が他の犬に吠えかかったりといった経験がほとんどないのも、犬を自由に歩かせているからではないでしょうか。

もう一つこちらの犬のしつけが良いことの理由として、家の中で四六時中人間と生活を共有することが挙げられるでしょう。飼い主がずっと話しかけ、いろいろな指示を出したりおもちゃで遊んでやったりするので、正に家族の一員となって家庭内でのルールをきちんと身につけていくわけです。道端で両方の前足をそろえて坐り、首をうなだれている犬に主人が説教をしている光景を一度ならず見たことがあります。日本ではサルが反省のポーズをとっているCMがありましたが、それを思わせる光景です。

ポーランドでは二四時間体制の犬猫病院がいたるところにあるのも飼い主には心強い限りです。犬猫の他にも小鳥、ハムスター、ウサギなど愛玩動物には事欠きません。イグアナやカメレオンといったペットも今流行だそうです。たまにワニを近くの池で見たというニュースもありますが、これはしつけのなっていない人間様の仕業なのでしょう。つい最近は、ある人が川でポーランドにいるはずのないピラニヤを釣ったことがニュースになっていました。

また、こちらではほとんどどこにでもペットを連れて行くことができます。公共交通機関の利用はもちろんですが、喫茶店やレストランでも動物を連れて行けるところがたくさんあります。夏休みのホテルを選ぶ際にペットと一緒に行けるかどうかが目安になるほどです。

私の学生に動物愛護団体で活動している人がいますが、彼女の話ではあまり表に出ないけれど動物虐待の事件も結構あるそうです。しかし、それを法的に処罰するまでに持っていくのはほとんど不可能だそうです。まず虐待を受けた動物の証言が取れないこと、また虐待の事実を証拠立てるのが難しいことが挙げられるようです。

私はこちらで、犬がその飼い主にとてもよく似ている事実を発見しました。犬が太っていると、その主人も同じくらい太っているし、顔つきが穏やかだとその主人も同じような顔をしています。皆さんも散歩の途中で観察してみてください。

休暇の過ごし方

7／19

2009

　ポーランドの人は、プライベートの生活をとても大事にするので、休暇は家族と共に長時間過ごせる絶好の機会です。ですから、休暇は人生の中でも大変重要な意味を持ち、毎日の会社での仕事は休暇のためにやっていると言っても、さほどの間違いではなさそうです。夏休みが近付くと、「休みはどうしますか」と言うのが挨拶代わりになります。

　家族揃っての夏休みが存分に楽しめることの理由の一つは、子供たちの夏休みの宿題が一切ないことが挙げられます。夏休みの宿題がないのは、ポーランドの学校制度と関係があります。小学校から大学まで冬学期と夏学期の二学期制で、夏休みを挟んで学年が変わるため夏休みには宿題がないというのが建前で、休みには生徒に休ませるというところに本音がありそうです。

　ポーランドと日本の余暇の過ごし方の大きな違いは、日本人は様々な理由（財政面、休暇の長さなど）から、短期間にいろいろな計画をぎっしり立て、仕事をこなすときのように効率よく過ごすスタイルですが、ポーランドでは何の計画も立てずに一週間でも二週間でもぼんやり過ごすのが普通です。すなわち何もしないのです。日本人はまじめな性格から余暇そのものをまじめにこなすことを目的にし、ポーランド人は余暇とは何かを考えて、その判断に沿って何もしないで過ごすことを目的にしています。どちらが良いとか悪いとかの問題ではなく、余暇について私たちも原点に帰ってちょっと考えてみるのも余暇を楽しく過ごす一つの方法かもしれません。

　休暇の日数は職場によって異なりますが、大学の場合、就職してからの数年間は一六日、そのあとは三六日になります。同僚の休暇の過ごし方を見ると、一気に全部使う人、夏冬に分けて使う人、数日ずつ小刻みに使う人など様々です。しかし共通しているのは、全部使い切るという一点です。

　休暇を過ごす方法の一番一般的なものは旅行でし

ょう。そしてその旅行の仕方も国民性が現れます。日本人は団体行動を好むと言われ、ヨーロッパ各国の名所旧跡などは添乗員の旗印を先頭に団体が分刻みで観光して回る光景が良く見られます。その同じ場所で、一人ベンチに坐って、その名所の歴史案内書などを読んでいたりするのが、最もポーランド人が好きな旅行スタイルです。

ワルシャワの旅行会社に問い合わせてみたら、最も人気のある旅行プランは前半団体で効率よく名所を見て歩き、後半は単独で自由に名所の雰囲気を味わうというものだそうです。その次に多いのが行きと帰りだけ団体で、間はずっと個人の自由行動というプランだそうです。

ポーランドの学生たちの間では、「ワークアンドトラベル」という形態の休みが今人気です。三ヶ月の夏休みの前半は働いて、後半その稼ぎで旅行して回るというものです。例えば、フランスやドイツに行き、前半はぶどう酒用のぶどう狩りをし、後半はそのアルバイト料でその国を旅行するといった具合です。ですから夏休み前になると、大学の掲示板にはその類のポスターがたくさん貼りだされ、仕事の内容もぶどう狩りや、イチゴ狩り、子守り、老人介護、家事手伝いなど様々です。

ポーランド人の間で、日本人は年中働いていて、休みをまったく取らないと思っている人がかなりいます。昔そんなことが喧伝されたので、今も同じだと思っているようです。しかし今は違ってきたと言っても、なかなか信用してもらえません。そう言うと、では過労死はどうして起こるのかと反論されます。十分に休暇を取っていれば過労死などあろうはずがないというわけです。以前とどこまで違ってきたかと言われると、納得させるだけの説明をする自信がありません。

最近の報道では、今年は外国旅行に行く人たちが急激に減少し、全体の一〇%程度だそうです。三〇%を超えると言われた昨年までの実績からは大幅に減っていることが分かります。また国民の四人に一人が休みにどこにも行けない状態だそうで、こんなところにも世界同時恐慌の影響が現れているようです。

海はありますか？

8／17

2009

ポーランドは今夏休みの真っ最中で、多くの人が海で休暇を楽しんでいます。

　ポーランドは海岸線が五〇〇キロもあるのに、昔はよく日本の人からポーランドには海があるのですかと尋ねられました。それはおそらく社会主義時代に、ポーランドがソ連東欧と言う一つの地域にくくられていたので、全く海を持たないチェコスロバキアやハンガリーと混同されていたからではないでしょうか。しかし、一九八〇年に自由労組「連帯」の運動が起こったのが正に港町グダンスクのレーニン造船所だったから、その指導者レフ・ワレサの名前と共にポーランドに海があるという事実が最近は認識されているようです。

　ポーランドの海はバルト海で、遠浅の海岸は少なく、割合急に深くなっているところが多いように思います。それに海水がとても冷たいのです。海水浴場の監視をしている救護隊員が水温を計って冷たすぎる場合は黒い旗をかざして遊泳を禁止します。白い旗が出ていれば泳げるというわけです。しかし、白い旗が揚がっているから水温が高いかと言うと、日本の海と比べて氷のように冷たく、私はとても泳ぐ気になりませんでした。しかし、私が会ったスカンジナビアからの旅行者はここの水はとても温かく快適であると言っていたところから見ると、向こうの海は凍るぐらい冷たいに違いないと思った次第です。ポーランドの海に比べれば日本の海は温水プールのようだとは、私の妻の印象です。

　次にここの海水は塩分が信じられないほど少ないのに驚きます。一日中海岸で日光浴をしても体はサラッとしていて全くべとつくことがなく、シャワーなど浴びずにそのままシャツを着て町に帰れるのです。泳いだ後もべたべたすることがないので、ちょっと舐めて見ましたが、日本の一〇分の一くらいのしょっぱさかなと思いました。塩田がないのにも納得。

海と言えば魚です。バルト海沿岸での漁業は一四ほどある漁港を中心に栄え、中でもシチェチン港、グディニア港の水揚げが多いそうです。水揚げされる魚の多い順から挙げますと、シュプロットというニシン科の小さい鰯《イワシ》ほどの魚、鱈《タラ》、ニシン、ヒラメ、鮭《シャケ》などです。海岸地方で食べる新鮮な魚料理は絶品です。しかし内陸のワルシャワまではなかなかその新鮮な魚が届かないのが悩ましいところです。

ポーランド漁船のおかげで日本の食卓が大いに助かっていると言うと、びっくりされるでしょう。それは何だかお分かりですか。イカです。どんな関係があると思いますか。たくさんのポーランドの小型漁船がフォークランド沖まで行って、そこでイカを大量に捕獲します。そのイカを、日本から来た大型の船がピストン輸送するのです。その量は、ポーランドから日本への輸出品目のなかでもトップを飾ったことがあるほど多く、皆さんもきっとポーランド人の獲ったイカを口にしているはずです。ちなみに、ポーランド人はイカや蛸の類を食べる習慣がありません。魚屋さんで私がイカを買うのを見て、よく食べ方を教えてくれと頼まれます。海老すらも虫のようで嫌だと言う人が多く、食生活の大きな違いに戸惑うことがあります。

ポーランド人はニシンの塩漬け、酢漬けが大変好きです。それで漁獲高も多いのですが、昔はニシンの内臓を全部家畜の飼料として二束三文で売っていました。ところが、内臓と一緒に卵の数の子もただ同然で売られていたのに目を着けた日本の業者が塩漬けの技術を教えて日本に輸入することを考え、今やその輸入量もバカにならないほどだと聞いています。毎年お正月に皆さんが食べている数の子もシチェチン港に揚がったニシンから取ったものかもしれません。

皆さん琥珀《コハク》というものをご存じですか。琥珀とは、植物の樹脂（例えば松脂など）が化石化したもので、色は黄色か褐色で、透明なものもあるし不透明なものもあります。質の良いものは、アクセサリーやネックレスなどに使われますが、その琥珀を一番産出するのがバルト海なのです。嵐のあった翌日には、たくさんの人が浜に出て流れ着いた琥珀を探している光景を見ることができます。嵐の時の荒い波が海底から浜辺に琥珀を引き揚げるといわれています。中に蟻などの昆虫が入っている琥珀は「虫入り琥珀」といわれ、特に珍重されています。

バルト海　撮影：岡崎史夫

2009
9／20

スポーツ事情

スポーツの秋が近づいてきました。今回はポーランドのスポーツ事情についてお話ししましょう。ポーランドで人気のあるスポーツは何と言ってもサッカーです。ヨーロッパのほかの国々でも一番人気のあるのはサッカーでしょう。ポーランドでは立って歩けるようになったら、ボールを蹴り始めます。ちょうど私たちが日本で小さいうちからキャッチボールを始めるのと同じです。

　大きな都市はサッカーチームを抱えていて、そのチームの間で毎年、日本のJリーグに当たる試合が行なわれます。国内でトップになるとその上のヨーロッパ・チャンピオン・リーグに参加できます。その他にも、ヨーロッパ・カップ、ワールド・カップなどがあって、ヨーロッパでのサッカー人気を反映して、いつでもどこかで試合が行なわれているような印象です。

社会主義時代に、スポーツが国威の発揚に利用され、その影響もあってかスポーツはたいへん盛んです。体育小学校から体育大学まで一貫してスポーツ選手を育てるシステムがあり、省庁の中に「スポーツ省」もあります。

このところ、ポーランド中で見られるようになったケーブルテレビのおかげで、日本の相撲が大人気です。私の学生の中には一家を挙げて相撲中継を楽しんでいる人がいて、聞くところによると、その人の周囲にもたくさん相撲ファンがいるそうです。こちらで見られるのは、ダイジェスト版で、取り組みだけを見せますが、日本の解説者ほどではないにしても、かなり相撲に精通した人が解説を務め、「寄りきり」とか「下手投げ」とか、技の名前は全部日本語の言葉を使っています。柔道の国際大会と同じです。四股名については、時々おかしな発音になりますが、おおむね分かります。

相撲よりずっと前から人気があるのが、日本の武道です。柔道を初め、剣道、空手、合気道などです。


「なぎなた」を教えているところもあると聞きました。ワルシャワ大学日本学科に入ってくる学生の中には、子供の頃から日本の武道を嗜んできたのをきっかけに日本学科に入りたくなったという人が少なからずいます。ほとんどの都市には武道の道場があり、先生はたいていポーランド人ですが、中には日本で修行して、講道館などで段を取ったという猛者もいます。また、武道のヨーロッパ選手権で優勝した人、オリンピックに出た人など多彩です。

武道に惹かれる人と話してみると、実技もさることながら、精神面での鍛錬をたいへん大事にしていることが分かります。ヨーロッパのスポーツでは技を磨いて上手になり、相手に勝つという具体的な目的を持っています。そこで、技を磨くことは自分の心を制するという日本武道の考えがとても新鮮に感じられるらしいのです。

二〇〇八年に女子バレーボールの世界大会が日本で行なわれたことは記憶されているかと思います。あの時、ポーランド代表選手が美人揃いだということがニュースになっていました。今週は男子バレーボールのヨーロッパ選手権があって、ポーランドチームが金メダルに輝きました。

ポーランドは北国ですから、アイスホッケーやスピードスケート、スキージャンプのようなウィンタースポーツも盛んです。札幌や、長野でも大活躍したマウィッシュというスキージャンプの選手を覚えていらっしゃる方もおありかと思います。

もう三〇年ほど前になりますが、私が初めてポーランドに来た頃は冬が今よりずっと寒くて、学校の運動場で雪を盛り上げて、運動場いっぱいの輪を作り、その中に水を流し込んでおくと、翌日にはスケート場になって、雪解けの始まる春先までずっとスケートが楽しめました。しかし、このところ温暖化のせいでまず雪が少なくなったのと、気温も昔ほど下がらなくなったのとで生徒の手でスケート場を作ることが不可能になりました。その結果、スケート人口がかなり少なくなったことは否めません。

遠くて近い国

10／18

一九一九年に日本とポーランドの国交が樹立したので、二〇〇九年は九〇周年に当たります。そして同じ年にワルシャワ大学に日本語講座が開設され、ポーランドで最初の日本研究の拠点ができました。これを記念して、在ワルシャワ日本大使館でもワルシャワ大学日本学科でもいろいろな催し物が予定されています。

今回は地球の裏側に位置する日本とポーランドの両国が意外と近い関係を持っていることを紹介しましょう。ポーランド人の親日感情は驚くほどで、私も長くここに住んでいて、日本人だということで一度も不愉快な思いをしたことがありません。ポーランド人が日本と日本人について話すとき、ほとんどあこがれに近い感情を抱いていることが解ります。ではいったいその感情はどこから来るのでしょうか。

まず、両国民がお互いをどれだけ知っているか見てみましょう。日本でよく知られているポーランド人を挙げてみます。

一番古いところでは、地動説で有名なコペルニクスがいます。次にピアノの詩人と言われたショパン、そして女性として初めてノーベル賞を受けたマリー・キュリー夫人がいます。また新しいところでは、自由労組連帯の指導者で、ノーベル平和賞を受けたワレサ書記長と前ローマ法王ヨハネスパウロ二世です。この人たちは世界的に名声を博しましたので、日本の方も良く知っているのですが、もっと身近なところで両国間の親密さを証明する人物や出来事があります。

実はほとんどのポーランド人は、日本の世界的に知られている特定の著名人を挙げることができません。それなのに、どうしてポーランド人が日本人に対して強い親近感を抱いているのでしょうか。今日はそのうちの二つの理由をご紹介します。

先ず、日本ではあまり知られていませんが、ポーランドには世界有数の浮世絵コレクションがあります。これはヤシェンスキコレクションと言われ、ポーランドの貴族だったフェリクス・ヤシェンスキがパリなどで買いあさった日本の美術品の一部です。一八六七年にパリ大博覧会があって、それをきっかけにしていわゆるジャポニズムがヨーロッパの印象画家を中心に広がりました。そこで、そのときちょうどパリにいたフェリクス・ヤシェンスキが日本の美術品に魅了されて、浮世絵、絵画、武器、武具、漆《うるし》工芸品、日用品など全財産をつぎ込んで買いあさりました。それが現在クラクフという町の国立博物館に収蔵されています。

世界的に有名な映画監督アンジェイ・ワイダさんが、まだ美大の学生だった頃その浮世絵の展覧会を見て感動し、それで現在その浮世絵を中心に日本美術を紹介するための「日本美術技術センター」なるものを創設しました。「マンガセンター」とも言われています。そこには茶室も拵えてありますし、絶えず日本の美術や工芸を紹介する催し物が行われています。これらヤシェンスキの収集品を通して、ポーランド人は日本の文化の素晴らしさを知っているのです。

次に、ポーランド人の尊敬を集めているのが杉原千畝と言う日本人です。すでにお聞きになった方も多いかもしれません。杉原さんは、第二次世界大戦

日本美術技術センター、通称マンガセンター

中、ポーランドの隣国リトアニアにあるカウナスという町に開設された日本領事館の領事代理として勤めていた間、本省の禁令を無視してポーランド系ユダヤ人六〇〇〇人にビザを発行して、ナチスの虐殺から救ったのです。このことは杉原幸子夫人が『六千人の命のビザ』という本に詳しく書いています。一時「シンドラーのリスト」という映画がありました。その日本版ともいえる杉原さんの勇気ある行為をポーランド人は忘れていないのです。
私はポーランド人のこうした日本観は、日露戦争で日本が勝利した頃に出来上がっていたのではないかと思います。当時帝政ロシアに統治されていたポーランドは、極東にある小さな島国があの大きな帝政ロシアを打倒してくれたことを痛快に思っていた節があります。そしてそのとき一気に日本に対する関心が高まり、すぐにポーランド日本協会ができました。その経緯が他の出来事とあいまって、現在のような日本観が出来上がったのではないかと見ています。
他の要因についてはまたの機会に譲りましょう。

ポーランドのお盆

11／16

この十一月の一日はポーランドのお盆でした。そこで今回はお盆についてお話ししましょう。ポーランド語で「死者の祭り」と呼ばれるこのお盆はキリスト教では「万聖節」と呼ばれ、キリスト教の聖人を記念するための祝祭日です。ご存じの「ハローウィン」はこの万聖節の前夜祭に当たる行事ですが、ポーランドにはありません。「死者の祭り」という名の通り、ポーランドでもお盆にはお墓に花とろうそくを供えます。そして日本と同様、離れ離れになっている家族が一堂に会する大事な年中行事です。

日本のお盆は三日ぐらい続きますが、ポーランドのそれは一日だけです。その日は墓地の近辺に交通規制がしかれ、その代わりに町の中心から主だった墓地まで、臨時のバスが参拝者をピストン輸送してくれます。皆は手に手にお花やろうそくを持って行きます。ろうそくと言っても、日本のそれとは違い、赤、青、黄色の細長いふたつきのガラスの筒に蝋を溶かし込んで作ったもので、かなり長時間燃え続けます。火が筒の中ですから、この季節特有の雨風があっても火が消えない仕掛けです。

ポーランドのお墓には食べ物などのお供え物をしません。それに線香もないので、お墓の飾りは花とろうそくだけです。自分の家族のお墓だけでなく、知人、友人のお墓、そして有名な作家や音楽家、俳優、政治家、教育者など日ごろ尊敬している人のお墓にもろうそくをあげるので、一人ひとり一〇本以上のろうそくを準備して、それぞれのお墓に灯します。ですから、そのろうそくの火の数でその人の生前の評判が計れるほどです。わが家の近くにある墓地にはショパンの両親の墓があって、そこは毎年数え切れないほどのろうそくで埋まります。皆さんご存じの「戦場のピアニスト」の主人公だったシュピールマンという人のお墓の前にも今年本当にたくさんのろうそくが灯されていました。

家族のお墓以外にも、第二次世界大戦で戦死した人、ワルシャワ蜂起で亡くなった人、それから、「カティンの森」の犠牲者の慰霊碑などの前もろうそくの洪水と化します。その日、日が暮れてからの光景は荘厳と言う言葉のすべての意味を表している

お盆の風景

と言っても過言ではありません。私の家族のお墓がある墓地は二四ヘクタールもあって、その広さいっぱいにろうそくが灯るのですから、光の絨毯の上を歩いているような幻想的感じにとらわれます。

　ポーランドのお墓で日本では見られないものがあります。それはお墓の前にしつらえてある小さな背もたれのないベンチです。どのお墓にもあるというわけではありませんが、四分の三ぐらいは付いているでしょうか。それは亡くなった人と話をするためのベンチなのです。お参りをした人がベンチに坐って長々と話している光景は悲しいと言うよりむしろほほえましい感じがします。

　祖先を敬う気持ちの強いポーランドの人たちは老いも若きも大変熱心に、お墓参りやミサなどの行事に参加します。祖先を尊ぶ気持ちは洋の東西を問いません。祖先すなわち、亡くなった人のことを考えるということは、自分を考えることにつながり、祖先を大切に思う心はすなわち自分を大事にすることと同意であると、年をとったポーランド人は言います。特に第二次世界大戦やアウシュビッツ強制収容

所などの苦難の道を歩いてきた人々の言葉はとても重く響きます。

このお盆前後には、学校の児童から一般の大人たちまで歴史の勉強のために墓地を訪れます。団体がぞろぞろお墓からお墓へ移動していく様は湿っぽい雰囲気はまったくなく、京都のお寺を巡る修学旅行といった風情です。墓地は広い上に大木がたくさん立っていてリスや小鳥たちが頻繁に出てくるので、大きな公園のようなのです。恋人たちのデート・スポットとなっているのもむべなるかなといったところでしょうか。

日本語熱

十二月六日に世界でいっせいに行われる「日本語能力試験」がワルシャワでも実施されました。受験者数は一級から四級まで五七〇人ほどで、この数は昨年の五〇％増となっています。第一回が八〇人程度でしたからここ数年は毎年五〇％増の勢いで増えています。

私が勤めているワルシャワ大学日本学科の入学希望者の数を見てもポーランドにおける日本語熱がかなり過熱気味であることがうかがえます。ここ数年受験の競争率が三〇倍前後だと言えば納得していただけるかと思います。ポーランドではワルシャワ大学のほかにもクラクフ、ポズナン、トルンの各大学に日本学科がありますし、日本語を教える塾や学校の類は各都市にかなり存在します。ポーランド全国に今や三〇〇〇人の学習者がいると言われています。

ちなみにワルシャワ大学日本学科の新入学生数の変遷を申し上げますと、一九七〇年八名、二〇〇〇年二八名、二〇〇九年五六名でした。一九一九年にワルシャワ大学にポーランドで初めて日本語講座ができ、それ以来九〇年にわたって（戦争中も滞ることなく）日本語教育が続けられました。一九一九年という年はちょうど日本とポーランドの国交が樹立された年でもあり、いわば二〇〇九年は日本語教育開始と国交樹立の九〇周年に当たるわけです。

ポーランドで発行された日本の漫画

　読者の皆さんはいったいどうして地球の反対側にあるポーランドで日本語を学ぶ人がこんなにたくさんいるのかと不思議に思われるでしょう。これにはいくつかの理由があります。

　先ずは日本学科に在籍している学生さんたちの日本語を学ぶ動機について尋ねてみました。

1　欧米以外の国の言葉を勉強したかった。
2　日本文学や文化に興味を持っていた。
3　日本の宗教、哲学、特に禅について興味があった。
4　日本の武道をやっていた。
5　子供のころから漫画やアニメに親しんでいた。

と言った答えが返ってきました。

　これに加えて最近日本の企業の進出が盛んなのを繁栄して、卒業後に日本企業に勤めたいという動機も見られるようになりました。二〇〇九年現在ポーランドでは二七〇ほどの日本企業が生産・商業活動を行っています。二〇年ほど前は、二〇社足らずだったことを考えると、雲泥の差です。

日本語熱を支えている動機として、他にもポーランドの社会全体が大変親日的であることについては、前々回「遠くて近い国」と言うテーマでレポートしたのですでにご存じでしょう。

二〇年前の一九八九年まではポーランドが共産主義国だったこともあり、ポーランド人は簡単に日本へ行けませんでした。しかし一九八九年に民主化が成立すると、すぐに日本に留学するポーランド人の数も増えて、日本とポーランドの人的交流が一気に膨れ上がりました。それまでは留学できる人は一年に一人という状態でしたが、今は年間数十人が留学しています。留学から帰って来るとポーランドにある日系企業にすぐ就職できるというとてもいい環境があって、これも日本語学習を推進している要因と言えましょう。

次に漫画やアニメなどのサブカルチャーの流行です。新入生の三分の一くらいが子供のころに接した漫画やアニメが日本学科進学の大きな動機であると

言っています。漫画やアニメの専門書店がワルシャワ市内にも数軒ありますし、日本の漫画などを紹介する月刊雑誌も大変人気があります。私は数年前漫画フェスティバルに招待され、都心にある高層ビルのワンフロアを全部借りきっている会場に行きました。そこで、日本の漫画やアニメ文化がどんなにポーランドの若者に浸透しているかまざまざと見せ付けられ、もう漫画やアニメ抜きでは現代の日本の若者文化は語れないと確信しました。千人近い若者がいわゆるコスプレという仮装をして、手に手にキャラクターグッズを持って、交換取引をしていました。舞台ではやはりコスプレの少女たちが日本語でアニメの主題歌などを延々と歌い続けているのです。主催者に聞いたところ彼女たちはぜんぜん日本語ができないということでした。しかし、あの熱気を見ると、彼女たちこそ将来の日本語学習の予備軍であることは確かなように思いました。また、日本から輸入したと思われる漫画のオリジナルが高い値段にもかかわらず飛ぶように売れていたのも日本語を勉強したいという動機になることをうかがわせました。

ショパン生誕二〇〇年祭

二〇一〇年は一八一〇年にショパンが生まれてちょうど二〇〇年目に当たるので、ポーランドはそれを記念して「ショパン年」としました。この一年を通して二〇〇〇件以上のコンサートや学会、展覧会などが企画されていて、にぎやかな一年になりそうです。それに秋には五年に一度のショパン国際ピアノコンクールも開かれことになっているので、その頃はこの二〇〇年祭もクライマックスを迎えます。きっと多くの日本の方もおいでになることでしょう。

一月の六日と七日には、ワルシャワフィルハーモニーでオープニングコンサートが開かれました。音楽はショパンの代表作であるポロネーズとピアノコンチェルトで、ピアニストは中国の新進ピアニスト、ランランでした。ランランは北京オリンピックの開会式で大観衆を前に弾き、一躍有名になった人です。私は七日にコンサートを聴きましたが、二十七歳の中国人ピアニストがショパンの地元のポーランド人をうならせた技量は演奏後の熱狂的なスタンディングオベーションがそれを証明しています。

先日の新聞では文化大臣がショパンの名は世界に通じるトレードマークだから、私たちはショパンの名前にポーランドの国旗を添えて、大いに国の宣伝に努めようではないかと言っていました。生誕二〇〇年祭にあやかって、ポーランドという国のイメージアップを図ろうという問いかけですが、それほどポーランドではショパンの存在が大きいと言えます。

これらの行事の一環として、ショパン協会本部にショパン・マルチメディア・ミュージアムなるものがオープンします。ショパン自身による手書きの楽譜を初め、遺品などが展示されるとともに、彼が生存していた頃のワルシャワの雰囲気が体験できるような趣向が凝らされるそうです。又ショパンの生家も周囲に、コンサートホールや宿泊施設、喫茶店レストランなどが次々に建てられ、その雰囲気は一新するようです。生家を取り巻く庭は、世界中のショパンファンから贈られた植物が植えられ、一年を通して珍しい草木が花を咲かせます。その草木をバックに生家から流れるショパンを聞くと、よりいっそう彼の音楽に引き込まれる感じがします。

夏の観光シーズンにはこの生家で毎週日曜日に有名なピアニストによる演奏会が開かれ、ツタの絡んだ生家の窓から流れる音楽を庭にしつらえてあるベンチに坐って、周囲から聞こえる鳥の鳴き声とともに聞くなんてなんと贅沢な音楽会だと思いませんか。この演奏会は無料ですから生家を訪ねる人は誰でも聞けます。この時期にその生家に行くと、必ずと言って良いほど日本からのツアーの人に会います。こんな片田舎まで日本人をひきつけるショパンの偉大さを感じると同時に、日本人のショパン好きは半端ではないことを強く感じます。

これはポーランド人も良く指摘することですが、どうして日本人はこんなにショパンが好きなのかと言うことです。亡国の憂き目に遭ったポーランドの再興を思いながら、ひたすら故郷の民謡や舞踊の旋律を楽譜に書き付けたショパンの心情は、日本人の心の琴線に触れる何かがあるからでしょうと答えることにしています。

私が勤めているワルシャワ大学東洋学部の建物の二階にはショパンが一八一七年から二七年までの一〇年間住んでいました。今もその部屋が残っていて、普通は講義に使われています。ショパンはその住居からすぐ近くにある教会までオルガンを弾きに行ったり、大学の美学部でデッサンを学んだりしたのです。彼が残したデッサンはとてもよく描けていますが、それはその時代の勉強の賜物です。ショパンはどんな容姿だったと思いますか？　ドラクロアの描いたショパンの肖像画が有名ですが、写真も一枚残っています。それを見ても身長までは分かりません。彼は肺結核だったから、細かったとよくいわれます。確かに身長は一七〇センチありましたが、体重は大体四四キロだったということです。とても細い体ですね。病気がちでとても弱弱しく見えたから、大いに女性の母性本能をくすぐっただろうと言う人もいます。恋人ジョルジュ・サンドもその一人だったかも知れません。

ワルシャワの「柳桜会」

2／22
2010

今回は、ワルシャワで一六年間にわたってボランティア活動を続けている「柳桜会」についてお話ししましょう。まず名称からご説明します。桜は日本を代表する花ですからすぐお分かりでしょう。柳はポーランドの田園風景には欠かせない木です。もし皆さんがワルシャワの中心にあるワジェンキ公園のショパン像をご覧になったら、彼の頭上を蔽っている木が柳です。ショパンの生家近くにある柳の並木は素晴らしいもので、柳桜会は、日本とポーランドの代表的な木の名を合わせて両国間の友好交流を目指す会のシンボルにしたのだそうです。

具体的な活動内容をお話しする前にどのようにしてこの会が発足したかをお話ししたほうが分かりやすいかと思います。一九九四年十一月に在ポーランド日本国大使が日本語を学ぶ学生たちを招いて、少しでも日本の文化や生活に触れてもらおうとパーティーを催しました。その席で、学生たちから、「勉強した日本語を使うチャンスがなくて残念だ」という意見が出ました。それを聞いた大使夫人が「日本語を話すお手伝いなら私たち女性にもできるのでは」と提案し、そこですぐ組織作りに入って柳桜会が発足したというわけです。

普通の女性がどんな活動をすれば、学生たちの実用会話の手伝いができるかを考えているとき、日本語教師でもない立場でできることは、普通の日本語で、普通の話題について話し合うこと以外にはないだろうとの結論に達しました。そこで、日本人会員を一〇ほどのグループにわけ、各グループに学生が数人ずつ参加するというシステムにしました。集まる場所は、昔は喫茶店や個人の住宅などでしたが、この頃はもっぱら日本大使館の文化広報センターを使っています。

活動を実行する上で、最初は話の内容の難易度、話し言葉の選択、方言の扱い方など様々な問題が生じて暗中模索する時期もありましたが、難しいことを考えずに、集まって自然体で世間話をする程度のことで良いといったところに落ち着きました。ただ一つ外国語を使わないという原則を守りさえすれば、いわば何でもありの活動に発展して行ったのです。各グループがそれぞれ別個のやり方で活動をし、学期ごとのグループ組み換えでいろいろな人たちとの交流が可能になってきました。そうこうする内に、この活動が日本語会話を学ぶことだけではなく、他の多様な思いがけない効果を生み始めました。何より会の活動を通して日本人同士のお付き合いが盛んになったことは、それ以前にほとんど邦人同士の親しい付き合いがなかったことを考えると、驚くほどです。次に学生たちも日本語を話すだけではなく、一緒に活動している日本人の行動から、日本人の考え方、人と人との繋がり方、組織の準備の仕方、会場でのもてなし方に至るまで克明に観察することで、日本とポーランドの間の大きな文化的、習慣的な違いを知る結果となったのです。それは当然日本人側もポーランド側のことが具体的によく分かり、ポーランド社会をより理解できるようになるという結果を生みました。

会の企画、準備、実行の各段階に現れたこの両国の文化の違いの発見は、その裏にある考え方の違い、さらにその根底にある社会意識の違いなどの大事な問題に行き当たるのです。それを紐解いていくうちに、今まで気が付かなかった自分たち自身の問題を思い起こすことになってきました。実はポーランド人学生は、日本語を通して日本の事情が知りたくて柳桜会に参加したのに、また日本人会員はポーランド事情が日本語で分かればと思って参加したのに、結果はそれぞれが自分自身と自国のことがより深く理解できるようになったという面白い結果を生み出したのです。昔から「海外旅行をすると、愛国者になって帰って来る」とよく言われますが、それは外国を見ることで、今まで気が付かなかった自分の国のよさが見え始めるからでしょう。柳桜会の人たちは、その現象をもう一歩踏み込んで、自国の良さも悪さも日々自覚できる良い環境に恵まれているのです。

活動の中に、お互いの国の料理を教え合うというのがあります。日本女性は料理はお手のものですから、自宅に学生を招いて料理を仕込みの段階から作って見せます。もちろん会話はすべて日本語です。

皇后陛下が柳桜会の活動に敬意を払って、飾りに柳と桜をあしらった帽子をお召しになった
撮影：Ireneusz Fertner

次に学生たちは日本人を自宅に招いてポーランド料理を教え、それを一緒に味わうというわけです。大学では料理に使う言葉などほとんど教える機会がありませんから、学生たちは柳桜会を通して直に日本人の生活に触れることができるのです。

また、日本人はみんな共通語で話しているのではないことを知って学生たちは面白がります。日本全国から来ている主婦の方は、それはいろいろな方言が話せます。普通は共通語を使うように努力しているようですが、学生たちとの会話のなかにしばしば方言が飛び出して、他の地方から来た主婦が、私のところではこんな言い方をするという話になって、学生そっちのけで議論が始まることもあるそうです。これこそ生の日本語会話だと思いませんか。

他の国で日本語を勉強している人たちのために在留邦人がこの柳桜会のような活動をしてみたらどうでしょうか。この柳桜会の活動を日本にいる外国人に適応してみたら、きっと言葉の勉強のみならず、異文化の理解が深まるし、自分のこともも っとよく分かり、より深い国際交流になると思いますが。

ポーランドの料理

3/21

ポーランドの代表的な料理はと訊くと、十人中九人までがコトレット・スハボヴィと言うでしょう。それは豚のロース肉に卵と小麦粉、それにパン粉をつけて多目の油で揚げたものです。それにジャガイモと付け合せにサラダを添えます。

日本で言うところのポークカツレツ、あるいは一般的にとんかつに最も近いこの料理は最初に肉の筋を断ち切るために先の丸くなった肉たたき棒で思い切り叩くので、その音は遠くからでもわかり、昼食時にその音が聞こえると、あのうちのお昼はとんかつだとすぐわかるのです。

日本では寒くなると鍋物が食卓に上り、体を温めてくれますが、ポーランドではビーゴスという煮込み料理がそれに当たります。作り方は至って簡単で、キャベツの千切りに（普通は半分ほどザワークラウトを使う）いろいろな肉と干しキノコやプラムそれに調味料を加えて長時間ぐつぐつ煮込みます。大なべにいっぱい作り、四、五日続けて温めなおしながら食べます。時間が経つほど味がまろやかになっておいしいと言われます。また、これはポーランドの古典文学の中にもよく出てくる料理で特に狩の場面で焚き火に大鍋をかけて、中にその日の獲物なども入れて食べたといわれています。学生たちにビーゴスの作り方を訊くと、各家庭それぞれの味付けがあって、いわば代々受け継がれてきた「おふくろの味」があるようです。

次に中央アジアを通ってはるばる中国から伝わってきた料理を紹介しましょう。名前をピエロギと言い、（ロシアではピロシキと言います）餃子とそっくりの料理です。ただ中に詰める材料が肉であったり、チーズやほうれん草だったりするので、味の面からは餃子とは一線を画しています。水餃子のようにゆでたもの、揚げ餃子のように油で揚げたものなど調理法は似ています。中にサクランボを詰めた甘いピエロギもあって多彩です。

ポーランドは地理的には東のロシア、西のドイツなどに囲まれて、文化的にはフランス、イタリア、オーストリアなどとのつながりが強いので、その結果、料理もそれら諸国のものと似たところがあります。しかし素材はポーランドに豊富な肉や野菜を使い、ポーランド特有の味わいを作り出しています。

中でもスープは、その種類の多さと素材の多彩さで群を抜いています。四季を通じて一年中作るスープもありますが、四季それぞれの旬のものを使ったスープはいずれも絶品です。春には育ち始めたばかりのビートで作った真っ赤なスープ、夏はフウォドニックという名の、サワークリームをたっぷり入れた冷たいビートのスープ。秋は森で豊富に取れるキノコを、採ったその日に調理したきのこスープ。冬はキャベツや肉やジャガイモをたっぷり入れた野菜スープなどがそれです。中でもジュレックというスープは、小麦を発酵させて作った本当に日本の味噌汁そっくりのスープです。具はソーセージだったり、ゆで卵だったりしますが、ポーランドにおいでになったら必ずお試しください。日本の食文化とポーランドのそれがミックスされたようなスープで、私はそれを食べるといつもポーランドと日本の間に立っている自分のアイデンティティーを感じるのです。

ポーランド人の毎日の食事は一日に四食と言われています。日本で言う三度の食事以外に「二番目の朝食」と言われる軽食が入ります。朝が早いことと、昼食が午後三時と遅いことに関係があるのでしょうか、一二時ごろにその二番目の朝食と言う簡単な食事を摂ります。そして、四食の中で一番重要な食事は昼食で、これには時間もお金もかけるのがポーランド流です。日本では夕食が中心になると言うと、どうして寝る前にたくさん食べるのかとよく聞かれますが、考えてみるとそれも道理で、ポーランドのように昼食をたっぷり食べて、寝る前には簡単に済ませるほうが合理的（健康的）なのかもしれません。

カティンの森事件

ポーランドで二〇〇七年に公開された「カティンの森」と言うアンジェイ・ワイダ監督の映画は二〇〇九年には日本でも公開され、皆さんの中にはご覧になった方もいらっしゃるかと思います。今回はその「カティンの森」についてお話ししましょう。

まず「カティンの森」事件とはいったい何だったのか。ことの始まりは第二次世界大戦の始まった一九三九年の九月のことでした。ナチスドイツ軍とソ連軍がポーランドの東西双方から挟み込むように侵攻してきました。そのときソ連軍がポーランドの軍人や警察官、諜報機関員および反共主義者たちを捕虜にしました。捕虜たちをコジェルスク、オスタシュクフ、スタロビエルスクなどの収容所に収容しました。その数は二三万人とも言われています。その後、捕虜たちは西のほうに列車で運ばれ、消息を絶ったのです。一九四一年に、今度はナチスドイツとソ連が敵対して独ソ戦が始まると、ポーランド・ソ連間の条約が結ばれ、捕虜たちの釈放が始まりました。しかし、その数は捕虜総数の一〇分の一に過ぎず、残りは行方不明のままでした。

一九四三年になって、グニエズドヴォという場所で、ポーランド人将校が一万人も銃殺されたと言う噂が立ち、その年の二月二十七日にドイツ軍が「カティンの森」でポーランド人将校の死体が埋められているのを発見したのです。そこで、ポーランドの赤十字社が調査した結果、その将校たちは一九四〇年三月から四月にかけて殺害されたことを確認し、ポーランドとドイツ両国の赤十字社がジュネーブの国際赤十字委員会に中立の立場からの調査を依頼しましたが、ソ連はポーランド亡命政府を脅してジュネーブ調査団の派遣を中止させた上、「カティンの森」虐殺事件はナチスドイツの謀略だったと発表するように要求しました。ポーランド政府がそれを拒否すると、ソ連はポーランド亡命政府との国交断絶を通知してきました。

戦後のニュールンベルグ国際裁判でソ連は「カティンの森」事件の張本人はナチスドイツであると告発したけれど、米英が証拠不十分でその告訴を支持しなかったため、ニュールンベルグ裁判では「カティンの森」事件はまったく採り上げられなかったのです。

結局この事件の全容が解明されるのは、ゴルバチョフの登場を待たなければなりませんでした。以後ロシアは「カティンの森」事件を起こしたのは当時の共産主義体制であることは認めたものの、現代のロシアに責任はないと主張して、謝罪を避けてきました。しかしこの四月七日に行われた「カティンの森」事件犠牲者追悼式典に、初めてロシアのプーチン首相が参列したのです。はっきりとした謝罪はありませんでしたが、慰霊祭にロシアの最高権力が参加したことは大きな歩み寄りだという説と、はっきりした謝罪がない限り両国間のわだかまりは解けないと言う説があって、この問題はなかなか複雑です。

四月十日に予定されていた「カティンの森」事件犠牲者慰霊式典に参加するため、ポーランド大統領夫妻以下多数の政府高官が大統領専用機で当日早朝ワルシャワ空港を発ちました。その飛行機がカティンの森から程近いスモレンスクという場所で墜落し九六名全員が死亡しました。この悲劇を伝えるニュースはすぐに世界中を駆け巡ったので、皆さんもご存じだと思います。

一九四〇年に虐殺された一万数千人ものポーランド人将校を慰霊する七〇周年式典に参加するポーランド政府の要人たちの飛行機が墜落して、一〇〇人ほどの犠牲者が出たことで「カティンの森」は呪われていると言う人がいました。

私は飛行機が墜落した時間から一時間後に、それを知りました。すぐテレビとラジオをかけ、いったい何事が起こったのか把握しようとしました。そしてこの墜落事故で亡くなった人の顔触れを知ったとき、唖然として言葉もありませんでした。大統領夫妻、ポーランド亡命政府の大統領、国会両議員副議長二名、陸海空の最高司令官六名、国会議員一六名、国民銀行総裁、大統領府の高官、「カティンの森」犠牲者遺族多数、聖職者、VIP護衛官、乗組員。

生存者は一人もありませんでした。その日から今日まで国は喪に服しています。

「カティンの森」以外でも虐殺がありましたが、(例えばベラルーシで三八七〇人、ウクライナで三四三五人など)一九四三年に犠牲者が最初に発見されたのが「カティンの森」だったので、その名が付きました。他の虐殺現場については一九九〇年になって、やっとその存在が明るみに出たのです。

花を好む人びと

5／23

今回はポーランド人と花との関係についてお話ししましょう。今、ポーランドは長い冬が明けてから、一斉に春の花が咲き乱れています。ユキワリソウ、クロッカス、連翹が終わり、今はライラック、マロニエ、チューリップ、フリージアなどが盛りです。

花と言えば日本の方はまずオランダの広大なチューリップ畑やタンポポの咲き誇るスイスの高原などを思い浮かべるのではありませんか？　しかし、ポーランドに長く住んでいると、ポーランド人も他の国の人に劣らず花を愛する国民で、どこの都市に行っても花屋さんが多いことに驚きます。花屋の店頭には季節季節の花は言うまでもなくグローバル経済のおかげで、ポーランドには育たないような花も見られます。今は熱帯のハイビスカスや蘭などが人気です。

ポーランド人はどんな機会にも花を贈る習慣があり、その際の花の本数はなぜか奇数です。花屋さんにその理由を聞いて見ましたが、はっきりした答えは返ってきませんでした。あまり金回りの良くない

学生は、一本か三本、就職すると五本か七本といった風です。結婚式にはかなり派手な花を贈り、お葬式には落ち着いた色の花を供えます。最近は減りましたが、昔はデートにも花を持っていく習慣がありました。遠来のお客を迎えるのに、空港にきれいな花を持っていくのは今でもしばしば見られます。

ポーランド人の花好きには定評があって、第二次世界大戦が終わり、いたるところ瓦礫の山だったとき、最初に出来たお店が花屋さんだと聞いてびっくりしました。食べる物のない時だったから、最初の店はきっと食べ物屋だろうと思っていた私にとってはかなりのショックでした。生きていくのに何よりも花をと考えたポーランド人の思考回路を理解するのにだいぶ時間を要しました。

散歩をするときなど、アパートの窓辺にある鉢植えやプランターの色とりどりの花が楽しめます。また町のあちこちにある家庭菜園を散歩するのも楽しみの一つです。菜園と言う名前が付いていますが、野菜を植えるケースは稀で、ほとんどが花か果物の木です。わが家のすぐそばにも菜園があって、そこ

を歩くとその季節の花の香りがただよって、大都会のまん中とは思えない静寂で、市民のくつろぎの場となっています。菜園の入り口には管理の良い菜園を表彰する紙が貼りだされ、管理が悪いと名指しで批判されることがあります。中には有名なバラ栽培の専門家や、チューリップの品種改良を専門にしている人たちがいて、彼らのところに行けば気軽にアドバイスが受けられるようになっています。

これだけ花の好きな国民ですから、当然日本の生け花にも関心が高く、その関係の本も多数出ています。しかし普通の家庭では、旬の花を華やかにどかんと花瓶に入れて楽しむ人が多いようです。ですから日本での床の間に飾るような生け花や、一輪挿しのような飾り方がとても新鮮に見えるらしく、その背景にある日本人の美学とともに関心を持つ人が多いようです。

レディーファースト

ポーランドにはじめて来た日本人は、男女が挨拶を交わすとき男性が女性の手の甲にキスをする習慣を見て、最初のカルチャーショックを受けるようです。最近若い人同士ではあまりしませんが、三十代以上の人はこのキスをしないと無礼に当たると思っている人が多いように思います。ましてや、中年以上の女性にこの挨拶をしなかったら、かなり厳しい目で睨まれます。昔のヨーロッパでは、特に貴族の間によく見られた習慣のようですが、現在ポーランド以外のヨーロッパの国でこんな挨拶は見たことがありません。フランスの上流社会ではこの習慣が残っていると聞いたことはありますが、確認してはいません。

私が今回お話ししたいのは、この挨拶の仕方が象徴しているポーランドにおける女性の社会的地位の問題です。法律的にはかなり前から男女平等がうたわれていましたが、日常生活の中で習慣的に見られる女性に対する男性の態度についてのことです。建物や乗り物などのドアの出入りの際に女性を先に通すのは、当然中の当然。買物のとき、買ったものを運ぶのは当然主人です。大きな買い物を抱えて奥さんのあとをついていく男性を見るのもごく自然です。これが反対だと、とても奇妙な光景となり、他の人の目を引きます。ですから、日本での癖が治らない日本男性は、たくさんの買いものを奥さんに持たせて、自分は手ぶらで歩いているわけですが、これは大顰蹙を買います。冬場レストラン等でコートを脱がせたり着せたりするのも男性です。地下鉄は各駅間の距離が近いから、女性優先という光景はあまり見られませんが、比較的乗り降りに余裕があるバスや電車では女性優先が守られています。あるポーランド人男性は東京の地下鉄で、女性を先に乗せるので、いつまでたっても自分は乗り込めなかったという笑えない実話もあります。たとえば初対面の人を紹介する際も、当然女性優位ですから女性に男の人を先に紹介し、その後女性を紹介するのが教養ある人のたしなみとされています。

社会の中で女性優位がどのくらい重視されているかというと、ひとつの例を思い出します。毎年学生たちに自己紹介、家族紹介をさせますが、親の話になると誰一人例外なく、先ず母親のことから話し始めます。それが家庭の主婦であるか、何か仕事をしているかに限らないのです。日本ではおそらく例外なく父親のことから話し始めるのではありませんか？　職業とか、年齢とか、名前とか。私は大学に就任して以来、学生で父親から話題にした人を一人も知りません。これはクリスマスのプレゼントに何を贈るかという質問のときも同様です。必ず母親には……と始まります。

これはどこから来ているのでしょうか。よく言われるのが騎士道精神です。共産主義時代でさえも「男爵」とか「伯爵夫人」とかの呼称を聞いたことがありますから、現代のポーランド社会には依然としてそのような歴史的な階級意識が生きているように思います。ちょうど今日は、四月十日に飛行機事昔共産主義時代に、国家首脳が相手国を訪れ、飛行場で男性同士が抱擁している図をご覧になった方もいらっしゃるでしょう。男同士であれですから、男対女となると抱擁は当然正しい挨拶の仕方になるわけですね。ですから、こちらの挨拶の仕方になれると、日本風の少し距離を置いてお辞儀をする挨拶がずいぶん水臭いと言うか、情が足りないというか、味気ないものに感じられます。

故でなくなった大統領の後任を選ぶ大統領選挙の投票日ですが、その内の有力な一人の候補者は貴族の出身であると言われています。これが選挙に幸いするかどうかはわかりませんが、いまだにその人の出自を問題にする気風が残っている証拠ですね。

レディーファーストのような躾は、小さいときから始められます。私の息子が幼稚園に通っていたときにすでに、すべて女の子を優先させるのを見てきました。特に意味を説明することなく、そういうものだといった教え方だったようです。小学校、中学校に進んでも、その考え方はしっかり身に付いていて、普通はそれを見せませんが、いざまじめな場面になると、悪がきでも結構その原則を守るようです。私の経験では、都会よりも田舎のほうにその習慣は強く残っているように見受けます。婦人と挨拶をするとき、私は外国人だから、手の甲にキスをしなくてもいいだろうと高をくっていると、相手は当然私が手の甲にキスをするものと疑わずに手の甲を私の口の方に押し上げてきます。それを押し下げるわけにもいかず、結局キスをしてしまいます。

結婚観

7／29

国によって結婚についての考え方や、婚礼儀式が異なります。今回はポーランド人と結婚というテーマでお話ししましょう。

ポーランドにはお見合いという習慣がないので、結婚は完全な自由恋愛から始まります。しかし、お見合いがまったくなかったわけではなく、戦前まではそれらしいものがあったそうです。それは世話好きの伯母さんが独身の姪や甥のために若者を集めてパーティーなどを催すといった類のものだったようです。

さて結婚式にたどり着く前に、結婚の段取りが必要です。日本では「結納」とか「嫁入り道具」とかいろいろな準備が必要ですが、しかしポーランドでは、そのような習慣がないので、きわめて簡素です。両家の合意があって、式場さえ手配できれば、あとは新郎新婦が招待客を選んで、招待状を準備したり、披露宴のご馳走を考えたりするくらいで、家具や生活必需品などはお祝いにもらうか、後で自分たちが一つ一つ揃えて行くやり方が一般的です。お祝いの品がダブったりしないように、招待状に割り当てリストを添えたりするようなこともあるようです。社会主義時代は結婚式を市役所や役場などで行いました。今は、専ら教会で式を挙げます（七〇％）。田舎では教会での式がなければ、とても肩身の狭い思いをすると地方出身の学生が言っていました。教会では信者でない人の結婚式は行わないのが原則ですから、結婚相手が無宗教だったりすると、数週間前から教会の講義に通って、簡単なテストを受けると言う手段が取られます。教会での式はまずミサがあり、その次に結婚指輪の交換があって、最後に教会の入り口で小銭とお米を交ぜたものを新郎新婦にふりかけます。小銭は二人が全部集めることが求められます。これは新家庭の金銭と食料が不足しないようにとの願いがこめられているのでしょう。その後は近親者とごく親しい友人を招いて、自宅やレストランなどで披露宴が行われます。地方によってはそれが二、三日も続くところがありますが、都会ではその日の内に終わります。

結婚する人の平均年齢ですが、女性は二十五歳、男性は二十七歳です。二〇年前に比べて、男女とも二歳ずつ遅くなっています。日本も同じような傾向にあると聞きましたが、何歳ぐらいで結婚するのでしょうか。さて、結婚してからどこに住むかと言う問題は洋の東西を問わず頭の痛い問題です。裕福な家族だと親が解決してくれますが、そうでない場合は長期間にわたるローンの返済を覚悟しなければなりません。家庭内では夫婦間の繋がりが大変強く、夫婦であることの第一義は一緒に生活をするということですから、日本ではごく当たり前の単身赴任といった言葉がポーランド語にはありません。会社もそれをしないようにしていますし、もし会社からそんな命令が出たらどうするか、と学生に尋ねたところ、十人中九人までが家族との生活を選ぶだろうという意見でした。ですから、外国への出稼ぎが多いポーランドでは、夫婦の別離による家庭崩壊が今社会問題になっています。

結婚しない女性は、八〇年代には五％でしたが、一〇年前には二〇％にものぼり、二〇一〇年の今はほぼ一〇％で落ち着いているそうです。

日本には亭主関白と言う言葉がありますね。ポーランドでも主人は一家の頭であり、顔であると言います。しかし奥さんは首だという言い方がこちらにあります。主人は表向きには一家の頭として家族を代表していますが、首が動かなければ頭も動けないわけで、妻こそ家庭の中の真の実力者だというわけです。実際に周りの夫婦を見ても奥さんの発言力が絶大である現場を何度も目撃しました。それでなくてもポーランドは女性上位の国ですから、男性諸君は独身時代もそうでない時代も、女性には歯が立たない存在のようです。

結婚に際しての日本との違いをいくつか拾って見ましょう。日本のように家を継ぐという感覚が希薄なため、女性の名前を継いで養子に入るというケースはほとんどありません。夫婦別姓も極めて稀で、大体は主人の名前を取るようです。日本と大きく違うのは、自分の姓と主人の姓を重ねて名乗ることがかなり多いことです。中村太郎さんと小林花子さんが結婚した場合、結婚後に中村小林花子と名乗ると言えばわかりやすいでしょうか。特に結婚前に何らかの分野で名をなした女性がそうするようです。

ポーランドの暦で、「r」を含んだ名前を持つ月に結婚すると、幸せになるというといわれがあり、それは三、六、八、九、十、十二月の六ヶ月です。アメリカなどでもジューンブライドと言って「六月の花嫁」さんは幸せになれると言われています。そしてなぜか結婚式が行われるのはほとんど土曜日です。日本で言えば大安吉日を選ぶ風習に似ているのかもしれません。

教え子の結婚式

結婚があれば離婚があるのも世の中の現実です。ポーランドはカトリック国ですから本来離婚は認められていません。それなのにかなり離婚が多いところを見ると、カトリックの教義があまり堅く守られていないように思います。最新の統計によれば離婚率は二六パーセントだそうです。四組に一組が離婚する計算です。日本では離婚率が三六パーセントですから、この違いはどこから来るのか考えてみる余地がありそうです。

大都市の離婚は地方に比べて三倍に上ると言う統計があります。そのうち離婚届を出すのは三分の二が女性で、離婚の原因を多い順に書きますと、夫のアル中、浮気、家族に対する無関心、家庭内暴力だそうです。この辺りはいずこも同じという感じがします。

秋の味覚

8／29

日本の秋の味覚と言えば、柿や栗やマツタケなどが挙げられますが、ポーランドで秋を代表するものはなんと言ってもキノコです。夏の終わりから秋にかけてポーランド全国に広がる森の中でキノコが一斉に出始めるので、キノコ狩りに行きたくてうずうずしている人が急に増えます。ポーランドでは昔からキノコ狩りの習慣があり、それが今も続いています。キノコを使った料理もたくさんありますし、この時期のキノコスープは絶品です。レストランでもキノコを使ったメニューが増えますから、この時期にポーランドを旅行される方はぜひお試しください。と言いますのは、ヨーロッパの中でもポーランドほどキノコを食す民族はいないからです。イギリスでは野生のキノコは一切口にしないようです。他の国でも栽培されたマッシュルームのようなものは食べますが、野生のものは少ないようです。

ポーランドでは主婦が長い冬に備えて干しキノコをせっせと作ります。ちょうど日本の干しシイタケ作りに似ているかも知れません。この干しキノコはクリスマスの料理に欠かせない素材ですから、この時期に作っておかないとクリスマスに法外な値段で買う羽目になります。

この頃はまた、毒キノコで中毒したというニュースが頻繁に報道されます。毒キノコに当たると体力の弱い子供や年寄りへの被害が大きいようです。先日も六歳の男の子がテングダケに当たって、肝臓機能が停止したために、移植を受けなければならなかったというニュースがありました。

私もキノコ狩りが好きですが、毒キノコの見分け方があります。キノコの裏側がスポンジ状のものはまず安全ですが、雨傘を開けたような蛇腹になっているものは要注意です。中には蛇腹になっていても食べられるものがありますが極めて稀なので避けるにこしたことはありません。もう一つの安全対策は知っているキノコだけを集めるという方法です。いくらたくさんあっても、知らないものには一切手を出さないことです。ポーランド人はよく、「地雷撤去をする工兵は一度しか失敗しない」と言いますが、それに倣って「キノコを食べる人は一度しか失敗しない」と言ったりしています。どちらも一度でも失敗したら命を落とすというわけです。

ですから、毎年この時期になると新聞や雑誌でキノコの種類や見分け方を教える記事が出ます。それでも事故が後を絶たないのは不思議なほどです。日本でも磯釣りで河豚を釣り上げ自宅に持って帰り、一家で中毒をしたというニュースが絶えないのと同じかもしれません。世界中食べ物に対する欲は危険を凌駕するのかもしれませんね。

最後にキノコの種類ですが、マツタケ、シイタケの類は全然ありません。特にポーランドの森は赤松ばかりなのにマツタケは皆無です。テングダケのような強烈な毒キノコはあります。こちらでは「ムホモル」と言って「蝿殺し」と言う意味の名がついています。このキノコは小さいときは、キノコの中でも最高といわれる野生のマッシュルームに酷似しているので要注意です。

大きな森に行ってキノコ狩りに夢中になって帰り道がわからなくなると言うケースもよくあります。だからキノコ狩りには複数で行くよう注意されます。これも日本の山菜狩りに行って遭難するのによく似ていますね。

このキノコの調理方法ですが、三通りあって、一つは取れたてのものをスープにするか、肉のソース作りに使います。次は乾燥させて、キノコの取れない季節に料理の素材として使う方法。最後に酢漬けにして冬の間、肉料理の付け合せやお酒のオードブルとして使います。

このごろの森には、ブルーベリー、ブラックベリー、ブラックカラントなどがそこらじゅうにあるので、それらを摘んで食べながらキノコ狩りをするのは正にポーランドの秋の醍醐味かも知れません。

キュリー夫人

10／24

ポーランドで世界的に知られている人物として、その筆頭はショパンでしょう。他にも放射線物理学者のキュリー夫人、天文学のコペルニクス、自主労組「連帯」のワレサ委員長を挙げる事ができます。今回は日本の偉人伝などに良く出てくる「キュリー夫人」を採り上げてみました。

キュリー夫人は、フランス人ピエール・キュリーと結婚して「キュリー」と言うフランス名を使っていますから、フランス人だと思っている人もいるかもしれません。しかし、両親ともポーランド人ですし、本人は生まれも育ちもワルシャワというれっきとしたポーランド人です。旧姓は「スクォドフスカ」と言い、名前は「マリア」です。

マリア・スクォドフスカ（キュリー夫人）はワルシャワ新市街のアパートで、一八六七年十一月に生まれ、高校を卒業するまでワルシャワで教育を受けました。姉のブローニャがパリに医学の勉強に行ったので、マリアは高校を卒業と同時に家庭教師をして姉の学費の支援をしました。それが一段落した頃、彼女も大学に行きたくなりましたが、当時ロシア帝政下にあったポーランドでは女子は大学に進学できなかったので、パリに行くことにしたわけです。

パリに行ってからは、偉人伝に書かれていますが、例えば暖房用の石炭が買えなくて、凍えるような部屋で勉強したといったように経済的に厳しい生活の中で一所懸命に勉強し、二十四歳でソルボンヌ大学理学部に入り、二年後にトップで卒業しました。彼女が受けた試験の中で数学の学士試験が全学で二番だった以外は、すべてトップの成績で合格しています。

二十九歳のとき、フランスの若手で優秀な物理学者ピエール・キュリーと結婚し、「キュリー」姓を名乗るようになりました。その夫が一九〇六年に馬車にはねられるという事故で亡くなる三年前（彼女三十六歳）にソルボンヌ大学物理学博士号を取得し、夫とともにノーベル物理学賞を受けました。

　ソルボンヌ大学に入ってからの彼女の活躍は皆さんご承知の通りです。例えば、女性教師養成学校（セーブル高等師範学校）の女性初の教官になったとか、女性初のノーベル賞受賞者になったとか、ソルボンヌ大学理学部でやはり女性初の教授職に就いたとか、ピエールの死後国立物理学研究所のやはり女性初の所長に就任したとか、その後のノーベル化学賞受賞では、女性初のダブル受賞者になったとか、五十五歳になったとき、フランス医学アカデミー会

マリア・キュリー

員に女性で初めてなったことなどが挙げられます。

　これらの輝かしい業績の影になって見えない部分、すなわち彼女の労苦と努力のことに触れないわけには行きません。貧しいポーランドから科学先進国フランスに赴き、経済的に厳しい学生生活を続けながら、最優秀の成績を収めたこと。当時のフランスは先進国とはいえ女性蔑視、外国人蔑視の強い国でしたが、その中で研究生活を貫いたこと（フランス社会の差別的な殻を破った功績は大きい）。儲けた二人の娘たちの育児と研究生活を両立させ、長女イレーヌは後にノーベル化学賞を受賞する物理学者に、次女のイーブは母親の伝記を著す作家に育て上げたこと。自ら発見した放射線を利用して第一次世界大戦中、長女のイレーヌと一緒に負傷兵治療のため、二〇台のX線車両と二〇〇ヶ所の放射線治療野戦病院を組織して莫大な数の傷病兵を助けたこと。

　あるいは、彼女が名誉、名声、地位、お金とはまったく縁のない潔癖な人でしたので、発見した放射線の特許を取らず、誰でも無料で研究に利用できるようにしました。そのため後の物理学、化学、医学

の発展に大きく寄与できたと言えます。

ダイナマイトの発見者ノーベルは、その特許により巨万の富を築きましたが、キュリー夫人は、彼がノーベル賞を設けたのはその罪滅ぼしだと見ていたため、ノーベル賞の受賞を心から喜んでいたわけではなかった節があります。その証拠に二度のノーベル賞授賞式はいずれも欠席し、賞のメダルは娘たちのおもちゃにしたとのこと。ショパンが自作の曲に「ポロネーズ」と言う祖国の名前を冠したのと同様、キュリー夫人は最初に発見した放射性物質に「ポロニウム」という祖国に因んだ名をつけ、祖国愛を示しました。

以上列記したことから、現代に生きる私たちが学ぶべき事柄が見つかるのではないかと思います。また、キュリー夫人は決して過去の人ではなく、現代医学で化学療法に適用されている放射線治療は彼女の功績に負う所大なのです。

それにしても一家四人で、ノーベル賞を五つも受けた家族はキュリー夫人の家族だけです。

コペルニクス

11／28

前回ポーランドの偉人としてキュリー夫人のことをお話ししました。それで今回は、その第二弾として天文学者のコペルクスを採り上げてみたいと思います。彼は一四七三年にトルンという町で生まれました。日本では南北朝時代にあたり、応仁の乱の真っ最中です。

トルンはワルシャワから北西方向に一八〇キロのところにあり、ポーランドを縦断しているヴィスワ川の中流域に位置します。昔はバルト海で取れた琥珀をワルシャワやクラクフに輸送する中継点として栄えた町で、その後ドイツ騎士団の根拠地にもなったところから今でも中世の雰囲気を残す町並みは、ユネスコの世界遺産となっています。コペルニクスの生家は今も残っていて、中は博物館になっています。そこには彼が実際に使ったコンパスや地球儀などが展示されています。
　コペルニクスは幼くして、両親を失ったので、兄弟ともども叔父の下で育てられました。一四九一年に十八歳でクラクフ大学に入学し、そこで勉強している間に天文学に興味を持ち、他にも化学に強い関心を寄せました。クラクフ大学は現在ヤゲウォ大学と名前が変わり、コペルニクスが勉強した教室が今に残っています。二〇〇二年にポーランドにおいでになった天皇皇后両陛下もその教室をご覧になりました。その教室のあるヤゲウォ大学のコレギウム・マイウスというゴシック様式の建物は、当時から変わらぬ姿を残していて、中庭に立つと中世の大学生になった気分です。この大学ではポーランド出身のローマ法王ヨハネ・パウロ二世も勉強しました。この建物を含め、クラクフの歴史地区全体がやはりユネスコ指定の世界遺産です。

　クラクフ大学を卒業して四、五年ほどトルンに帰っていましたが、その後イタリアに留学しました。世界一古いボローニャ大学で法律を学び、次にパドヴァ大学で医学を修めました。一五一〇年に叔父のいるフロンボルグに帰り、聖堂参事会員という職に就き亡くなるまでそこで過ごしました。

　一五三五年六十二歳の時に「地球の動き方」という地動説を主張した重要な論文を書き上げたのですが、出版を請け負った友人が急逝したため、それは実現しませんでした。しかし、その後に著した「天体の回転について」という論文は、ここでこの地動説の論文を発表したら起こるであろう影響を恐れ、死期が迫るまでその論文の販売を許しませんでした。

　プトレマイオスが二世紀に言い始めた天動説は、以後一四世紀にわたって教皇庁の主張するところだったのですから、これを覆すような主張をすれば、

ポーランド科学アカデミー前広場のコペルニクス像

結果は火を見るより明らかだったでしょう。

ここで注目すべき点は、彼はこの「天体の回転について」という本にローマ教皇への献辞を書いたのです。そして、彼の主張は地動説というよりも数学的な計算上の結果であり、必ずしも教皇庁の天動説に反するものではないと周囲のものが取り成したことです。この用意周到さが実って、一七世紀に宗教裁判で吊るし上げられたガリレオ・ガリレイや火あぶりの刑に処せられたジョルダーノ・ブルーノのような目に遭わなくて済んだのです。

その上、この論文を読んだ当時の学者たちははっきりとコペルニクスの地動説を理解して、この大発見をしたコペルニクスという大学者を称えました。この発見が、当時の宗教観、哲学を変え、近代的な考え方の始まりとなったことは言うまでもありません。一人の人間の発見がこれほど大きく世界観を変え、価値観を変えたことは人間の知恵の勝利と言う他ありません。

コペルニクスは、地動説に至った思考の道筋を聞かれて、地動説と天動説の天体の動きの計算上どちらがより単純かという問いから発して地動説を採ったと言ったそうです。案外世の中の事象はこのようなより簡単な方を選んでいけば、解決が見えるのかもしれません。

コペルニクスの遺骨はフロンボルグの大聖堂に埋葬されていると言われていたのですが、遺骨が発掘されて本当に彼のものかどうかが解るために、二〇〇八年のＤＮＡ検査を待たなければなりませんでした。

余談ですが、地動説は江戸後期の町人学者山方蟠桃も「夢の代」という著書で紹介しています。この大阪出身の学者を記念して大阪府に設けられた「山方蟠桃賞」というものがあります。世界中から選ばれた優秀な日本学者に与えられる賞で、私の勤めているワルシャワ大学日本学科の創設者とも言えるコタンスキ教授がその賞を受けました。ポーランド人のコペルニクスに始まった地動説を紹介した山方蟠桃の賞をポーランド人のコタンスキ先生が受けたという事実は人間の営みの綾の不思議さのようにも思えます。

若者のサブカルチャー

12／12

ここポーランドで若者を観察していると、皆一様に少なからず日本の漫画やアニメに染まっているのが分かります。私が教室に入ると、学生たちはそれぞれのかばんからノートや筆記用具を取り出しますが、それを見るとかなりの学生がかばんや筆箱にピカチューとかトトロなどのアクセサリーを付けていて、ノートの表紙もしばしば「デスノート」や「機動戦士ガンダム」といった絵が描いてあります。

また十月の新学期に新入生になぜ日本学科を選んだかという質問をしますと、毎年半数近くの学生からまず子供のころ日本の漫画やアニメに興味を持ったからという返事が返ってきます。その後長ずるに及んで、漫画から離れて行くグループと、ますますのめり込んでオタク化して行くグループに別れるようです。離れて行くと言っても決して関心を失うわけではなく、新しい漫画が出れば読み、アニメをインターネットで見ているようです。

一方、オタク化するグループは、次々に出る漫画を残らず読み、登場するキャラクターの名前をすべて覚え、「ミニキャラ」といった新語も物にしていくグループです。彼らはただ漫画を読むだけでなく、皆さんご存じのコスプレなどの格好で参加できる「コンベント」という集まりを企画、参加します。先日聞いた学生の話では、大ホールに二千人近いコスプレイヤーが集まり、漫画の新作紹介、アニメ化された作品についての討論会、アニメ主題歌のコンサートなどがあったということでした。

私も一度日本人出版社の人に紹介されて「コンベント」を見に行ったことがありますが、そのときは、千人くらいの集まりで、大音響の音楽の中、コスプレのダンスあり、歌あり、キャラクターグッズの交換や売買、日本直輸入の原作漫画の販売など、あまりの熱気に頭がくらくらしました。延々と主題歌を歌っている少女グループの日本語が聞いていて十分理解できるほど正しいので、主催者に彼女たちは日本語が解るのかと訊いたら、歌詞の内容もわからずに歌っているという答えでした。それにしても、長時間歌い続ける彼女たちの懸命さにすっかり圧倒されました。

漫画やアニメに始まって日本への興味がわき、日本学科に入ってくる学生数が年々増えている印象です。中には漫画からという動機を恥ずかしがって言わない学生もいるので、実数はもっと大きいと見ています。現在も漫画アニメ熱は下がる風ではなく、月刊漫画専門誌「オタク」がよく売れているそうです。このようなサブカルチャーから若者たちが日本語や日本に興味を持ち、さらにそこから文学や歴史、経済、社会にまで発展して行く彼らの好奇心の広がりは、今や侮れない日本文化普及の動力になっているのではないでしょうか。

私が彼らから聞いた漫画のタイトルをいくつか挙げますが、皆さんはそのうちいくつぐらいお解かりでしょうか。「ポケモン」、「ドクタースランプ」「エヴァンゲリオン」「デスノート」「ナルト」「ワンピース」「セーラームーン」「ちょびっツ」「バンパイアナイト」「キャリン」「桜蘭高校ホストクラブ」「トワイライト」。過日他大学で日本語を教えている先生で、元漫画編集者だった方にわが大学で「漫画アニメの感情移入」という題で話してもらいましたが、学生たちのあまりに豊富な知識とその理解の深さに舌を巻いていました。講義の後、根掘り葉掘りの質問にその方もたじたじでした。

宮崎駿監督の「千と千尋の神隠し」「となりのトトロ」「魔女の宅急便」「風の谷のナウシカ」などは映画館で見られましたが、学生たちはその他のジブリ作品もほとんどインターネット上で見ています。今の若者たちが子供時代に見たという「みつばちマーヤの冒険」が実は日本製のアニメだと聞いて驚く人もいますが、実はたいていのポーランド人はマンガ、アニメは日本起源だということを知っています。

日本のマンガに触発されてか、ポーランド人作家によるポーランド製のマンガもかなり出始めました。おもしろいのは、ポーランドで発行されるマンガはページの開き方がまったく日本と同じです。これはポーランドの本とは反対側から開く形になるのですが、これが本来のマンガの正しい姿だと、ちょっと気取っている風にも見られます。またこのポーランド製の漫画が出始めたのが、ちょうど日本のマンガやアニメが流行り始めた頃と同時だったことです。きっとポーランドの作家も同じような漫画を描くために奮起したように思えます。

しかし、なぜこれほど日本のマンガやアニメに、ポーランドの若者が惹かれるのでしょうか。学生数人に聞いたところでは、①エキゾチシズム②物語の筋のおもしろさ③内容の非日常性④物の見方の相違⑤異次元世界に遊ぶ想像性の豊かさ⑥世界的な流行に迎合⑦人間の生き方を示唆してくれる、などなどの返事がありました。

伝統工芸

世界中どこの国でも古くから伝わる工芸の文化があります。それはその地域で産出する資源や材料などによって異なることは自明でしょう。それから考えるとポーランドの工芸文化が他のヨーロッパ諸国のそれと似通っていることも分かります。

膨大な森林を有するポーランドの木工が秀でていることは言うまでもありません。スウェーデンの世界規模の家具会社の木工製品の多くがポーランドで作られ、スウェーデンで仕上げを施されてから世界中の市場に送り出されています。ふんだんにある木材を使った家具や調度品は、お隣のドイツともロシアとも、またスカンジナビアとも趣を異にした独特の雰囲気を持ったものです。中でもハンザ同盟に属していた港町グダンスクの家具は、十字を二つ重ねた市章で目を引く荘重な大型の箪笥などで知られています。

ヨーロッパのガラス工芸というと誰でもチェコのボヘミア・クリスタルを思い浮かべることでしょう。そしてそのボヘミアと国境を接しているポーランドでも特にその国境付近の地方でガラス工芸が盛んで、ボヘミアほどではありませんが、クリスタルガラスをたくさん作り出しています。クリスタルガラスはカットの美しさが命ですが、ポーランドのガラスもボヘミアのそれに勝るとも劣らない美しいカットが入っています。このガラスは光沢があって美しいのですが、鉛を溶かし込んでいるので重いのが難点です。それにひじょうにもろくて欠けやすいのもお土産としては今ひとつ人気が上がらない理由でしょうか。

ガラスの原料となる石英や石灰岩のあるところには、カオリンを含んだ陶土の埋蔵量も多く、当然陶磁器産業が発達しています。ポーランド西部のボレスワヴィエツという町で作られる、水玉模様が特徴の焼物は今や世界いたるところで引っ張りだこの人気です。他にもポーランド王家代々の食器を生産してきたチミエルの磁器、ヴウォツワヴェックのファイアンスなどが有名ですから、ポーランド旅行のお土産に良いのではないでしょうか。

ポーランドの工芸としてもっとも特徴のあるものは琥珀でしょう。バルト海に面した五〇〇キロほどの海岸がその産地だといっても、ちょっと分かりにくいかもしれません。琥珀はバルト海が時化《しけ》たあと、海岸に打ち上げられる原石を加工して作るのです。ですから、海沿いの町では嵐から一夜明けた海岸に家族が総出で繰り出し、目を皿のようにして原石を探します。琥珀は色の美しさも大事ですが大きさも大事な要素なのです。大きければ大きいほど細工が多様になるからです。色は琥珀色といわれる紅茶色を中心に、濃いコーヒーのような黒に近い色から、ミルクティーのような白っぽいものまで多彩です。どれがいいかはその人の趣味によりますが、もっとも高価なのは、虫や植物が閉じ込められている、いわゆる「虫入り琥珀」です。皆さんご存じの「ジュラシック・パーク」という恐竜映画はこの琥珀に閉じ込められていた恐竜のＤＮＡを復元して生まれ出た恐竜が主役になっています。元はと言えば琥珀は地質時代、地中に溜まった草木の樹脂が化石化したものですから、有史以前の世界の一部が永久保存されたものだと思えば値段が高いのもうなずけます。琥珀はネックレスやブローチ、指輪などに加工され、ポーランド土産としては格好のものです。琥珀の細かい粒はアルコールに溶かして、心臓の薬として服用されます。

　琥珀の指輪など、その台の部分はだいたい銀で作られています。ということは銀細工もまたポーランド工芸の中では注目すべき分野といえましょう。銀を使ったブローチやネックレスは値段が日本の半分だといわれます。金属工芸は他にも銅や真鍮を使ったものが盛んで、中世からの手工業組合がそれを統制管理してきた長い歴史があります。

ボレスワヴィエッツの陶器

　繊維工芸も目を引くものがあります。麻製品は広く知られていますし、絹、木綿、ウールなどの素材が多彩です。ワルシャワ南東七〇キロのところにウォヴィッチという町がありますが、そこの原色豊かな民族衣装が有名です。その色合いは、私がはじめてみた時南米インディオの衣装を思わせるもので、なぜこの北国でこんなに明るい色が用いられるかと不思議に思ったものです。繊維工芸が盛んであれば、当然刺繍の技術も進んでいて素晴らしい刺繍をほどこしたテーブルセンターやベッドカバーなどはいくら見ていても飽きません。私の妻はポーランド人ですが、彼女の祖母は刺繍を生業として、それだけで家計を支え娘を大学に行かせたほど、実入りの良い仕事だったようです。

　このように工芸の観点から街をぶらぶら歩いてみると、またおもしろい発見がありそうです。

試験とテスト

2／7

今日は気温がプラス八度で、春一番のような、かなり強い風が吹いています。しかしこの時期のポーランドで春一番はありえないので、あまり期待はかけられません。

今の時期、ポーランドの学校は冬学期を締めくくる試験期です。私も毎日多忙な日を送りました。それも昨日やっと終わり、来週からはいわゆる試験休みと言うか冬休みが一週間ほどあります。

ポーランドでは初等教育から大学まで、冬と夏の二学期制をとっていて、冬学期の試験は一月末から二月初めにかけて行われ、夏学期のそれは五月末から六月初めにあります。

今回はその試験について、お話ししましょう。

試験期の前になると、付属図書館が連日満員となり、大学近辺にあるコピー屋さんが繁盛します。私が毎日利用する地下鉄の中でも、普通は乗るとすぐ携帯を出して、ショートメッセージを送るか、ゲームに熱中する学生が、この時期には一斉にノートや教科書を出して、勉強する姿が目に付きます。試験期の光景は洋の東西を問いません。

しかし、試験の内容になるとちょっと様相が変わります。先ず日本のようにレポートで終わるというものはほとんどなく、筆記試験か口頭試問になります。そして語学の試験の場合筆記と口頭試問のセットでやることになっています。筆記試験は日本とあまり変わりませんが、口頭試問は原則として試験官が二人いて、一人が出題しもう一人が回答の評価をするという形が一般的です。一室に教師二人と学生一人ですから、その緊張感はかなりのストレスを学生に与えるようですが、一方教師もあまりストレスを与えないような雰囲気を作る必要があります。

私は学生の緊張をほぐすために、いきなり厳しい質問をしたりせず、天候の話をしたり、最近のニュースについて話したりしています。それにもかかわらずたいていの学生はガチガチに緊張しているところを見ると、日頃は大人ぶっていても、まだまだ子供で、根は素朴で真面目なのだなあと思ったりしています。

さて試験が終わって結果発表になるわけですが、日本の大学のように学生部で成績表を受け取るのではなく、教師から一対一で知らされ、それをインデクスという成績ノートに書き込むシステムです。教師が成績を書き込んだ後、サインをしてその学期が終了となるわけです。その際、成績がよければ問題はないのですが、成績の悪かった学生はどこに間違いがあってこんな評価を受けたのかを詳しく知りたがります。成績の悪い学生ほどしつこく食い下がる傾向があるようです。

成績が合格ラインよりちょっと低い場合はいろいろな理由を挙げて何とか教師を説得しようとしますが、それは無理な話で成績は動かせないのです。ですがそれでも、何とか突破口を探しますが、できないことはできないのです。これほど食い下がるのには訳があって、一年生の場合単位を一つでも落とすと放校処分になるからです。教官の立場からすると、泣きを入れる前にどうしてしっかり勉強しなかったのかと思いますが、必ずしも理想的にことが運ばないのも若者の特権かもしれないと思うことがあります。

因みに成績が悪かった場合に一番多い言い訳は「自分は試験になると異常に緊張して日頃の実力が出せないので、こんな成績で終わったけれど、本当はよくできるのである。そこのところを考慮して、成績を改めてくれ」というものです。これで成功した人は一人もいません。

もう一つ気付いたことですが、例えば試験で解答が三者択一とあるばあい、どれにも印をつけないケースがよくあります。日本では、たとえ解らなくても空欄で残すことは考えにくいのですが、こちらの学生は解らないのに、でたらめに解答を入れることを潔しとしない人が多いので驚きます。日本のように択一スタイルの試験が少ないこともありますが、何が何でも良い成績をと言う考えがあまりないのも清清しく感じられます。

調律師――ショパンの能

二月十七、十八、十九の三日間にわたって、ワルシャワで「調律師――ショパンの能」という新作能がテアトル・スタジオという市の真ん中にある劇場で初演されました。この劇場は街の中心にある文化科学宮殿という戦後ソ連から贈られたポーランド最大の建物の中にあります。

先ずポーランドの生んだピアノの詩人と言われるショパンと日本の古典芸能である能とがどのように合体したのかお話ししなければなりません。

この新作能を書いた作者はヤドヴィガ・ロドヴィッチという、二〇一一年三月現在ポーランド共和国駐日特命全権大使です。彼女は同時に日本文化の研究者でもあり、長年能の実技を学んできた人です。

今回上演された能の役者は皆さん観世流銕仙会の方たちで、実はこの銕仙会とポーランドの関係は三〇年前にさかのぼります。今は亡き観世栄夫さんがポーランドで初めて能の公演をしました。その後演劇大学で講義とワークショップを開きました。その頃は日本の古典芸能など知る人があまりいなかったので、これは画期的な出来事と言えましょう。

作者のヤドヴィガ・ロドヴィッチ大使は学生時代最後の年にたまたまパリのオルセー劇場で銕仙会の上演を見る機会を得て初めて生の能に接しました。ポーランドの劇団に所属して演劇を通して人生の何たるかを模索していた大使は能を見たときからこれこそ自分が求めているものではないかと思い、能の研究にのめり込んでいったのです。世阿弥元清の演技論をテーマに論文を書いて博士号を取り、さらに研究を深めて行き今日に至ったというわけです。

ロドヴィッチ大使が創作した新作能の内容は次の通りです。

ショパンがジョルジュ・サンドと過ごした別荘をショパンの親友でもある画家のドラクロアが訪ねたとき、ショパンの霊魂だと称する調律師（前シテ）が現れ、ピアノは心の蔵でありその中に自分の命を

開くと言い、夢の中での再会を約して消える。（中入）（ここまでは地謡と囃子方だけ）
　後半に入り、まどろんでいるドラクロアの耳にショパンの子守唄と前奏曲が聞こえてくる。そしてショパン（後シテ）が現れ、音楽への思いと本質を語り自分の音楽が永遠に至るための一歩であるとノクターンをバックに舞を舞う。そして最後に自分の心臓が納められている祖国ポーランドに魂を届けて欲しいと訴えて去っていく。そこで遺作となったノクターンが演奏される。

新作能　調律師
2011

　私自身この上演を見るまでは、能という日本の古典演劇形式とショパンの芸術の本質がどう融合するか、一抹の不安がありました。ところがヨーロッパ風の劇場を能舞台に変えてしまう照明の技術のよさもあったことと、ピアノの演奏に合わせて舞う舞が少しも違和感を与えなかったことで、作者の意図と演出の素晴らしさに大きな感動を受けました。

　公演が終ってから、立食パーティーがあったので、ポーランド人に観劇の印象を聞きました。内容については台詞が舞台の両脇にある大画面に映し出されたので、よく理解できた。あのような遅いテンポの動きがとても新鮮で、おもしろかった。あれが日本の禅にも通じる演劇だろうと思うと楽しめた。幽玄と言う言葉を聞いたことがあるが、あれがそうか。などいろいろな意見を聞きました。大体が日本に興味を持っている人たちですから、否定的な意見はありませんでした。ヨーロッパ演劇とはまったく異なる所作と音曲、地謡にはじめは驚いたが、内容の進行とともに、霊魂とか芸術の本質とかをテーマにした場合表現形式としてこれもありうるかと納得したと言う人もいました。そして、ピアノ演奏と能の舞との絶妙なハーモニーを堪能したと言う人もいました。

　このような意見を反映してか、幕が下りたときの盛大な拍手も頷ける素晴らしい上演でした。何よりも日本の能が理解できると言ってくれた人たちが多かったこと、それに言葉は通じなくても心の深いところでは、通じ合える何かがある事実を目の当たりして、外は零下一〇度ぐらいでしたが、心温かく帰途に着きました。

　この能は、日本では二月二十八日に東京の国立能楽堂で初演されましたし、三月三日には金沢でやはり上演されたと聞いていますから、すでにご覧になった方もいらっしゃるでしょう。どんなご感想を持たれたか、ぜひ訊いてみたいものです。

東日本大震災へのポーランド人の反応

4／3

　はじめに東日本大震災で被災された方々に心からお見舞いを申し上げます。

　あまりにも多くのことが一度に起こったため、一つ一つを検証していく間にずいぶんと時間が経ったような気がしていますが、実際はまだ一ヶ月も経っていません。大地震から津波、津波から福島原子力発電所の爆発そしてそのあと原子炉が次々に緊急事態を迎えるなど、目の回るような出来事に翻弄された三月でした。

　日本とポーランドの間には八時間の時差があるので、ポーランドには東日本大震災のニュースは三月十一日当日の午前中に飛び込んできました。アメリカのＣＮＮにチャンネルを合わせると、ＮＨＫの空撮の映像がほとんど同時的に見られ、押し寄せる津波の光景に息を呑みました。現実のものとは思えない、あまりの凄まじさに何か架空のパノラマを見ているような錯覚を覚えました。それからずっとテレビに釘付けになって、状況の推移を見守って来ました。週明けに学生たちと会ったら、皆悲痛な面持ちで、自分たちに何ができるかと相談に来たのですが、私自身日本の状況を正確につかめていなかったため、こんな場合に一番取り組みやすくて、効果が望めそうなのは義捐金の募金と、被災者を元気付けるための千羽鶴だろうと話したら、彼らは即刻それに着手しました。

日を追って犠牲者の数が増え続け、事態はますます深刻になっていきました。ポーランド人は自国の歴史の中で、艱難辛苦を多く経験してきた国民ですから、他国の不幸や災難に際しては、とても敏感です。すぐにポーランド赤十字社を初め、いろいろなボランティア支援団体が立ち上がり、募金のためのチャリティ・コンサートや募金を目的とした日本文化紹介の集いなどを実行し始めました。

四月一日は町の中心を流れるビスワ川の向こう側にある大きな工場をビアホールにした会場で、日頃

テレビでよく見るような歌手やジャズメンが参加して被災者支援のコンサートが開かれました。それを組織したのは在ワルシャワの邦人有志で、いくつかの日本企業からも協力がありました。会場には二〇〇人くらいの支援賛同者が集まり、夜遅くまでにぎわいました。会場では賛同者が折鶴を一つ折るごとに、ある企業がそれを買い取り、そのお金は支援に回すというアイデアもありました。コンサートの最後にポーランドでボランティアの支援団体を初めて創設したオホイスカと言う女性が、大変印象に残るスピーチをして、日本との連帯を呼びかけ、会場の人は大拍手でそれに応えました。

四月二日には市の中心にあるワジェンキ公園で、やはり在留邦人とポーランド人の主催する音楽チャリティコンサートがあり、朝の九時から午後四時過ぎまでクラシック音楽の演奏家が参加して、義捐金を募りました。同時刻に大学近くのクラブではお茶会、日本舞踊、書道、盆栽、能、などを紹介しつつ、募金を集める活動が行われました。いずれの催し会場でも、日本学科の学生たちがボランティアとして

参加していて、彼らの心意気に大いに感心したしだいです。

たまたま三月十九日の土曜日に教え子の結婚式が教会で催され、新婦はポーランド人の教え子で、新郎は日本人だったため、式を司る神父さんは日本語ができる人で、それも福島県で一〇数年間宣教師として布教に努めた方でした。式の初めに、大震災の被災者のために祈ろうと提案し、その後説教の合間に震災の話しをして、精神的な支援を呼びかけました。新郎新婦も友人に募金の小箱を持たせ、式の後教会の入り口で各参会者から義捐金を集めて、後に赤十字社に届けました。その後テレビで知ったのですが、全国の教会で募金が行われ、多くのポーランド人が協力しているということでした。

大震災、大津波の後、私はしばしば道でポーランド人にお見舞いの言葉をかけられたり、家族の安否を尋ねられたりしています。先日も食料品店で、中年の女性に声をかけられ、私が日本人であることを確かめてから、「あなたは日本人として同胞を誇りに思っているだろう。あれほどの災難に遭っていながらあの整然と統率の取れた行動は日本人以外には不可能なことです。本当に偉大な国民だと思います」と言って、握手を求められました。同じことが大学の正門のところにいる守衛さんからも言われ、ありがたい気持ちでいっぱいでした。

震災の次の日（土曜日）に日本大使館の正門の横には、花束やろうそくが灯り、ワルシャワ市民の日本への同情心を強く感じ、感動しました。それをきっかけにして、「日本支援」を謳った運動が全国で始まり、義捐金を集め、千羽鶴を折る人たちの「日本への連帯運動」が燎原の火のように広がっていきました。そして、You Tube上でも「日本との連帯」をテーマにした投稿が相次ぎ、協力を呼びかけています。

こちらのマスコミに載ったポーランド人の声をいくつか紹介しましょう。これを見るといかにポーランド人が日本人に好感を持ち、国の規範とし、国民を信用しているかが分かります。

＊「このたびの日本人の落ち着いた行動は、日頃の教育のたまものである。それは皆のためを考えて

行動すると言う規範から来ている」
＊「このような状況下では待つしかない。そこから抜け出られないような災害はありえないという確信のようなものを日本人から教わった」
＊「この一番困難なときに日本人は「原則」と「協力」と言う試験を受けているが、世界で日本人ほど成績のいい国民は他に見当たらない」
＊「長時間にわたる水や食料の行列に並んでいて、文句一つ言う人もいなければ、脇から割り込む人もいなかったと聞いて、仰天した。この冷静さは日本人の宝だ」
＊「日本人は不可能を可能にしてきた歴史があると聞いたが、やはり本当だった」

茶道の普及

5／1

ポーランドでもかなり昔から日本の茶の湯については知られていました。時々日本から茶の湯を紹介する目的で何人かの先生方が来られて、急ごしらえの舞台で公開献茶などをしていましたが、長い間本格的に茶の湯を練習する場所も先生もいませんでした。

ところが、「日本・ポーランドサロン」と言うボランティア団体の第一回招待留学生として、ワルシャワ大学日本学科の学生が一九九六年に大阪の大学に留学しました。日本滞在中、彼女は杉本宗苑という先生のところでお茶を習い、彼女の情熱は帰国してからも衰えることがなかったので、翌年杉本先生はショパンの国にお茶の精神を広めようとワルシャワを来訪。その後は毎年のようにワルシャワに来て指導を続けました。当時の稽古場は床に茣蓙を敷いただけの質素なものだったため、杉本先生は、一所懸命に茶道の練習に励んでいる若者たちのために何とかしっかりした稽古場が欲しいと思うようになりました。

途中いろいろな経過がありましたが、結局今の在大阪ポーランド共和国名誉総領事の高島和子さんはじめ、日本・ポーランドサロンの方々のご尽力のおかげで、二〇〇六年に本格的な茶室がワルシャワ大学付属図書館内に出来上がりました。

そして翌年二〇〇七年六月に茶道裏千家大宗匠千玄室氏がポーランドを来訪され、茶室も「懐庵」と命名されて、茶室開きが行われました。それと同時に裏千家ワルシャワ支部寸心会が発足し、翌二〇〇八年には、日常の稽古に使う道場が開かれ、その後「懐庵」は特別な行事および、招待客のために使われています。

二〇〇八年にワルシャワ大学と裏千家の協力で、ワルシャワ大学日本学科に茶道講座が設けられ、正式な科目として単位が取得できるようになりました。日本の伝統文化教育の一環としての科目です。毎年かなりの学生が押しかけるので、競争率は高いようです。

一方寸心会では、週に二回の稽古があり、それに通う人は二〇人くらいで、そのほかに希望があれば、随時稽古に参加できるようなシステムになっています。寸心会の会員の中には遠く、ポズナン、トルン、ウヂから通ってくる熱心な人たちもいます。

ワルシャワの寸心会以外にも、旧都クラクフでやはり裏千家の「洗心会」と言うグループが活動しています。また、一年に一度ですが、東京から表千家の先生が来て、ワルシャワでワークショップを開いています。こうして見ると、定期的に稽古をやっているのは、ワルシャワの寸心会とクラクフの洗心会だけのようです。

ここで、茶の湯に対する、一般ポーランド人の反応についてお話ししましょう。

お茶席に参加した人は、総じて好印象を持って茶室を出るようです。一服のお茶を飲むのにあれだけの時間をかけることに日本古来の文化を見出す人、終始笑顔で客人をもてなす主人の態度に心休まる思いをしたと言う人、お茶が本当に緑色をしていることを初めて知った人、抹茶は苦いという先入観を持っていたのに、飲んでみると思ったほど苦くなかったことに驚いた人、茶室の中を流れる静寂を愛する日本人の文化は本当にヨーロッパのそれと違うことを肌で知った人。

　中には足が痛くてお茶どころではなかったと言う人、あんな長い時間足の痛さを我慢して一服のお茶を飲むことの意味が良くわからないと言う人もいました。以上は一般の人で、初めて茶道を経験した人の意見でした。

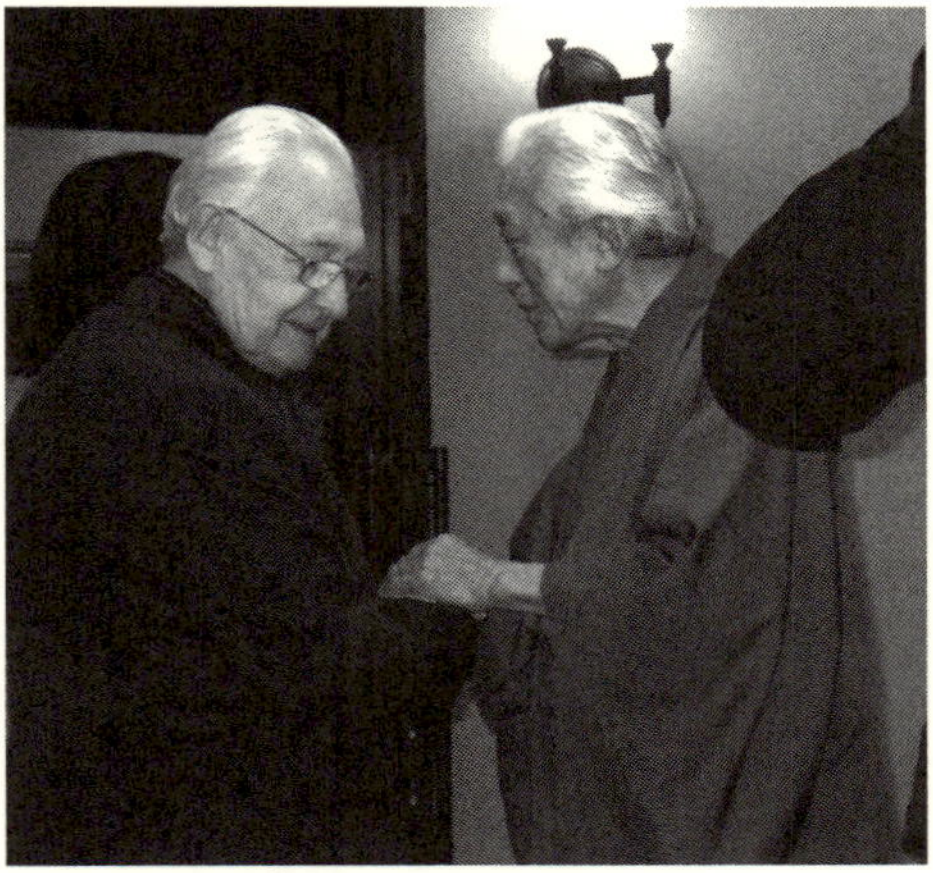
アンジエイ・ワイダ監督と千玄室裏千家大宗匠

　さて、寸心会の会員の意見は。表に出ない水屋の仕事や下足番の仕事などに楽しみを見出す人もいるし、お茶の多岐にわたる知識（例えば、茶室の成り立ち、露地の特徴と意味、掛け物、茶器としての焼き物、その他茶道具について）があって、それを習得していくのが楽しみという人、茶道を通して自己の人生の向上を図ろうと考えている人、自分が習ったお茶を他の人に教えたくてたまらない人など、とにかくお茶が大好きという人たちの集まりのようです。

　そして、千玄室大宗匠が前回の訪問から三年目に当たる二〇一〇年に、再びワルシャワを来訪され、講演会、学生への講義、市民への呈茶などを実行され、ポーランドにおける茶道文化の定着に大きく貢献されました。

　寸心会の人に聞くと、ポーランド全国に茶道に興味のある人が散らばっていて、しばしばいろいろな催しに招待され実技を見せているそうです。今は指導ができる先生の数が少ないので無理だが、いずれはポーランド各地に支部を立ち上げ、広く茶道の紹介に努めたいと抱負を語っていました。茶道もそうですが、能といい、歌舞伎といい、日本古来の伝統技能を幅広く受け入れてくれるポーランド人の懐の深さ、情感の豊かさにおどろかされます。

盆栽人気

5／22

先週ワルシャワの郊外で「盆栽展」があったので、見に行ってきました。主催者はマレク・ガイダというポーランドにおける盆栽の草分け的存在の人で、彼からポーランドで盆栽がどのように受け容れられているかを聞いてきましたから、今回はその報告です。

ガイダさん自身は盆栽のことを一九七〇年代に、若者向けの技術雑誌で初めて知り、興味を持ち始めました。そのとき彼はワルシャワ農業大学の林業科の学生でした。同じ木を育てるのに盆栽のような文化があることを知ってどんどんのめりこんでいったと言います。しかし、その頃ポーランドはまだ社会主義国だったため、盆栽を見る機会はなく、たまに雑誌などで記事を読むくらいでした。

当時ヨーロッパで盆栽が盛んだったのは、ドイツ、フランス、オーストリア、イタリアだったそうで、盆栽文化がポーランドに入ってきたのは、民主化されてからもだいぶ時間が経った二〇〇〇年前後だったようです。

マレク・ガイダさんに話を戻すと、彼の最初の先生はチェコ人で、ドイツからチェコに入ってきた盆栽の技術を学んだ人だったそうです。その後イタリア人の先生に習い、最後は二〇〇九年に初めて渡日した際に、修行をした静岡県の漆畑信市という、当時は「日本小品盆栽協会」の会長をしていた親方でした。日本には一ヶ月ほど滞在し、それまで身に付けた技術に加え、より洗練された高度の技術を学び、さらには盆栽の持つ精神的バックグラウンドも教えてもらったようですが、後者は滞在があまりにも短かかったため、とても理解するところまでは行かなかったと恥ずかしげに話していました。

現在ポーランドで盆栽を趣味としている人は一五〇人程度で、その人たちの集まるグループは、ワルシャワ、ヴロツワフ、クラクフ、ポズナンの四大都市にあって、作品展や品評会など精力的に取り組んでいるそうです。もう一年以上前になりますがガイダさんに招待されて行った展示会では、彼の作品を中心にチェコ、スロバキア、ベルギー、オランダといったところからも数多く出展され、国内ばかりではなく外国の愛好家とも幅広く交流していることが良くわかりました。

盆栽愛好家は何が魅力で、盆栽に没頭しているのかと聞いたところ、第一に、忍耐と言う言葉の意味を身をもって学ぶところにある、とのことでした。盆栽を継続できる忍耐があれば、すべての問題に冷静に対応できるとか。次に心の安静と言っていました。どんなに心がざわついていても、盆栽に取り組むと自然に心が落ち着いてきて、雑念が追い払われ、問題の核心が見えてくるそうです。三番目が「自然との接触」だそうです。盆栽は毎日木々の世話をしなければならないから、おのずと自然を細かく観察し、その自然に囲まれて生きているわれわれ人間の存在を日々考えざるを得ない。そして、盆栽一つ一つを見ると、正に人生の縮図のように木々の成長から老化まで感じることができる。最後にポーランドの盆栽界の指導的な立場になった今の自分の視点からすると、より高度な技術を会得し、見る人の心を揺さぶるような作品を育て上げるという野心もあると付け加えました。

最後に、安いもので、一株三〇〇〇円ぐらいの盆栽を売って生活が成り立つかどうか尋ねたら、採算上はまったく帳尻が合わなくて、持ち出しのほうが多いが、毎日盆栽に囲まれている生活は何物にも替えがたいし、何しろ盆栽は生き物だから、お互いに生かし、生かされていると思うと、やめるわけにはいかないとの答えでした。

彼の夢は、今日本では衰退しつつあると言われる盆栽の文化をポーランドで復活させ、本家の日本を力づけたいということでした。

日本に眠るポーランド人

6／5

明治維新後、日本が世界に門戸を開放して以来、ポーランド人も生活の糧を求めたり、好奇心に駆られたりして日本に行く人が増えてきました。その後、帝政ロシア支配地区に居住し、日露戦争の際にロシア軍に徴兵されたポーランド人も少なくありませんでした。その多くが再び祖国の地を踏むことなく、日本で亡くなっています。その一人ひとりの運命の中に祖国ポーランドの歴史が詰まっていると判断したイガ・ロドヴィッチ駐日ポーランド大使のイニシアティブで「日本におけるポーランド人墓碑探索」プロジェクトが発足しました。ワルシャワ大学日本学科教授のエヴァ・ルトコフスカ・パワシュがポーランド側の、また名城大学稲葉千晴教授が日本側の中心活動者となり、二年にわたり探索を続けた結果を今回ご紹介します。

帝政ロシアのみならず、第一次世界大戦時にドイツ軍に徴兵されたポーランド人もいて、その多くがやはり日本で亡くなったことも判明しました。

この調査に協力した方々は、歴史学者をはじめ、日本の修道院で布教に当たっているポーランド人神父や修道女の方々、およびポーランド人が埋葬されている寺院の日本人僧侶の方々でした。そしてこの調査の目的は、日本におけるすべてのポーランド人（民間人、軍人その他）の墓碑の確認とリスト作りです。時代は日露戦争、第一次世界大戦、第二次世界大戦、およびその戦間期を含め、現在に至るまでとしました。これには日本で亡くなった人の家族、またその子孫探し、それと無事に帰国できた人たちからの聞き取り調査も伴います。

撮影：Ewa Rutkowska

国籍の面からの調査は難航しました。なぜかと言うと、一九一九年にポーランドが独立を復活させるときまで、ポーランド国籍というものが存在しなかったからです。日露戦争で捕虜となって日本に抑留された、いわゆるロシア側兵士は、ポーランド人も含めてすべてロシア国籍でした。

墓碑に残された信仰の印である十字架もカトリック教かロシア正教かはその形で区別できますが、それだけではポーランド人かどうかまでは確定できませんでした。なぜなら、確かにポーランド人の大多数はカトリックを信仰していますが、ロシア正教やプロテスタントの信者、さらにヘブライ教を信仰するユダヤ系ポーランド人もいたからです。またロシア人の中にもカトリック教信者がいたことも問題を複雑にしました。

次に墓碑に記されている氏名を正確に認定することも困難を極めました。遺体を埋葬した日本人が、墓碑銘やその台帳などのすべての氏名をカタカナで記載したからです。子音の多いポーランド名を日本風に子音と母音の開音節で書くことには元々無理がありましたし、その上キリル文字で書かれたものをカタカナに書き換えたことも正確を欠く原因になりました。

したがって、死亡捕虜の中から以下の条件に合致する人に限って調査対象としました。

1　ポーランド風の姓を持ち、カトリック信者
2　ポーランド領あるいはポーランド人が多く住んでいた地方で生まれた人
3　軍人の場合、上記の場所で徴兵され、そこに所属部隊があった人

このようにして調査した結果、およそ一〇〇基のポーランド人墓碑があることがわかりました。これらは、ポーランド人宣教師、日露戦争捕虜、その他のポーランド人の墓で、その中の三七基が日露戦争捕虜のものでした。

これからの探索は、困難が伴い、長期にわたるであろうことは承知していますが、この探索を続けることは、ポーランドの歴史であり、遺産とも言える同胞の日本での運命を知ることに繋がると信じていると探索に携わったエヴァ・ルトコフスカが言っていました。

撮影：Ewa Rutkowska

首都ワルシャワ

7／3

今までレポートのテーマにポーランドの都市を個別に採り上げたことがなかったので、今回のワルシャワを皮切りに、おいおい主要な町を紹介していきましょう。

まずワルシャワという名前のいわれですが、日本語読みのワルシャワだとちょっと説明しにくいので、ポーランド語読みのWarszawaで説明しましょう。これは伝説上の二人の名前を合わせたという説がもっぱらです。ワルシャワの中心を流れるビスワ川の河畔に漁師のWARSとSAWAという夫婦が住んでいて、その二人の名前WARSとSAWAを連ねてできたのがワルシャワというわけです。ほかにもいろいろな説がありますが、私はこの二人の名前からできたという説が解りやすく真実に近いように思います。外国からワルシャワへ入るためには陸海空どんな手段でも良いのですが、陸路ですとパリ・モスクワ間を走る国際特急「ショパン号」はつとに有名です。日本からの直行便こそありませんが（二〇一七年から直行便が就航）、空路だとヨーロッパのどこからでもワルシャワに入れます。さすがに海からは、港のあるグダンスクかシチェチンという港までフェリーで来て、そこから電車に乗り換える必要があります。

次にワルシャワという町の概要です。人口は一七〇万人で、人口規模から言えば京都か札幌くらいでしょうか。地理的な位置は北緯がサハリンと同じくらい北に位置するので、冬などは寒さが厳しいだろうと思われがちですが、偏西風やメキシコ湾流のおかげで割合暖かく、年間を通しての平均気温は北海道の函館と同じくらいだそうです。

ワルシャワ市の真ん中を南北にポーランド最長のビスワ川が流れています。町の中心はその左岸にあるのですが、昔工場が多かった右岸のプラガ地区も最近は整理され、気の利いたショッピング街や文化施設などが多くなっています。ヨーロッパの主要な街は、ほとんど大きな川の流域にあるのは周知の通りです。セーヌ川をはさんで発達したパリ、テームズ川のあるロンドン、ドナウ河畔のウィーン、ブタペスト。こう見るとワルシャワも典型的なヨーロッパ型都市と言えるでしょう。

ワルシャワは平坦な国の真ん中にあり、起伏の少ないほとんど坂のない町なので、自転車での移動が便利で、実際自転車道がとても発達していて、サイクリング人口も多いようです。ヒットラーが戦争前に、ポーランドは自転車で攻められると言ったそうですが、それはその平坦さと、距離の近さを言ったものでしょう。

町の見所ですが、まずユネスコの世界文化遺産に指定された「ワルシャワ歴史地区」から始めましょう。これは第二次世界大戦で九割以上破壊されて、戦後壁のヒビひとつまで忠実に再建された旧市街を中心にした町並みです。道はすべて石畳で五〇〇年以上も前の雰囲気をそのまま残していて、そこに入ると中世にタイムスリップしたような錯覚にとらわれます。その旧市街の入り口には王城とその広場があり、そこから南に延びる長い通りを「王様の道」と言います。その王様の道の両側には喫茶店、レストラン、高級ブティック、書店などがずらりと軒を連ね、ツーリストお目当ての場所でもあります。その通りにはショパンがオルガンを弾いた教会、ショパンの心臓が納められている聖十字教会、その向いにはワルシャワ大学、ワジェンキ公園などがあり、その通りを縦断するだけでも一日がかりの観光になるはずです。通りの両側にある喫茶店はほとんど路上の半分ほどを占める屋外テーブルを出していて、そこでは世界で初めて喫茶店を開いたポーランド人に恥じないおいしいコーヒーが振舞われます。

皆さんは、「戦場のピアニスト」という映画をご覧になりましたか。この映画の舞台は、ワルシャワ・ゲットーという、第二次大戦中ユダヤ人が押し込められた地区です。今そこにはユダヤ記念博物館ができつつありますが、この五月には、オバマ大統領も訪れました。

ワルシャワの郊外にも、見るべき場所がたくさんあります。王様の夏の離宮ヴィラヌフ宮殿、ワルシャワ市民憩いの森カンピノスなど。
最後に「すし屋」がワルシャワ市内だけで一〇〇軒近くあるといえば、きっと食指が動くのではありませんか。

世界遺産の旧市街。王城前広場

絆の架け橋

今回は日本武道愛好家の団体が東日本大震災で被災した青少年をポーランドに招待し、少しでも精神的な支援をと企画した「絆の架け橋」プロジェクトについてお話ししましょう。

先ずこのプロジェクトを提唱したポーランド側ですが、ポーランド全国の日本武道愛好家を代表して「ポーランド伝統空手道協会」が窓口となり、プロジェクトが始まりました。先立つ資金については、ポーランド外務省が補助金を出したのを皮切りに、ポーランド・日本両国のたくさんの企業がスポンサーとなって財政援助をしました。ポーランドには空手、剣道、合気道、柔道の愛好家が大勢いて、彼らが所属するクラブや道場もたくさんあります。従って日本から招待する青少年の選考を日本の武道協会に依頼されたことも自然の成り行きでした。

こうして、岩手県、宮城県から合計三〇名の男女生徒が選ばれ、男女比はほぼ半分ずつで、高校生、中学生の混成です。日本を出発する前に東京でイガ・ロドヴィッチ駐日ポーランド大使も出席して、青少年を送る会がもたれました。翌七月二十四日に日本を出発して同日夜遅くワルシャワ着。そのままバスに乗り換えて、ワルシャワから南方二〇〇キロのところにある「ポーランド伝統空手道協会」所属「スターラ・ヴィエシ道場」まで行きました。彼らのポーランド滞在は八月十日までの一八日間の予定です。

私は日本からの生徒さんの滞在二日目と三日目に同行し、どんな場所で、どのようにポーランドでの休暇を楽しんでいるかを見てきました。

生徒さんたちが宿泊している「スターラ・ヴィエシ道場」はあまり高くない丘の頂上付近に一際大きい道場を中心に一五棟ほどの日本式建屋が散在し、その周囲は牧草地や畑が広がっている素晴らしい自然環境の中にありました。宿泊棟も洋式のベッドはなく、和式の畳しかないと言う徹底した日本式です。

聞いたところでは、すべての棟の屋根瓦は日本から輸入したということでした。だから遠くから見ると、ポーランドの自然の中に忽然と日本の小さな村が出現したように感じました。

私が到着した日、午前中は二班に分かれ、一班は自転車で森に行き、もう一班は徒歩で近くの森に散策に行きました。散歩から帰ってきてからは、昼食が出ました。私の目には典型的なポーランド料理でしたが、誰一人食べ残すことなくきれいに食べたので、コックさんは、どんなものを出せば良いか心配していただけに、生徒さんたちが全部食べてくれたことが嬉しかったようです。それとみんなのお行儀のよさも、やはりテレビで見たとおりだと感心していました。

休憩後ポーランド側が準備したという真新しいお揃いの道着を着て、空手の練習があり、元気よく準備体操や空手の型を習っていました。夕食前に三々五々食堂に集まってきた生徒さんにいろいろ話を聞きました。何しろポーランド到着二日後だったせいか、一般的な印象についてはまだ無理でした。しか

し身近な、例えば世話に当たってくれている協会の人や、宿舎の従業員の印象はすこぶるよくて、こんなに親切にしてもらって本当に嬉しいと言っていました。また、道場の周囲の環境の素晴らしさには圧倒されたという意見も出ました。引率している三人の先生方の中にも今回被災された方があって、ポーランド人のこのような温かいもてなしはきっと生徒たちにも伝わるだろうと話していました。一緒に食事をしながら、岩手県の山田高校から来た泉澤君と話しました。卒業後の進路を尋ねたら、故郷では就職が難しそうだから東京に行って料理関係の仕事に就きたいと抱負を語ってくれました。

　その晩は、ボランティアとして通訳の役を買って出た日本学科のダリアさんとトメック君が準備したゲームやカラオケで、みんなは夜遅くまではしゃいでいました。そこには、普通の修学旅行の宿で、学校の日常を忘れて、自分たちの休暇を楽しんでいる若者だけがいました。

　自由時間には、ポーランド側が手配してくれた携帯電話で日本の家族とも話せ、カメラでは近くの風景や毎日食べる目新しいポーランド料理の写真を撮っていました。

　あの大震災、津波から四ヶ月あまり、心の奥にはどれほどの悲しみや悔しさがあるかもしれないのに、まったくそれを感じさせない子供たちの健気さに、今後の東日本の力強い復興と昔どおりの日常生活の復活を見る思いでした。

　またこの子供たちが、きっと将来日本とポーランドの架け橋になってくれることを祈り、このような機会を作ってくれたポーランドの人々の連帯感に心から感謝しつつ、道場を後にしました。

エスペラント（ポーランド生まれの世界語）

皆さんはエスペラントという言語があるのはご存じだと思います。現在世界中で一〇〇万人以上の人たちが使っていると言われますが、この言語を考案したのがルドヴィック・ザメンホフというポーランドの眼科医でした。ザメンホフは一八五九年に、当時ロシア帝政下にあったビアウィストクという、ワルシャワから東に二〇〇キロほど行ったところの町で生まれました。

現在彼が生まれた長屋風の木造家屋は残っていなくて、その場所はきれいな芝生のあるアパートに変わっています。そのアパートの壁に、彼の生誕一〇〇周年を記念して開かれた世界エスペラント大会参加者による記念碑がはめ込まれています。またそこから五分ほど歩いたところにある小さな公園には彼の胸像が立っています。

ザメンホフがエスペラント語を考案した（一八七八年、彼が十九歳の時）のにはそれだけの理由があります。当時のビアウィストクにはポーランド人、ロシア人、ドイツ人、ユダヤ人、リトアニア人など多くの民族が一緒に住んでいました。異なる文化や伝統を持った人たちがそれぞれ異なる言葉を話して生活していたのですから、日常生活の中ではいろいろな摩擦が絶えませんでした。ザメンホフが十歳のときに書いた「バベルの塔」と言う作品の舞台は、ビアウィストク市役所を囲んでいた市場で、話のテーマは異文化で育てられ、異なる言語を話す人たちの間の摩擦でした。

後年彼がロシアのエスペランチストに宛てて書いた手紙には以下のような文言があります。

「私が幼少時代をすごしたビアウィストクが私の将来を決めたと言っても過言ではない。異なる民族たちの市民グループはお互いに敵対意識を持って生活していたため、感受性の強い人間は、言語が違うということの重要性を感じずにはいられなかった。言語の相違は人間を敵と味方に分ける唯一の、または少なくとも主な原因であるとの結論に達した。私はうちで理想主義者として育てられ、人は皆兄弟だと教えられたのに、一歩外に出ると、ポーランド人、ロシア人、ドイツ人、ユダヤ人という存在しかないことを思い知らされた」

ここで、彼は自分の文化や母国語を大切にしながらも、他の誰とでも話せる国際補助語（第二共通語）なるものがあれば、このような民族間の争いや摩擦が避けられるのではないかと考えました。そして、これは自分の持つ母国語を放棄してエスペラントにしろと言っているのではないことを強調しました。あくまでもいわゆる異なる言語間でのコミュニケーションのためであると目論んでいたようです。だから、現在でもエスペラントは世界を横断しての旅行や文通、文化交流、ラジオ放送、インターネットなどに使われているのです。日本にもエスペランチストはかなりいて、北から南まで各地に「エスペラント学会」があります。その活動内容を見ると、外国から来るエスペランチストの受け入れや意見交換、文通などがあり、通常はエスペラント語学習、文学作品の翻訳、エスペラント語で書かれた外国文学の購読などが挙げられます。

ザメンホフ胸像

エスペラントの言語は、ラテン語を中心にしたロマンス語（フランス語、スペイン語）が七五％を占め、ゲルマン語（英語、ドイツ語）が二五％を占めると言われています。とても豊かな造語力のある言葉で、新しく世に出てきたコンピュータなどの事物や、外来語も語の形をエスペラント風に変えて語根として取り込まれています。

例えば日本語からの借用語を列記してみましょう。Aikido, animeo, bonsaijo, cunamo, kimono, katano, tankao, samurajo, sakeo, canojo などです。

エスペラントの最大の辞書には、一六、七八〇の語根と、四六、八九〇の複合語句が掲載されています。ザメンホフはエスペラントを広めるため、生前多くの文学作品を翻訳していて、その中にはアンデルセン、ゲーテ、ゴーゴリ、シェークスピア、ディケンズ、ハイネ、モリエールの作品などがあります。

エスペラントが日本に入ってきたのはいくつかのルートがありますが、一九〇八年に二葉亭四迷が日本初のエスペラント語教科書「世界語」を発表したことは日本におけるエスペラント普及に関して重大な出来事だったと言えましょう。そして、エスペラントを学んだり、影響を受けた日本人はたくさんあって、名前を挙げると、二葉亭四迷、柳田国男、宮沢賢治、新村出、北一輝、大杉栄、新渡戸稲造など。

国際連盟日本代表だった新渡戸稲造などは、エスペラントを世界の教育用言語に採用すべきであると提案したほどでした。

宮沢賢治の「イーハトーブ」という理想郷をご存じでしょうか。これも「イーハト」＝「岩手」、「ーブ」＝「卵」のエスペラントの合成語だし、彼の作品中の「モリーオ」は「盛岡」、「セーダード」は「仙台」のエスペラント風の言葉です。

ビアウィストク在住の教え子アンカさんが情報を提供してくれましたので、以下に紹介します。

少しでも先生のお役に立てたとしたら、嬉しく思っています。

Wikipedia などにもいろいろ書いてありますし、先生もご存じかと思いますが、念のため少しだけ書き加えます。

ザメンホフは十四歳の時には、六つの言葉を話せたそうです。

子供のころには、大人になったらみんなの共通の言葉を作る夢を持っていたそうです。

ザメンホフの母親は言語学への興味を応援していたようですが、父親はちゃんとした仕事ができるように、理科系の科目がレベルの高い学校に行かせ、あとで医学の勉強もさせました。

でもザメンホフは子供のころの夢を捨てられませんでした。

国際言語の最初のバージョンを十九歳の時に完成

させました。

当時その言語の名前は「エスペラント」ではありませんでした。

「エスペラント」というのは、ザメンホフのペンネームでした。

「エスペラント」というのは、「希望を持った・希望する」という意味です。


エスペラントのシンボルは緑色の五角形の星です。その意味は五つの大陸への希望のシンボルです。緑は希望の色で、星の五角は五つの大陸の象徴となります。

ザメンホフはエスペラントに関する権利を放棄しています。

エスペラントは個人のものにも、どこか一つの国のものにもなるべきではないと考えていました。

エスペラントは簡単で、文法のルールは一六しかありません。

だからだれでも自分でインターネット上でも身に付けられるそうです。

航空ショー

9/25

皆さんの中には航空ショーをご覧になった方も多いと思います。私ははじめあまり関心がなかったのですが、航空ファンの息子に促され、四年前に初めて見に行きました。場所はワルシャワから一〇〇キロ南に行ったラドムという町です。これは後から知ったことですが、このラドムの航空ショーはヨーロッパでは有数のものだそうです。今年も八月二十七、八日の二日間開かれ、私は二十七日土曜日の朝ワルシャワを発ってラドムに向かいました。

二年に一度開かれるこのショーのために、ラドム市は町中に駐車場を設け、臨時バスを増発して市外から来る航空ファンの便宜を図っています。ラドムに行く途中見た自動車のナンバーがワルシャワ以北の登録ナンバーだったのは、おそらく私と同じ目的の人たちに違いありません。

現地に到着して車を駐車。バスに乗り換えて一〇分ほどで会場に到着。入り口の前には当日券売り場がずらりと並んでいて、その前には長い行列がありました。私はインターネットで切符を買っておいたので、そのまま会場に。先ず駐機場に並んでいる世界でも名の通った戦闘機やヘリコプターを見て、いよいよ滑走路に行きました。フェンスのところにはすでにびっしり人が張り付いて近づけません。適当なところに持参の折りたたみ椅子を置いて、ショーの開始です。

フランス、イタリア、スイスから飛来してきたアクロバットチームにもちろんポーランドのチームが二つ加わって超高速飛行、背面飛行、低空飛行など様々な演技を見せてくれました。それにF16とグリペン戦闘機が模擬空中戦を見せてくれ、さらにシコルスキというアメリカのヘリコプターが宙返りをしたり、後退したりの演技に観衆は大喜びでした。

観衆の中でアルミ製の脚立を持っている人は明らかに航空写真のマニアで、大小のカメラを首から提げています。

航空ショーの醍醐味は何と言っても、ジェットエンジンの轟音です。これは花火の打ち上げを間近に見るときの感覚に似ているでしょう。F16やスホイ戦闘機がエンジン全開で目の前を通過するときの下腹に響く轟音は、日常経験することのない凄い音で、カタルシスを満たすに十分です。

ポーランドがどうして世界有数の航空ショーを開くのかと疑問に思われる人がいるでしょう。実は私もその方面に興味がなかったこともあり、詳しく知らなかったのですが、ちょっと歴史を振り返ると、ポーランド人は結構、陸・海・空の交通手段でその冒険心を発揮して、歴史に名を残しているのです。

日本との関係で言いますと、一九二六（昭和元）年にワルシャワ・東京間を当時の複葉機で往復した飛行士がいました。（パイロットはボレスワフ・オルリンスキ、機関士はクビアック）一九二八（昭和三）年には自動車による世界一周の旅の途中で、日本に立ち寄ったイエジー・イエリンスキという冒険家がいました。そして一九三五（昭和一〇）年には海路はるばる日本まで航海をした「ダル・ポモジェ」と言う帆船があります。この帆船は今でも現役で世界の海を帆走しています。

第二次世界大戦中、ＲＡＦ（英国空軍）で活躍したパイロットの中には、かなりのポーランド人がいて、彼らがいなかったら大戦末期の連合国側の制空権が維持できなかっただろうと言われています。戦

航空ショー　撮影：岡崎史夫

後、ポーランドが社会主義国になったのを理由に、このパイロットたちのほとんどの人がイギリスに残ったのは有名な話です。

このように、飛行機の伝統があったせいか、ポーランドの各地に飛行クラブがあって、青少年が先ずグライダーから始めて、徐々に軽飛行機に乗るまでの訓練を受けています。私の教え子にもそんな人がいて、今はワルシャワ空港の管制官として働いています。

このようにポーランド人と空の関係を見ると、フランス、ドイツ、イギリスに次いでヨーロッパでも有名な航空ショーが開かれる理由が理解できます。今年もこの航空ショーを見に来た日本からの団体に出会いました。航空写真を趣味にしている人たちの団体だそうで、このためだけにわざわざ地球の裏側まで来たということでした。こんなポーランドの地方都市にまで飛行機の写真を撮りに来る熱心さには驚くとともに、世界中の人をひきつけるほど有名な航空ショーが身近にあったことに気付いて、人生いつまでも勉強だと思った次第です。

シベリア孤児救済

10／23

大正時代に日本赤十字社の援助でポーランドの孤児がシベリアから母国ポーランドに帰国したことについてお話ししましょう。

当時シベリアには一五万人から二〇万人のポーランド人がいろいろな理由で居住していました。その理由とは、例えば帝政ロシアに対して反乱を起こしシベリアに送られて来たとか、その家族が流刑者を追って来たとか、シベリアの地に生活の糧を求めて来たなどです。

一九一七年のロシア革命以後、ロシアの国内情勢は混乱を極め、各地では内戦が繰り広げられ、その煽りを受けてシベリアのポーランド人が難民化したのです。その難民を助けるべく「ポーランド救済委員会」が組織され、その初代会長に、政治犯援助活動家のアンナ・ビエルキエヴィッチ女史が就任しました。しかし救援すべき難民の数があまりにも膨大なため、救援対象をしぼって、ポーランドの将来を担う子供たちを祖国に送り返すことに決めました。シベリア各地からウラジオストクに集められてきた九〇〇人ほどの孤児を安全な地に移すのに、当てにしていたアメリカ赤十字の援助が得られなくなり、唯一残された道は、日本軍が居残っていたウラジオストクから日本に向け脱出する方法だけでした。

そこで、ビエルキエヴィッチ女史は一九二〇年東京に赴き、日本外務省、陸軍省と折衝した結果、その許可を得て最終的には日本赤十字社がその任に当たるという朗報を得たわけです。これは日本赤十字社が創立されて初めて実行された国際的な規模の難民救済事業でした。

一回目の救援事業は一九二〇（大正九）年七月二十二日で、三七五名の孤児が敦賀に上陸し、その後汽車で東京に着き、渋谷にあった仏教系慈善団体の福田会に収容されました。この孤児たちは一九二二年までに八回にわたって日本を出発し、祖国に向かいました。

二回目の救援事業は一九二二（大正一一）年で、三九〇名の孤児たちが敦賀経由で大阪に送られ、大阪市立公民病院看護婦宿舎に収容され、同年十一月までに三回にわたって祖国に送り届けられました。

孤児たちは帰国してからも相互の連絡を絶やさず、一九二八年に「極東青年会」という組織を結成して、恩義ある日本との交流を目的とした活動を始めました。一九三三年に、日本が国際連盟を脱退するとき、松岡洋右全権大使がジュネーブに赴く途中ワルシャワに立ち寄りました。そのとき、極東青年会が大挙してワルシャワに参集し、「日本万歳」を連呼して松岡大使を励ましました。駅頭でその歓迎を受けた松岡大使は感激して、号泣したと青年会の人から聞きました。

松本照男氏提供

2011

一九三九年に第二次世界大戦が勃発すると、当時二十代から三十代の青年に成長していた孤児たちもドイツ軍に対する抵抗軍事組織に参加し、そのグループは、祖国独立のためにロシアに抵抗した愛国者の子孫であるという誇りとともに、日本の精神を受け継いでいるとして非常に勇敢に戦ったと生存者の一人から聞きました。

孤児たちが東京に滞在中（一九二〇年）、貞明皇后陛下の行啓を得てから八二年後の二〇〇二年に今度は天皇皇后両陛下がワルシャワに公式訪問をされました。大使公邸で三名の孤児が両陛下にお会いでき、両陛下もひざまずいて彼らの手をとって話をお聞きになりながら、労を労われました。九十歳を越える高齢の孤児たちが、「日本万歳」、「ありがとう」とはっきりした日本語で両陛下にお伝えしたとき、側にいた私は涙を抑えることができませんでした。両陛下も同じお気持ちだったに違いありません。

　一九四〇年に孤児たちはお礼のために赤十字社を訪ねることを計画していましたが、第二次世界大戦が勃発したため、中止になった経緯がありました。しかしこの両陛下への「ありがとう」でやっと念願の約束が果たせたと、大部分が鬼籍に入った孤児たちに報告できたことでしょう。

　孤児たちの日本滞在は一年足らずでしたが、そのときの絆が後の神戸大震災、東日本大震災の被災青少年をポーランドに招待するという恩返しに繋がったわけです。これを見て、私はポーランド人がいつまでも恩義を忘れない情の厚さ、人間性の豊かさにおいて、尊敬に値する国民であることを確信したのです。

古都クラクフ

11／27

日本の古都と言えば京都を指しますが、ポーランドのそれはクラクフと言う町に当たります。人口は七五六、〇〇〇人で、日本の都市で言えば静岡県の浜松市の人口と同じくらいです。面積は名古屋市に近い広さです。ワルシャワからはインターシティーという特急列車で二時間半ほど南下するとクラクフに着きます。

　クラクフは、一六一一年（徳川時代初期）に首都がワルシャワに移るまでポーランドの首都として政治、経済、文化の中心地の役割を果たしました。このクラクフと現在の首都ワルシャワとの関係は、京都と東京の関係によく似ていて、クラクフはワルシャワに対して常に古都としての誇りを持ち、今は政治経済の舞台をワルシャワに譲ったけれど、伝統や文化に関してはクラクフがその任を果たし、国家の精神的な中心を担っていると自負しています。首都ワルシャワへの迎合を拒み、ポーランド本来の風俗や習慣を貫いているその姿は日本の古都京都を思わせることしばしばです。

　何しろ京都と同じように古い歴史を持った町なので、名所などには事欠きません。それに、これも京都と似ているのですが第二次大戦で戦災をこうむっていないことも、観光客が多く訪れる理由です。そこで、今回はクラクフの一部をご紹介します。

旧市街広場の真中にある織物取引所

　クラクフ中央駅で降りて、旧市街に向かって少し歩くと目に入るのがバルバカンという、古いレンガ造りの円形の要塞です。平時には旧市街（もちろん当時は町の中心）に入る通行税を取り立てたり、広場で商売をする権利金を徴収したりしたところで、戦時には固く門を閉じて敵を食い止める役を果たしました。その横にある旧市街への通用門を抜けるとまっすぐフロリアンスカ通りが旧市街広場まで伸びています。この通りの両側には有名な喫茶店や高級店舗が軒を並べています。ここはクラクフの一番にぎやかなメインストリートと言えます。

　旧市街広場に入るとすぐゴシック様式の聖マリア教会があります。ポーランド人にクラクフでの見所はと尋ねると、先ず挙がるのがこの聖マリア教会です。そして必ず見るように薦められるのが正時《しょうじ》に教会の尖塔から聞こえてくる、消防士によるトランペットの演奏です。これは「ヘイナウ」と呼ばれ、昔クラクフがタタール人の攻撃を受けたとき、消防士がその襲来を市民に知らせるために危険を顧みずラッパを吹いたことに由来します。しかしそれを聞いていると、ある箇所でメロディーがぷつんと切れて曲が終わります。それはタタール人の放った矢がそのラッパ手に命中した瞬間を表し、それを再現することによってラッパ手の勇気を称えているそうです。

次にヨーロッパ最大と言われる旧市街広場に目を移すと、これもクラクフの目印とも言われる織物取引所の建物が広場の中央にドンと居座っています。名前の示すとおり、昔は東西通商の要路にあったクラクフが織物取引を一手に取り扱っていた場所で、今では土産物屋とか喫茶店とかアートギャラリーなどが入っています。そこの喫茶店では時々映画監督のアンジェイ・ワイダさんもコーヒーを楽しんでいるのが見受けられます。

そのすぐ横には今は名残の塔しか残っていませんが、市役所がありました。その塔から一〇〇メートルほど東に行ったところに、コペルニクスが天文学を学んだヤゲウォ大学の最古の校舎コレギウム・マイウスがあり、九年前には天皇皇后両陛下もその古色蒼然とした教室や中庭をご覧になりました。このヤゲウォ大学は一四世紀半ばに創設された大学で、世界で最も古い大学のひとつです。

このクラクフが、ある人物を通してＮＨＫと深いかかわりがあるというと、驚かれることでしょう。その人物とは、ＮＨＫ交響楽団育ての親とも言われているジョゼフ（ポーランド名はユゼフ）ローゼンストックさんです。彼はここクラクフで一八九五年に生まれ、現存するクラクフ音楽院で音楽学や指揮学などを修めました。その後ウィーン音楽院を経て、ウィーンフィルハーモニー合唱団の指揮者になりました。そして一九三六年、第二次世界大戦が勃発する三年前にシベリア鉄道や関釜連絡船を乗り継いで来日したのです。当時ＮＨＫ交響楽団はまだアマチュア意識が抜けていなかったのをローゼンストックさんは楽員に言わせると飛んでもなく厳しい練習を強制してＮＨＫ交響楽団をプロの音楽集団に育て上げたのです。彼は日本には一九四六年までいて、その後アメリカにわたりました。一九五一年に再来日し、ＮＨＫ交響楽団名誉指揮者に就任してからもたびたび来日して、日本の音楽界育成に大きな貢献をしたのです。

戒厳令三〇周年

12／18
2011

先週の火曜日、十二月十三日はポーランドに戒厳令が布かれてからちょうど三〇年になります。戦後発足した社会主義政府による政治は、一九八〇年ごろに先ず経済的に、次に社会的破綻を見て民主化運動が野火のように全国に広がっていきました。

そして、一九八一年、今からちょうど三〇年前に戒厳令が布かれたのです。戒厳令の前年一九八〇年七月に政府が食肉の価格を大幅に値上げしたため、国民が大反発して、ストライキの波があっという間に全国に広がりました。その結果皆さんもよくご存じの自由労組「連帯」（委員長はワレサ氏）が結成され、その「連帯」の活動が過激化、多様化したため政府の抑えがきかなくなった時点で戒厳令に踏み切ったのです。その戒厳令とはいったいどんな状態をさすのかといいますと、当時の共産党第一書記で、国防大臣でもあったヤルゼルスキ将軍が臨時政府の長に治まり、軍隊がすべてを掌握するというものです。

では国民生活はどうかと言うと、ラジオ・テレビなどすべての報道機関が活動を停止、電話局も軍の支配下に入って電話が使えなくなり、交通も全面ストップ。したがって自宅のある地域からは外に出られなくなり、その上夜間外出禁止令が出て、午後八時以降は家から出られなくなりました。政府もそのうち、市民が行動できる範囲を徐々に広げていったのですが、一ヶ月のガソリンの配給が三〇リットルではあまり遠くには行けないし、行動を束縛されることがこんなに心理的にきついとはそのとき初めて知りました。

あの年は雪も多く寒さも本当に厳しい冬だったため、町の角々で警戒に当たっていた軍人や警察官は大変だったと思います。権力政府はにくいが、末端の兵隊さんには罪がないと、夜など近所の人たちが温かいスープなどを彼らに振舞っているのを見ました。

学校もすべて休校になり、子供たちは急に長い休みに入って喜んでいました。わが家には当時七歳と三歳になる子供がいたのですが、その子供たちのためのミルクや幼児食を調達するのが大変で、毎日長い長い行列に並んだものです。

一方日本大使館では毎日ブリーフィングがあり、在留邦人はいくつかのグループに分けられ、その代表者がそのブリーフィングに参加して、自分の担当する地域の邦人の安否を報告しました。その頃ほとんどワルシャワに集中して住んでいた私たち日本人には万が一の場合、ドイツ国境までいけるほどのガソリンを確保して置くようにとの通達があり、やはりかなり緊張したものです。

私が一番心配したのは、夜間外出禁止令と集会禁止令でした。ロシア・ツァー時代から仕込まれたポーランド人の反権力精神はこんな状況でも衰えることがなく、私の学生たちも毎日のようにパーティーを繰り広げ、夜の八時を過ぎると翌朝まで大きな音で音楽をかけたりしてダンスに興じたりしていたものです。

戒厳令公布と同時に連帯労組委員長ワレサ氏を初め、大学内でも多くの教官や学生が拘留されました。共産政府はかなり前から活動家に目をつけていたらしく、一晩のうちにめぼしい活動家は皆逮捕され、ポーランド各地の拘留地に連行されました。連帯の中にはソ連軍の介入を危惧する人はいましたが、まさかの自国官憲による戒厳令で拘留されるとは夢にも思わなかったので、正に一網打尽の結果になってしまい、以後連帯の活動は一年ほど停止するという事態を招きました。

戒厳令が停止されたのは一年後ですが、それまでに電話が通じるようになったり、国内旅行も可能になったりして、学校も再開され正常化が進んだかに見えましたが、消費物資の不足、共産主義に対する民衆の不満などが膨らんで、強権でこれを押さえ込むことは不可能なまでになっていました。そこで、一九八九年に政府と自由労組連帯との間に歩み寄りの合意がなされ、円卓会議が開かれました。その席上で政府側は国民の勢いはもう抗しきれないことを悟り、第一〇回党大会で政治の多元主義と労組複数主義を認めざるを得ませんでした。そして円卓会議の合意のもとに総選挙が行われ、共産党は一議席も獲得できないという結果に終わりました。ここに東欧初の非共産主義国家が誕生したのです。

東西陣営の誰もが社会主義体制は崩せないと思っていましたが、連帯の活動や進歩的なゴルバチョフ書記長が現れるに及んで、当事者も驚くくらい、あっという間に東と西の壁が崩されたのです。この世界的出来事の源流がこの戒厳令前後の一連の出来事にあったことは動かせない歴史的事実なのです。

ヴィエリチカ岩塩坑

今回はポーランドの古都クラクフの南東一五キロのところにある世界最古のヴィエリチカ岩塩坑についてお話ししましょう。この岩塩の鉱脈が発見されて、岩塩採掘の営業が開始されたのは一〇四四年ですから、今から一〇世紀前にさかのぼります。生活に欠かせない塩は当時も大変高価な商品だったため、もちろん海水から採った塩も手に入りにくかった時代には王国にとっては貴重な収入源でした。記録によれば一四世紀以降このヴィエリチカ岩塩坑一つでポーランド王国の歳入の三〇パーセントを稼いでいたそうです。

ヴィエリチカ岩塩坑に行くには、クラクフ駅からバスかタクシーで行くのが便利です。岩塩坑に着くと、比較的小さな建物とその周りの土産物屋などが目に入ります。建物だけ見ると最初の印象は、何だこんなに小さいものかと思いますが、それは単なる地上の入り口で、そこから地下三三〇メートルまで降りるエレベーターがあり、地底の坑道延長距離は三〇〇キロ以上になります。

約二千円ほどの入場料を払って、ある程度人数が集まるとガイドがついて地下に降りることになります。エレベーターを使わない場合、材木で作った螺旋階段を一〇〇メートルばかり徒歩で降りると（暗い階段を降りるとき、あまりにも長く降りつづけるので本当に地の底に降りていくという錯覚を覚えます）ちょっと広い坑道に出ます。そこから最長三・五キロの坑道を歩いて見て回るわけですが、各所にいろいろな見所があり、全然退屈しません。坑道そのものや両側の壁、天井、歩道すべて塩ですから時々子供が確かめるために舐めてしょっぱそうな顔をしています。

最大の見所は全長五五メートル、幅一二メートル、高さ八メートルの大礼拝堂です。大昔そこで働いていた坑夫たちが作業の安全を祈るために自力で作ったものです。祭壇、椅子、階段、壁のレリーフ、それに天井に吊られている二つの大シャンデリアもすべて塩で作られ、その壮大さは息を呑むほどです。カトリックの大事な宗教行事やミサが今でもここで行われ、コンサートなども開かれています。四方にある壁のレリーフは神話上のモチーフから題を採り坑夫たちが採掘用の鑿やかなづちを使って自ら彫ったものです。彼らは本職の彫刻家ではないので、ちょっと稚拙なところも見られますが「最後の晩餐図」などは壮観です。

このほか坑夫たちが自分たちのリクレーションのために作ったバスケットコート、小さい礼拝堂、大昔の採掘現場を再現したパノラマ、塩の濃度が三〇％を越える地下大池、ちょっと変わったところでは、第二次世界大戦中ドイツ軍が空襲を避けるために、坑内にエンジン工場を作りましたが、その証拠のレールが工場跡に残っています。

あちこちに小人の彫刻がありますが、これは昔小人は地下に住んでいて、坑夫たちの安全を守ってくれているという伝説を信じて彼らが彫ったものです。この岩塩坑は世界最古というだけでなく、一九七二年にユネスコが世界文化遺産法を制定して、一九七八年に最初の文化遺産としてガラパゴス島、イースター諸島の巨像などと共に認定した一二箇所の一つでもあります。

ここを訪れた人で、日本でも知られているのはコペルニクス、ゲーテ、ビル・クリントン、ヨハネ・パウロ二世です。

特筆すべきは地下一二〇メートルのところに呼吸器系疾患患者のためのサナトリウムがあることです。

岩塩抗の中　撮影：岡崎史夫

アレルギー疾患や喘息を患っている人が、朝エレベーターで地下のサナトリウムに降りてきて、一日中そこで過ごします。ベッドに寝転んで、ミネラルや塩化ナトリウムの豊富な空気を吸ったり、軽い運動を含めたリハビリを受けたりして過ごします。

地下一〇〇メートルのところに郵便ポストがあって、そこから絵葉書などが出せます。富士山頂からも郵便が出せると聞きましたが、ここの場合消印は地下一〇〇メートルからとなります。

このヴィエリチカ岩塩坑から運んだ大きな塩の柱が東京上野の国立博物館最上階のミネラルの部に展示されているのを見て、とても懐かしくなった思い出があります。

山岳都市・ザコパネ

ポーランドの国土は、八〇％が平地で、残りの二〇％が山岳地です。国名ポーランドの頭「ポーレ」が、平たい野原を指すことからも、国土の形態が想像できます。その平地のかなりの部分を森が占めていますから、飛行機から見ると本当に平らで、ある日本人が言った様に国中にゴルフ場ができるという印象も、まるきりの的外れでもありません。

今回は、その少ない山岳地帯の代表的な観光地であるザコパネについてお話ししましょう。ザコパネは旧都クラクフから八五キロほど南に行ったところにあり、夏は登山の、冬はウィンタースポーツのメッカです。ポーランドの最高峰リシもここにあります。この地域はタトラ山脈の一部で、この山脈はポーランドとチェコ、スロバキアとの国境に沿って続く中央ヨーロッパでは代表的な山脈です。全体は比較的穏やかな山並みですが、一部は岩だらけの厳しい顔を持っています。

私はポーランドに来た当初から、しばしばこのザコパネで夏休みを過ごしました。クラクフからは一〇〇キロ足らずしか離れていないのに、この地方特有の伝統や文化があって、それは電車で行くときに車窓から見える風景がどんどん変わってくることからもわかります。家の造りは、日本の白川郷の大家族制の家を思わせる数世代が一緒に住めるような大きな建屋です。雪が多いので、屋根の傾斜が大きいのも白川郷と似ています。

ここには「グラル」と称される山岳民族が住んでいて、その風俗も言葉も習慣も一般的なポーランドのそれとはだいぶ違います。ちなみに外国人である私にははじめはその言葉がわかりにくく、よく聞き返していました。民俗学的には大変興味深い人たちらしく、山岳地帯を通じて南のカルパチア山脈の山岳民族とも繋がっているということです。男性は丸い帽子をかぶっていますが、その飾りがコヤスガイを連ねたもので、女性が首に下げている首飾りは真っ赤な珊瑚でできています。いずれもその産地である海から何百キロと離れているこの山岳地ではもっとも珍しく高価なものですから、彼らがそれを飾りにして自慢するわけです。

そのコヤスガイですが、大昔中国でお金として通用した台湾、フィリピン近海でしか採れないあのコヤスガイです。それがここポーランドの山岳地で珍重されているのも、なんだか探索心を刺激されます。

私は山歩きが趣味ですから、平地がずっと続くワルシャワ近辺では常にストレスを感じていましたが、ザコパネに行くと周囲がすべて山に囲まれているから体調を考えて一日おきに山に入っていました。ここでは、山の好きな者にとって大変便利な地図を売っています。初心者から熟練者まですべての山歩きのルートが色分けで示され、春先の雪崩が多発する場所と方向も書いてあるからです。初心者のルートは同じ距離でも時間がゆったりとってあり、熟練者はその半分以下に設定してあります。もちろん切り立った場所は初心者が行けないようになっています。もう一つ面白いことは、すべてのルートにその色や標識が示されていることです。一つの標識から次の標識までが必ず見えるようにしてあります。例えば赤色の初心者ルートを出発すると、前方の木の幹か岩の上か時々民家の外壁に次の赤い印が見えます。したがってそれを確認しながら歩けば、絶対間違いなく目的地に到達できるわけです。それにこの地域は国立公園に指定されているので、そのルートを外れて歩くことは禁止されているのです。

もう一つ。素晴らしい景色が見られる景勝地には車で行けないようになっています。車は幹線道路の脇にある駐車場に止め、そこから先は歩きます。時々数キロ歩くこともあります。では、老人や身障者はどうするかと言えば、その人たちのためには馬車が用意されていて、ある程度人数が集まると馬車で往復できます。山紫水明を売り物にしている観光地ですから、大気汚染には万全を期しているわけです。それにホテルや民宿に泊まると環境保護税なるものを一日一人当たり五〇円ほど払わなければなりません。

このザコパネが日本と関わりがあるというと驚く

でしょう？

その一つが一九七二年の札幌冬季オリンピックのジャンプ部門で金メダルを取ったヴォイチェフ・フォルトゥナという選手です。彼はザコパネ出身の人で、今もここに住んでいます。彼の金メダルは冬季オリンピックでポーランドが史上初めて獲得した金メダルだったので、それを契機にポーランド人が札幌を知ることとなりました。

次のエピソードは二〇世紀の初めごろ、二葉亭四迷とも交友のあったブロニスワフ・ピウスツキという民俗学者がアイヌのユーカラを記録した蝋管が見つかったのがここザコパネでした。第一次世界大戦前に祖国を後にしてパリで客死したピウスツキが残していったものです。その蝋管は現在クラクフの「日本技術美術博物館」（マンガセンター）に収められていますが、これは当時のアイヌ語の音声を録音した唯一の資料で、アイヌ民族研究になくてはならない貴重なものです。

この国の験担ぎ

世界中、どこの国でも縁起が良いとか悪いとかといった験を担ぐ人がいます。ポーランドでもご多分にもれずいろいろな場面でそのような習慣や言い伝えが残っていて、人は結構それを真面目に信じているようなのです。その証拠に、日常生活の中でしばしばその現象に出会い、いったいどんな意味があってこんな俗信ができたのだろうかと、考えさせられます。中には日本のとよく似ているものや、内容は同じでもちょっと言い回しが違うものなど、気をつけて観察すると大変面白いものです。そして、その吉凶占いの内容がその国の自然や生活と強く密着しているのがわかります。

宗教などとは性質を異にしますが、やはり人類は万能ではないことを知っている人間は、自分たちの能力を超えた何か（例えば神や仏）に、諸現象の判定を委ねる思いがあるのかもしれません。
先ず日本では出会ったことのない現象をいくつかご紹介します。

その一
「自分について良いことを話したとき、生木を指で叩く」と言う習慣。これはその良いことを悪魔が聞きつけていたずらをしないように、例えばテーブルの裏側の何も塗ってない場所を指でコンコンと叩いて、悪魔が聞こえないようにする。（イタリア人の友人が私のその動作を見て、イタリアでもそうするとびっくりしていました）

例：A　お元気ですか。
　　B　はい、この冬は風邪一つ引きませんでした。（ここで、生木を叩く）
意味：今後も気を緩めることなく、体に気をつけていきます。

その二
「皆で旅行に発つ前に必ず揃ってしばらくの間椅子にかける」これは出発前の慌しさから気持ちを落ち着かせる意味がある。（わが家でも皆真面目にいすにかけて瞑想したものです）
意味：この間に忘れ物はないかとか、火の用心はしたかとかを落ち着いて考える機会が持てる。

その三
「お客さんがいるパーティーの席上で、茶碗やお皿などが割れたとき、皆で『また他のお客さんが来てくれる』と声を揃えて言う」（不注意で食器を割った人はこれで救われる）
意味：よりたくさんのお客さんが来てくれる前兆。

ではポーランドと日本を比べてみましょう。

1　日本「落ちている鏡を拾うと縁起が悪い」
ポーランド「鏡を割ると向こう七年間幸せが訪れない」（昔貴重だった鏡を丁寧に扱うことを促す）

2　日本「ツバメが巣を作る家には幸運が来る」

ポーランド「コウノトリが巣を作る家には幸せが来る」（家屋が荒れたり、家族がすさんだりしていたら鳥も寄り付かない）

3　日本「蟻が巣穴をふさぐと雨」

ポーランド「蟻が蟻塚から姿を消すと雨」（天気予報）

4　日本「大雪の年は豊作」

ポーランド「雪のない年は不作」（農作物に必要な水の量が十分あるかないかで作柄を予測する）

5　日本「櫛をまたぐと嫁にいけない」

ポーランド「テーブルの角っこに坐ると結婚できない」（理由不明）

6　日本「茶柱は吉」

ポーランド「コーヒーのかすを見て吉凶を占う」（理由不明）

7　日本「表札をいくつか集めると試験に受かる」

ポーランド「歴史的な偉人の銅像前に母校のエンブレムを残すと試験に受かる」

（入学試験合格祈願は洋の東西を問わないようです）

以上いくつか比べてみましたが、いかがですか。他にもたくさんありますが、例えば干支のないポーランドでは「丙午《ひのえうま》に生まれた女性は……」と言った迷信がないのは当然ですが、ツバメとコウノトリや蟻と蟻塚など似通ったテーマで話される場合もありますし、雪などの例はまったく同じですね。これらの吉凶判断に根拠があるとかないとか言いますが、あるものもあるし、ないものもあるとしか言えません。験担ぎはは日常生活の中で、互いに心遣いを示したり、注意を促したり、幸せへの願望を確認しあったりといった、人間間の潤滑油的な働きを果たしているのではないでしょうか。

社会主義時代を振り返って

4／26

一九八九年にポーランドでは、社会主義政権が崩壊し、自由労組「連帯」の活動家を中心とした民主的な政権が発足しました。その出来事から二三年経った現在、ポーランドでは社会主義時代のことが市民の記憶からだんだん薄れて行きつつあるのを感じ、ここで一つあの時代を振り返ってみておかないと完全に歴史のかなたに消え去っていくようにも思えるので、今回は少し時計の針を戻してみようと思います。

一九四五年の第二次世界大戦終了時までポーランドは自由主義経済の国でしたが、ヤルタ会議の結果、戦後はソ連の傘下に入ることになりました。そして、一九八九年の民主化まで四四年間社会主義国家だったわけです。私はその社会主義ポーランドの半ばごろポーランドに来て、民主化後やはり同じ年数の自由ポーランドを見てきました。

高邁な政治思想の転換については門外漢なので話す資格がありませんが、ここでは民主化の年一九八九年をはさんで一市民が見てきた社会的現象の変化についてお話ししましょう。国家体制が根本から変わるということは、以前「悪」だったものが「善」に、「善」だったものが「悪」にという価値観、道徳観の大転換なわけですから、国民にとっては大ショックな出来事でした。これについては日本の戦前戦後を生き抜いて来られた方々には理解しやすいかと思います。昨日まで敵だと言われていた国が味方に、また同胞だった国が敵に回るというびっくり仰天の変身なのです。個人が考えを変えるような単純な話ではなく国全体が拠って立つ政治体制を変えるという大事業の意味ですから。今まで政治の中枢にいた人が犯罪者のように弾劾され、政治犯として獄に繋がれていた人が政治の主役として表舞台に立つわけですから国民もしばらくは頭の整理に時間がかかりました。

この日を境にして、日常生活の一つ一つが変わって戸惑うことの多い日が続きました。全国均一だった物価が変わり、買う場所や時間によって値段が違って来ました。昔はマッチ一箱取ってみても、首都圏の店であろうが、田舎のひなびた店であろうが値段が同じだったので、ある意味では安心して買い物ができたことも事実です。今はどこに行けばどれだけ安く買えるかを考えたり、買った後で別の店では半額で買えたことを知って臍をかんだりと心穏やかならざることが結構あります。

しかし、いかんせん社会主義体制下では、すべての面で品不足が蔓延し、物価は同一でも買う品物がないのでは意味がありません。テレビや洗濯機を買うのに行列ができたり、何日か休日が続くときにはその間食べるパンを確保するために長い行列に並んだものです。オレンジやバナナの話は有名で、年に数回しか手に入らないのでメーデーやクリスマスの前には町のあちこちで行列が見られました。今それを振り返って見ると、その頃オレンジや冷蔵庫のような品物が貴重品だったために、手に入ると本当に幸せ感があったし少しずつ味わいながら食べたり使ったりしたのを思い出します。今は物が市場に溢れて、手に入れてもありがたみが感じられなくなりましたが。

教育を振り返ってみると、学費がただなので小学校から大学まで授業料が要らず、子供が何人いても家計に左右されることなく教育が受けられました。私の学生の中にも、社会主義のおかげで、大学教育が受けられたと打ち明けた人が何人かいました。この社会主義体制は労働者主体ですから両親が肉体労働者なら大学に入る際に便宜を図るということもありました。(例えば、入試の点数に下駄を履かせるなど)

私の友人に三人の子供を持つ父親がいて、そのうちの二人が双子でした。その子供たちが同時に大学教育を受けることになったときでも、教育費が一銭もかからなかったから、友人はこれで当たり前だと思っていた節があります。私が「日本の普通の家庭だったら破産ものだ」と言っても、特に驚いた風もありませんでした。

次に医療の話をしましょう。全国民がいわば国家公務員なので、国民保険などと言う考えもなく、当然のように無料で治療を受けていました。私も短期間入院した経験がありますが、退院時に請求されたのは、何度か家に電話した電話代だけでした。メガネさえも眼科医の処方があれば無料でもらえた時代でした。

結論めいたことを言えば、このようにお金のかからない社会でいざと言うときのための備えなど考えなくても良かったのですが、世の中は良い事ばかりがあるわけではなく、それなりに賃金も低く、自動車を買うのに二〇か月分の月給を投入しなければならなかったし、電話を引いてもらうのに一〇年以上かかったりするなど、いわゆるぜいたく品に属するものはとてつもなく高いか、ほとんど入手不可能と言った現象がありました。しかし、地球幸福度指数世界七五位の日本を尻目に、社会主義国キューバが七位であることの意味は一考の価値がありそうですね。

もっと話したいことがあるので、また回を改めて続きをお話ししましょう。

ワルシャワ蚤の市

5／24

ヨーロッパの大部分の都市では例外なく「蚤の市」(フリーマーケット)があります。私の趣味の一つが実は「蚤の市」巡りで、これはいわゆる「蚤の市」に限らず、人が多く集まる場所、日本で例えれば輪島の朝市、高山の朝市などのような海の幸山の幸を売り物にしている市場であればいいのです。雑多な商品が並んで、いろいろな人が集まるお祭りのような雰囲気が好きなのです。

したがって、どこを旅行するときでも必ず「蚤の市」を見ることを忘れません。ロンドンのポルトベーロ、パリのセーヌ河畔、ウィーンの土曜市、ベルリンの骨董市など数え上げればきりがないほど見てきました。そして今回ご紹介するのはワルシャワの「蚤の市」です。

ワルシャワの西方、ヴォラ地区のコウォというのがそこです。電車の終点があるところで、行き止まりになっている場所にそれがあります。野球場ほどの広さの中に小屋掛けのような簡単な店舗を構えている人もいれば、地面にシートを広げて、それに品物を並べた人など様々です。売る人はたいていポーランド人ですが、ロシア人、ウクライナ人、リトアニア人など近隣の国からきている人もいます。

決まった敷地内で取引をする場合、場所代を取られるので、敷地外の例えば普通の歩道に品物を並べて売る人もいます。敷地内の人はほとんどプロの商人なので、取り扱う品物がかなり高級品だし、値段もそれなりに高価なものになります。そのため思いがけない掘り出し物とか、珍奇な出物に出会う可能性が少ないのです。一方道で売っている人はほとんどアマチュア商人なので、かえってこちらのほうが面白かったりします。なぜかと言えば、こんなものが売り物になるのかといぶかるような品物を並べているかと思うと、こんなに安く売って商売になるのかと思うような掘り出し物があるからです。

いつだったか陶器類の好きな妻が、埃で模様もはっきり見えないお皿を三枚日本円一〇〇〇円ほどで買い求め、うちできれいに洗ってみたら、紛れもないマイセンの上物だったこともあります。

また主人がこれは清朝時代の孔子の銅像で、とても高価なものだが、あなたは東洋人らしいから、特別価格で譲ってやると言われ、二〇センチ足らずの銅像にしてはちょっと高いかなと思いつつ購入しました。そしてうちに帰って調べてみたら、戦前ドイツで東洋趣味が流行した時、同じような銅像が無数に作って売られたことが判明してほぞを噛んだ経験もあります。

この「蚤の市」で売られているものを見ると、ヨーロッパの歴史や大昔の東西交易の様子をなぞることができます。それもその歴史を生きてきた証拠品とも言える現物を目の前にしてですから、迫力があります。ロシア・ツァー時代の貨幣や国債証券、第一次、第二次世界大戦で使われた武器の部分品、北アフリカや中近東から渡ってきたと思われるアラビア模様が入った食器や絨毯、ネパールの宗教儀式に使われる銅の鈴、日本の刀のつばや根付、印籠、ア

ワルシャワ蚤の市

フリカの部族が使用する太鼓や笛など面白いものがあふれています。日本のものなどを見ると一体どんな人によって、どんなルートでここまで運ばれてきたのか、いろいろ想像してみるのも「蚤の市」散策の楽しみの一つです。

「蚤の市」での売買の様子を見ると、売り手のいいなりの値段で買うのは双方にとって面白くないことのようです。客も何とか負けさせようとするし、売り手も何とか高く売りつけようとする、そのせめぎあいと駆け引きが面白いのです。その神経戦を主人も客も楽しんでいる風なのです。

この「蚤の市」では、古いカメラを売っています。戦前にできたドイツの名器ライカを見ながら、一体お前はそのレンズを通して何を見てきたのかと声をかけながら、シャッターの音に聞き入るのも醍醐味の一つです。

サッカー欧州選手権

6／28

今ヨーロッパは四年に一度の「サッカー欧州選手権」大会で沸き立っています。今晩の準決勝で、七月一日の決勝戦にどの国が進むかが決まります。

この「サッカー欧州選手権」は一九六〇年に四カ国が参加して始まり（現在は一六カ国が参加）、今回は一四回目に当たります。そしてポーランドと共催国のウクライナにとっては、歴史上初の大イベントになるので、国も国民もその力の入れようは尋常ではありません。

このような国際的なスポーツイベントが旧共産主義国で開かれるのは初めてですから、開催が決まったときは、喜び半分、心配半分でした。喜びはヨーロッパ諸国から、ポーランドはこんな国際的な行事が行えると認められたこと、心配は果たして開催準備が万全にできるかどうかという不安があったことです。

開催国に選ばれた国は、会場となるスタジアムはもちろん、そこに至る幹線道路や鉄道の整備、何万人と押しかけるファンのためのホテルやレストラン、それから皆さんよくご存じのフリガン（サッカー場で勝負のいかんにかかわらず大暴れするひとたち）対策など、問題はごまんとあり、開催までの四年間にそれが全部整うかどうか懸念されました。大半のポーランド人はおそらく無理だろうとの悲観的見方が強かったのですが、私はポーランド人は本番に強いという信念があり、きっとうまく行くだろうと思っていました。そして一番大切な幹線道路の最後の数キロが開催日の数日前に貫通したのです。まさに滑り込みセーフでした。

試合は、ポーランドの四都市と、ウクライナの四都市で行われたのですが、その都市間を選手や関係者が移動し、それに大勢のファンたちが移動するので、飛行機も電車も混んで大変でした。街を走る自動車は、白と赤のポーランド国旗を掲げ、アパートの窓にも国旗や応援の旗などを飾るという念の入れようで、目が回るほど国旗が巷にあふれました。

残念ながら、ポーランドもウクライナも第三戦で敗退してしまい、直接応援するチームがなくなったのですが、だからと言って熱気が冷めたというわけではなく、相変わらず試合のある日は街の通りが閑散としています。そしてゴールのたびにアパートのあちこちから大歓声が上がり、ポーランド人のサッカー好きを証明しています。

報道機関が、観戦に来た外国人にインタビューしていますが、その外国人の反応が至って好意的なことに興味を惹かれました。誰もがポーランドはすばらしい国だと褒めるのです。これはリップサービスを差し引いても、彼らが予想以上にポーランドがよかったとの印象を持ったと受け止めています。彼らの六〇%がポーランドには初めて来たということですから、その第一印象がこんなに良いのも国を出る前にはやはり旧共産国という偏見があったが、それが間違っていたことを知ったからだと思います。

ポーランドには「ポーランドのもてなし」という言葉があります。特に外国人に対して、その精神が発揮されます。もしこの「サッカー欧州選手権」がなかったら、先の外国人ファンたちもポーランドを内側から見る機会がなかっただろうし、そうするとポーランドに対する印象もだいぶ違ったものになったはずです。

ホテルやレストラン、パブなどが受けた経済効果もきわめて大きかったとの報告がありました。ポーランド人にとって何よりも良かったことは、この大事業をやり遂げた国民としての自信と誇りだろうと思います。日本がオリンピックを契機に大きく飛躍したことを思えば、ポーランドもこれを起爆剤としてさらに発展を速めてほしいと思っています。

ポーランド対ロシア戦があった六月十二日には、ロシア側のコーチや役員たちが、試合の前にスモレンスク（二〇一〇年に大統領機が墜落したロシア領の町）の犠牲者の慰霊碑に参拝しました。ドイツ対ポルトガル戦（グダンスク・スタジアム）のあった今月二十一日には、やはりドイツチームのコーチや役員たちがヴェステルプラッテという第二次世界大戦勃発の地に立つ慰霊塔に参拝しました。ここで一九三九年九月一日に表敬訪問中のドイツ軍艦が一方的にグダンスク市を砲撃したのが第二次世界大戦の始まりでした。

このように、この「サッカー欧州選手権」は単なるスポーツの祭典というだけでなく、過去の歴史をも紐解く機会を多くの人に与え、国家間の友好関係を促進させたことは、注目すべき成果ではありませんか。昔アメリカと中国が外交関係を復興させたのもピンポンを通してだったことを思い起こせば、うなずける成果です。

ワルシャワ・ゲットー

七月の二十二日はワルシャワ・ゲットーからユダヤ人がトレブリンカ絶滅収容所に送られ始めてちょうど七〇周年に当たりました。今年、戦後初めてこの日を記念する式典が行われ、それには世界各地から犠牲者の遺族や、こんな悲劇を二度と繰り返してならないと祈願する人々が集まり、収容所に送り出された駅（積み替え広場）からゲットー内のユダヤ人孤児院まで二キロばかりの道を行進しました。七〇年前は、孤児院の子供たち約二〇〇名と院長のヤヌシ・コルチャック先生がその駅に向かって行進したのです。そして、今年は行進の途中でみなが一斉に空に向かって手を振りはじめました。それを見ていた沿道の人たちが、それはどんな意味があるのか尋ねたところ、皆は「今は天国にいる子供たちに振っているのです」と答えました。それから他の人たちもそれに倣って空に向かって大きく手を広げ、振りまわし始めました。きっとみんなの思いは天国の子供たちに届き、彼らの死を無駄にはしないという誓いを確認したことでしょう。

「ゲットー」というのは、第二次世界大戦中にドイツナチス軍が各地でユダヤ人を集めてポーランド人から隔離した特別地区のことです。ユダヤ人特別居住地とでも呼べばいいでしょうか。

ワルシャワ・ゲットーは一九四〇年十月から一九四三年五月まで存在しました。町の中心から北西に広がる三〇〇ヘクタール以上の土地がそれに充てられました。そこには元来ユダヤ人が多く住み、ユダヤ人評議会やヘブライ教の教会であるシナゴグがあっただけでなく、彼らの商業活動の中心地でもありました。当時のゲットー内にあった喫茶店でピアノを弾いていたヴワディスワヴ・シュピールマンは自著『ピアニスト』の中で、「そこは人を掻き分けなければ前に進めないほどの賑わいだった」と書いています。そうです。この人こそあの映画「戦場のピアニスト」の主人公のモデルになった人です。ちなみに彼の息子さんは現在日本学者としてポーランドで活躍しています。

シュピールマンのほかにもこのゲットーには血液型を発見し、後世の医学に大きな貢献をしたルドヴィック・ヒルシュフェルドという微生物学者も住んでいました。

この狭い地区に一時は四五万人ものユダヤ人が押し込まれていて、水も食料も不足がちな生活を強いられていました。そして、運命の一九四二年七月二十二日が訪れました。ドイツ軍本部からゲットーの過密状態を改善するために順次ユダヤ人をポーランドの東部地方に移すという通達が出されました。それから二ヶ月の間に二五万四千人が一〇〇キロほど離れたトレブリンカ絶滅収容所に送られ、一万一千人が他の強制収容所、そして六千人がゲットー内部で銃殺されました。ゲットー内の秩序を保つためにユダヤ人警察が組織されていました。彼らは自己保身のために、他のユダヤ人を収容所に送り込むという業務を忠実に果たしていましたが、ユダヤ人がほとんどいなくなった終わりのころ、彼らもトレブリンカのガス室に送られてしまいました。

初めに話しました式典は、ゲットー内に設けられたユダヤ人孤児院の院長だったヤヌシ・コルチャックという小児科医で作家でもあった教育者と子供たちを偲んでの行事でした。コルチャック先生はナチス軍と掛け合って何とか子供だけはトレブリンカ送りにしないよう嘆願しましたが、聞き入れられませんでした。そして子供たちを近くのウムシュラグ・プラッツ（積み替え広場）に向かわせるようにとの指令がありました。しかし彼自身は収容所送りを免除するという特権があったにもかかわらず、「この子達は私の子です。どうして自分だけ残って彼らを収容所に送ることができるでしょうか。最後の最後まで彼らに希望を持たせるのが私の役目です」と言って、駅まで子供たちの先頭に立って行進しました。そのころにはトレブリンカではどんなことが起こっているかうすうす気づいて、怖がっていた子供たちの手をしっかり握り、「今から森にピクニックに行くぞ」と元気付けながら、行進したと言われています。


実は同年の春ごろからトレブリンカでは例外なくすべての人が虐殺されるといううわさが流れていましたが、ほとんどの人は信用していなかったようです。アウシュヴィッツの場合と同様、あんなことはありえないと思っていたようなのです。

トレブリンカ収容所はワルシャワの北東九〇キロのところにあり、そこでは七三万人以上の人が虐殺されたと言われています。そこはまたドイツ軍がそこでの虐殺を終え撤退するとき、ガス室も収容棟もすっかり解体し、森の途中まで敷いた偽装レールだけを残して絶滅収容所があった事実を消滅させるのに成功した唯一の場所としても有名です。

今は森の中に開かれた一面の野原に、ここで虐殺されたユダヤ人の出身国、出身都市名が刻まれた白い石だけが数知れず立てられています。唯一の例外は「コルチャック先生と子供たち」と書かれた石です。この石碑だけが個人名なのです。

日本のゲームクラブ

10／12

今年の日本の夏はことのほか暑かったようですが、もうだいぶ涼しくなってきたことでしょう。ワルシャワは朝晩気温が一〇度以下の一ケタ台になり、コートが要るようになりました。

気候で言えば今夏の降雨量が数百年ぶりに少なく、ワルシャワの中心を流れているビスワ川の水位が五〇センチ以下に下がりました（普通は小さい汽船が通れるのですが）。そのおかげで今まで見えなかった川底の遺跡が次々に姿を現し、考古学者は連日重機を使って発掘しています。スウェーデン戦争のときの石の砲弾や第二次世界大戦のドイツ軍がワルシャワを砲撃したときの一〇〇〇キロ爆弾の不発弾が出てきたりして新聞の紙面を賑わせています。

今日のテーマは「ポーランド麻雀連盟」の創設者で初代会長のドミニク・コレンダ君に会ってインタビューしたときの報告です。麻雀がポーランドに入ってきたのは一九二四年だということがわかっています。その頃の貴族の間で流行っていたようです。おそらく麻雀セットなどは高価すぎて一般市民にとっては高嶺の花だったことでしょう。その頃ポーランドで作られた麻雀セットを見ましたが、全部木でできていて乾燥して形がいびつになっていたので、並べるのが大変そうでした。第二次世界大戦後はぱったり麻雀がポーランド人の娯楽から姿を消して、その存在が忘れられていました。

一九八〇年代に在留日本人の間で流行っていた麻雀がワルシャワ大学日本学科の学生の目に留まり、学生の間で徐々に流行り始めました。麻雀をやるのは主に東洋学部や数学部の学生で、同好会の域を出ませんでした。

そしてドミニク君が日本学科に入ってきて様相が一変したのです。彼が初めて先輩たちの麻雀を見たとき、牌がお菓子のキャラメルに似ていたので、まずその形に魅惑されたそうです。それからルールを教えてもらい仲間と遊んでいるうちにのめりこみ、

ドミニク君

学士論文のテーマに「日本の博打」で、現在取り組んでいる修士論文のテーマが「麻雀と日本の大衆文化」というのですから、その病み付きぶりは半端ではないことがわかります。

まず二〇〇八年に同好の士を集めて大学内に「日本ゲーム部」を作り、二年後に「ポーランド麻雀連盟」という全国規模の協会を作り、チェスやポーカーなどの連盟と同様に正式に政府の認可団体に仕上げました。

「連盟」の活動目的は麻雀だけでなく、日本の伝統的なゲーム（将棋、囲碁、剣玉、百人一首、花札）をポーランドに普及させることだそうです。それにはただ遊ぶだけでなくルールをポーランド語に翻訳したり、いろいろのイベントや催し物の際に講義やデモンストレーションをしたりしています。昨年の「東日本大震災」救援チャリティでは、いつも会場に彼らの姿がありました。

また、ポーランド人の若者の間で大流行している日本の漫画やアニメのコンベンション（大会）の際にも必ず彼らが会場の一部を占めて日本のゲームの普及に努めています。そのおかげで、いまや全国で数百人がゲームを楽しみ、そのうちの百人ほどが積極的に活動しているそうです。

普段は大学内の教室や喫茶店、夏には公園などで活動しています。名前こそ「ポーランド麻雀連盟」ですが、連盟保有の麻雀セットはなく、個人のものを持ち寄って細々とやっているので、あまり会員が増えても喜んでばかりいられない状況のようです。

「チー」だ「ポン」だと言ったりしている、そばで百人一首の和歌が聞こえてくるといういささかちぐはぐな集団ですが、本人たちは極めてまじめです。会長の夢は誰にも肩を並べる人がいないほどの勝負師になることだそうです。

先月日本文化センターに来た「剣玉世界選手権保持者」のワークショップに彼らも参加して、チャンピオンから褒められていたので、会長の夢も決して絵空事ではないと思われます。

日本美術技術博物館

11／2

ポーランドの古都クラクフは一九七八年に第一回ユネスコ世界遺産に登録されました。そのクラクフの側をポーランド最長のビスワ川がながれています。その川を見下ろすようにバベル城が建っています。このバベル城も世界遺産に登録されているポーランドの誇る名所です。そしてそのバベル城の対岸に、ビスワ川の流れの波を思わせるような近代的な建物が今日のテーマの「日本美術技術博物館」です。

まず「日本美術技術博物館」の成り立ちをお話ししましょう。今から一五〇年ほど前にワルシャワから五〇キロほど離れた町の貴族のうちにフェリクス・ヤシェンスキが生まれました。彼はワルシャワで学生時代を送り、その後エストニア、ベルリン、パリに留学しました。ちょうどその頃、ヨーロッパでは日本趣味《ジャポニスム》が流行し、多くの印象派の画家たちに大きな影響を与えていました。（モネ、ゴッホ、ロートレックたち）ヤシェンスキも日本の美術工芸に目覚めパリで熱狂的に日本のものを買いあさり始めました。北斎、広重、歌麿たちの浮世絵、刀剣、鍔、根付、そのほかの武具（鎧、槍、薙刀など）です。特に浮世絵は六、〇〇〇点を上回る大コレクションです。コレクションは全部で一五、〇〇〇点に上りました。

当時ポーランドは三大国（ロシア、プロシャ、オーストリー・ハンガリー）による分割で亡国の状態でした。そこで、ポーランドのアイデンティティを模索していたヤシェンスキは、日本の芸術、日本人の精神が祖国独立の精神的支えになりうると手本にしていた形跡があります。

一九〇一年にヤシェンスキは自分のコレクションをワルシャワで展示しましたが、受け入れられないどころか、酷評されてしまい、彼はすっかり落ち込んで収集品とともにクラクフに引っ越していきました。当時のクラクフはポーランド文化の中心地として芸術の新しい波にも目が開かれていて、彼の収集品は熱狂的に歓迎されました。彼のうちはさながら文化サロンの体を呈し芸術家のたまり場になりました。そこに集まった芸術家は後のポーランド美術史に残るすばらしい作品を発表し続けました。ヤシェンスキのペンネームは「マンガ」で、それは彼が特に気に入っていた「北斎漫画」にちなんでつけたあだ名です。それでこの「日本美術技術博物館」もしばしば「マンガ博物館」と呼ばれます。

一九四四年にドイツがこのコレクションに目を付け、同盟国日本の宣伝に使うべく、クラクフ旧市街広場にある織物取引所で日本美術工芸展を開きました。この展覧会を見て感銘を受けたのが当時十八歳のアンジェイ・ワイダ監督だったのです。彼は戦後すばらしい映画を次々に発表し（「灰とダイヤモンド」、「地下水道」など）、それから八〇年代には労組「連帯」が世界中で話題になると、「大理石の男」「鉄の男」などを撮りました。

ワイダ監督はお父さんを、カティンの森で虐殺されていたため、後に「カティンの森」という映画も

作りました。

一九八七年にワイダ監督は日本の稲盛財団から「京都賞」を贈られました。その賞金五千万円をクラクフに寄付して、「日本美術技術博物館」を設立することを発表しました。その設立意図には、若い頃自分が経験した本物の芸術との出会いを次世代の若者に経験して欲しいという願いがこめられていました。

しかしここで持ち上がったのは建設資金の問題です。これを解決するためにワイダ監督は渡日し、あちこちに足を運んで募金活動をしました。結局日本の企業や評論家、「京都クラクフ基金」ＪＲ東日本労組などの協力により寄付金が二〇〇万ドルほど集まり、日本国政府も三〇〇万ドル援助して建設の運びとなりました。この波型の建物の設計者は世界的にも有名な磯崎新氏で、彼はワイダ監督の設立趣旨に賛同して無料で設計を快諾してくれました。「このコレクションの中身は確かに日本の美術品だが、日本・ポーランドの両国で花開いたから、世界の美術品と呼ぶべきだ」と磯崎氏は述べています。

「日本美術技術博物館」は一九九四年に完成し、高円宮様ご夫妻をお迎えして厳かに開館式が開かれました。そして二〇〇二年には天皇、皇后両陛下がお訪ねになり、今年の八月には両陛下ご訪問一〇周年記念の儀式が執り行われました。

一九九四年の開館以来、「日本美術技術博物館」の活動は目を見張るものがあり、美術工芸品の展示は言うまでもなく、絵画、茶道、華道、書道、合気道、空手などの武道、映画、コンサート、能、狂言など枚挙に暇がないほど日本文化の発信を続けています。着物の着付け、折り紙、カルタ、双六などのワークショップ、日本人の日用品、衣服などの展示、出版活動などなど。

その他にも、二〇〇四年には付属日本語学校を新設。国際交流基金の援助を受けて日本からも教師が派遣されています。二〇〇七年には、博物館内にある茶室「静心庵」を活動の場とする茶道裏千家のクラクフ支部「洗心会」も発足し、活発にお茶の心を紹介しています。

ポーランド人と魚

12/28

日本人の中には中央ヨーロッパに位置するポーランドに住んでいる人々は主に肉を食べていて、魚はあまり日常に食べないと思っている人が多いようです。さらにポーランドをチェコやハンガリーと取り違えて、海を持っていない国だと思っている人もたくさんいます。ポーランドは海岸線を五〇〇キロも持った国だということを思い起こすと肉だけでなく、魚も食卓に上ることが分かります。海岸はバルト海に面しているので、獲れる魚もタラやヒラメ、ニシンなどが多く鮭などは北海に出なければ獲れません。

ポーランドの北部は広大な湖沼地帯があって、そこでは、鯉、うなぎ、鱒、カワカマス、なまずなどが獲れます。鱒は水の澄んだところでなければ生息できないので、湖沼地帯の水質は相当良好であると言えましょう。そんな場所にはザリガニも生息しています。ちなみに、ワルシャワの真ん中を流れているヴィスワ川はザリガニがいませんから、水質の程度が悪いようです。

ポーランド人がよく飲むウォッカなどの肴にも、酢漬けや油漬けのニシン、燻製したうなぎなどが出ます。皆さんご存じだと思いますが、カトリック教の国では、金曜日には肉を食べない習慣があって、敬虔なカトリック信者はその日、極力肉を避けるため、魚料理が多くなります。子供たちに聞いたところでは、学校の食堂も金曜日は肉なしデーで、魚中心の料理か、クレープのような小麦粉を使ったものが出るそうです。

ちょうど四日前はクリスマスイブでしたが、この日は特に敬虔でない信者でもポーランド人はほとんどの人が魚だけの料理を食べます。キリスト生誕前に信者が断食をしたことにちなんだ習慣のようです。数年前にカトリック教会の枢機卿本部からクリスマスイブの肉食も許されるとの通達がありましたが、学生たちに聞くと、先ず誰も肉を食べる人はいないようです。そこで食べるのが鯉やニシンなどですが、とりわけ鯉のゼリー固めは定番です。最近は若い人たちの中で、この料理を好まない人が出てきていますが、その場合は他の魚を食べます。

その鯉ですが、たいていは店の水槽から生きているのを買って来て、お風呂のバスタブに水を張って料理をするクリスマスイブまで生かしておきます。もちろん料理をする段になると、だれが魚の処分をするかという問題が出て、どの家庭でも一悶着あるのも、この季節の風物になっています。

ところで、ここ数年その鯉の取り扱いについて、動物愛護団体からこの非人間的な習慣をやめるべきだと横槍が入っています。いわく、研究の結果鯉も痛みを感じることが分かった。しかしその涙は水の中で見えないだけである。いわく、水の入っていないポリ袋に入れて家まで持って帰るときの苦痛は計り知れない。お店でも大きな鯉を持ち上げるのにエラをつかむ人が多いが、それも人道に沿った取り扱いとは言えない。いわく、鯉の頭の骨はひときわ硬いので、処分は素人の手に余る上、鯉に余計な痛みを強いるので、このような仕事は専門の漁師に任せ、客は切り身にしたものを買うのがよいなどなど。

　この調子だと、今から数年先には日本のスーパーと同じように、すべて切り身になった鯉を買って家で料理をするということになりかねません。

　一般的にポーランドでの魚料理は、衣をつけて油で揚げるものが中心ですが、ニシンのように酢漬けにしたり、オリーブ油で油漬けにするものなどもあります。刺身のような生魚を食べる習慣は全くなかったのですが、最近のすしブームのおかげで、家庭でも刺身や寿司を食べるところが多くなりました。ワルシャワ市内だけでも一〇〇軒を越えるすしバーがあり、店もよく繁盛しているのは不思議な光景です。今から二〇年ほど前、日本人の生魚を食べる習慣が一種の野蛮な行為と見なされていたころに比べると、まさに隔世の感があります。

ワルシャワの寿司職人

1／24

　今ポーランドの首都ワルシャワにおすし屋さんが何軒あると思いますか。一〇〇軒は超える数の寿司屋があります。一九九〇年に第一号の店が出来てから、二二年でこんなにも増えて、ポーランド人も日常的に食べるようになりました。そして、そのすし屋の板前さんはほとんどポーランド人で、日本人は一〇人もいないのではないかと思います。他には時々中国か韓国の人が握っています。

　今日ご紹介したい寿司職人はアーロン君という、先月三十四歳になったばかりの若い板前さんで、七年前にワルシャワで寿司屋を開きました。彼は一四年前に母国ビルマを離れて、日本に行きました。日本語の学習が目的でしたが、生活費を稼ぐ為にすし屋でアルバイトをはじめ、関東では名の通った親方に仕込まれたそうです。修行は、何度も逃げ出そうと思ったほど厳しかったが、その厳しい修行のおかげで今があると日本時代を懐かしんでいます。

東京のお寿司屋さんで働いていたとき、時々店に来ていたのが今の奥さんのアリツィアさんです。彼女はワルシャワ大学日本学科在学中に学習院女子大学に二年間留学した才女です。板前さんとお客さんの間に恋が芽生え、彼女が帰国する段になった時、決心して一緒にポーランドに来ることにしました。その前に途中ビルマのアーロン君の実家によって結婚式を挙げました。ポーランドに来てから何をしようかとしばらく考えているうちに、周りに寿司屋が出来始め、これなら自分でもやれると貯金をはたいて二〇〇六年にワルシャワ市の中心に「泉」という寿司屋を開きました。当時のポーランドは、アメリカから伝わってきた健康食としての寿司食がかなりの勢いで増えつつあったのです。

本格的な板前修業をしてきたアーロン君の店はたちまち評判となり、翌二〇〇七年にはワルシャワ全市の中でももっとも名誉ある「レストラン・オブ・ザ・イヤー」に選ばれました。ワルシャワの中心という地の利と日本人以上に寿司作りに注ぐ情熱のおかげで店は大繁盛し、その勢いで高級住宅街にある大温室を改装して、やはり「泉」と言う名をつけた和食レストランを開きました。

「泉」は宣伝らしい宣伝をしていないのに、口コミで客が客を呼ぶという形で商いを広げています。二つの店を合わせると客席は一八〇席あり、従業員も七五名ほど抱えて営業しています。二年前の二〇一〇年には一〇〇以上ある寿司屋さんの中から「ザ・ベスト・寿司屋」に選ばれ、寿司職人としてのアーロン君の名声は広く行き渡り、先週もテレビの朝の番組で「日本の朝食」というテーマでおいしい味噌汁の作り方の話などしていました。

アーロン君のすばらしいところは、一般の人に和食の作り方を教えて、レストランだけではなく、家庭でも和食が食べられるように和食普及に力を入れていることです。他にこんなことをしている板前さんは一人もいません。彼は惜しげもなく素材の選び方から、下ごしらえの方法、だしの取り方など一週間に数回にわたって教えています。

アーロン君はもちろんビジネスで寿司屋を始めたのですが、だんだんお客さんによりおいしい和食を提供し、それをおいしいと言ってくれることに喜びを感じ始めたそうです。彼に、ポーランド人の味に対する好みは何かと聞いてみたところ、寿司飯をはじめ全体的に甘味を好むので、日本人の口にはちょっと甘味が強すぎるものがポーランド人の口に合っているということでした。それに寿司にはワサビが入っているのにお皿の脇に別にワサビを盛ることを忘れてはいけないそうです。余分のワサビを盛り付けないとけちだと言われたことが何度もあったそうです。これはどうも最初に寿司を始めた店がそうしていたことから来た習慣だろうと言っていました。また、お茶は玉露、煎茶、番茶の種類を問わず、どれも熱々で出さないと、手を抜いたと文句が来るそうです。お茶の種類によっては低い温度のほうがおいしいといくら説明しても、聞く耳を持たないとアーロン君は苦笑していました。

アーロン君　撮影：Andrey Dishair

彼のもう一つの工夫は、伝統的な寿司ばかりではなく、ポーランド人の口に合ったフュージョンも創作して客に出していることです。変化を加えて初めて、伝統の味がどんなものかを味わってもらえるというのが彼の哲学で、板前としての技術も大事だが、要はお客さんをもてなす心だと言います。

ポーランド人留学生の日本の大学生観

2/14

ポーランドからは、さまざまな奨学金制度を利用して毎年かなりの数の学生が日本に留学します。大学間協定による学生交換制度、文科省の一般公募奨学金、国際交流基金の日本語日本文化研究留学制度などです。私が勤めるワルシャワ大学からだけでも毎年十数名の学生が一年間の予定で留学します。社会主義時代はポーランド全国から数年に一人という状況でしたから今や隔世の感があります。

今回はその日本留学から帰ってきた学生たちに聞いてみた「日本人学生」についての感想をまとめてみました。二〇項目のアンケート様式で得た回答から現代の日本の大学生像を浮き彫りにして見たいと思います。

回答の中でポーランド人学生の注意を引いたこととして異口同音に挙げているのが、総体的に日本の学生はまじめで几帳面な人が多いということ。しつけが良くてヨーロッパの学生のように羽目をはずすような人が少ないこと。規則をきちんと守り秩序のある社会生活を営んでいる印象が強かったそうです。これらの内側からの観測意見は、日本の若者について一般的に言われている公衆道徳に欠けているとか、乗り物の中で老人に席を譲らないとか、傍若無人の振る舞いが目立つとかいう意見とは大きく異なった面を表しています。留学生が観察したような、日本人学生の規則を守る、まじめ、しつけが良いといった感想が出て来た背景が私には見えるような気がします。それは何か。よく日本の若者は「指示待ち人間」と言われます。「従順」と言い換えてもいいかもしれません。言われたことはきちんとこなすけれども、若者らしい独創的な考え方で積極的な行動を起こさないということにつながっているように見えます。これは授業態度についての意見として皆が言っている「おとなしくてほとんど発言をしない」という印象とも関係があるようです。また日本の学生は政治にほとんど関心がないという意見も多かったのですが、これも若者のおとなしさの印象につながるのではないでしょうか。一方ポーランド人学生を見ていると、「一言居士」と言うか、何についても個人的な意見を持っていて、クラスで下手に面倒なテーマを採り上げると、収拾がつかないくらい彼らの口を閉ざすのが大変になります。

次にほとんどの学生が驚いたこととして挙げているのは、授業中に眠る人がいるという実態です。そういえば私も四〇年以上ここで教員生活をしていますが、眠る人は愚か、舟を漕いでいる人さえ見たことがありません。私の学生がその原因は何だろうかと、考えた結果行き着いたのがアルバイトと部活のせいだということのようです。

日本人の学生は大部分がアルバイトに精を出して、小遣い稼ぎに励んでいるように見えるそうです。そして、大学の先生よりアルバイト先の上司のほうを怖がっている節があると言っていました。また、クラブ活動についても、その熱心さは勉学以上だという意見もありました。早朝の練習や合宿など部活に注ぐ情熱は尊敬に値すると言った学生が多数ありました。ポーランドからの留学生のほとんどが留学中に何らかのクラブ活動の経験がありますが、部員の間の先輩後輩関係、活動運営、練習計画などの周到さは、社会に出る前の予備訓練というか、社会人としての責任感や人間関係構築の技術修得の場ではないかと評価していました。

コンパや飲み会などにも言及していました。遊ぶ時間は二、三時間でおとなしく飲んだり、話したりする静かな会で、ヨーロッパのように大声で歌ったり、床が抜けるほど踊り狂ったりすることがないので、あれで本当に面白いのかなと拍子抜けするほどの優等生ぶりに驚いたそうです。

若い日本人は積極性に欠けるという意見もあるようですが、留学から帰った学生の意見では、たとえ語学が堪能でなくてもよく話しかけてきて外国のことを知ろうと言う意欲が強いと感じたそうです。しかし、時に自分が外国人だと思わせられるような事態も経験しています。盛り上がっている飲み会に途中から参加したときなど、急に皆が静かになったから、自分の存在がみなを遠慮がちにさせたのではないかと思ったこと、部活の合宿で一人取り残された格好になったことなどの経験があるようです。それはおそらく日本人の恥ずかしさと言うか、遠慮の発露ではないかと解釈していました。

日本人学生は、留学生に対してはみんな友好的で例外なく親切だったそうです。一度も失礼な態度を取られたことがないとも言っていました。唯一つ残念だったのは、ほとんどの学生が「ポーランドではロシア語を話しているのか」とか、「何語を話すのか」とか聞かれたことです。やはりポーランドに対する関心度がそれほど高くないと寂しく感じたようです。

［ポーランド人学生の見た日本人学生の印象十傑］

＊携帯中毒
＊世間体を気にする
＊就活、婚活がかなり重要な人生目的
＊アルバイトのせいか、金銭感覚が鋭い
＊人前ではいつも目立たないように振舞っている
＊外国旅行を目的にする人が多いが、それはどこも同じだと感じた。
＊「ＡＫＢ48」の人気は度を外れている。
＊男っぽい女、女っぽい男の比率が欧米より高い
＊感情を表に出さない
＊全般的に疲れているように見える。

日本初体験

三月八日から十八日まで日本での学会に参加しました。主催はお茶の水女子大学で、八カ国から代表者が集まって「東日本大震災二周年」と「今後のエネルギー問題」、それに「グローバル時代の日本語教育」というテーマで討論しました。

一緒に二人の女子学生を連れて行きましたが、彼女たちはいずれも日本が初めてだったので、今回は彼女たちの日本初体験をご紹介します。わずか一〇日間の滞在だったので、彼女たちの体験談は的を射ていないかも知れませんが、自分の目で見、足で歩いて経験した率直な意見であることには違いありません。滞在地も東京に限定されています。

第一印象は、初めて成田空港に降り立ったとき、目にするもの、耳に入るものが決して未知のものではなく、目に入る掲示板やポスターの文字が読めるし、耳に入る港内放送や人々の会話が聞き取れるので、なんだか自分の国に帰ってきたような錯覚を覚えた。ポーランドのワルシャワ大学日本学科で勉強したことがただ現実として目の前に出現したという感じだった。私たちは懐かしささえ覚えた、とのことです。

町の様子については、通りはきれいだし、ごみ一つ落ちていない大変清潔な印象を受けた。建物は一つ一つ個性があるが、町全体としての印象は統一感に欠けて、ばらばらな感じを受けた。また、縦横に張り巡らされている電線や電話線は見苦しく、景観を損ねている印象だった。日本は地震国なので、電線を地中に埋めることが出来ないのかもしれないと思ったそうです。

質問形式で紹介します。今皆さんの住んでいるワルシャワの町並みとはどう違うのでしょうか?

交通に関しては、山手線と地下鉄にしか乗っていないが、先ず駅がとてもわかりやすいところにあり、外国人にとって大変便利で、駅中心に行動すればあの大都会でも迷うことがなく、非常に機能的だと思った。ラッシュ時に波のように押し寄せる乗客を次々に入ってくる電車が混乱することなく運んでいるのに驚いた。その上、乗客も大変マナーがよくポーランドでは考えられないほどの朝晩のラッシュでも整然と乗車して目的地まで行けるのはほとんど奇跡的だ。ヨーロッパではなかなかこうは行かない。整然と電車の乗降口近くに行列を作って待つ日本の乗客と違い、ワルシャワでは我先に降りる人より先に乗り込むこともざらだ。また、数分おきに到着・発車を繰り返す電車の正確な運行にも感心した。

ポーランドのお店などのサービスと比較してどうですか？

デパート、食堂、商店などのサービスは丁寧でお客さんへの気遣いも細やかなので、客の立場からは安心して買い物が楽しめた。しかし、私はワルシャワの店で店員のアルバイトをしているので、日本ほどのサービスをすることがいかに大変で、神経を使うことかよく分かる。それで、店員さんにとってはかなり重労働ではないかと同情した。

ポーランドでも外食産業が発達していますか？家庭での料理事情は？

食生活ですが、私たちは貧乏学生ですから大体外食チェーンなど安い店で食事をしましたが、どこもおいしかった。値段もかなり安く感じたし、あの値段なら素材を買って自炊するより安いのではないかと思った。メニューには揚げ物が多い感じがした。ハンバーグ、トンカツ、から揚げなど食べ物の種類がびっくりするほど多く、世界中の食文化が味わえるのも魅力的だった。歓迎会でお茶の水女子大学の学生さんが外国学生のために作ってくれた和食はどれも初めてだったが、とてもおいしく、こんな若い世代の女性が数多くのご馳走を作ることができるのも驚きの一つだった。少なくとも私たちにはその自信がありません。

ポーランドでの服装事情などはどうでしょうか？日本の若者について。町を歩いていて観察したと

お茶の水女子大学で挨拶する教え子たち

ころでは、若者はみんな身なりに気をつけていることを感じました。ブティックなどにはあんなに多くの種類の服があるのに、町を行く若者の服装が全体的に似通っており、みな似たように見えたのはどうしてか。着こなし方が一様で統一されているように感じたのかもしれない。渋谷、原宿にも行きましたが、あそこで見た若者はちょっと浮わついた印象でした。一方割合親しく接触したお茶大生は礼儀正しく、真面目で本当に面倒見が良いという印象でした。「気が利く」という表現の見本を見た気持ちです。男女関係についても語り合いましたが、ヨーロッパに比べおくてという印象でした。ヨーロッパの若者はその点でませていると言えるかもしれません。

本当に驚いたことは、マスクをして町を歩く人たちの光景でした。ポーランドではマスクをするのはお医者さんか看護師さんで、それも手術中に限る光景です。電車の車両の半数以上の人のマスク姿に出会ったときは、びっくり仰天しました。ポーランドではマスクも特別な医療品を売っている店にしかありませんが、日本では普通のコンビニに、それも二〇種類以上のいろいろなマスクが売られていて壮観でした。泊まったホテルのフロントにもお客さん用に、自由に使えるマスクが置いてあって印象的でした。もちろん日本の学生にその理由を尋ねてみましたが、花粉症や中国から飛んでくる黄砂、インフルエンザなどに悩む人たちがしているのだと教えられました。学生の中には、ここ一ヶ月友達の素顔を見ていないという人もいて、これにも驚きました。マスクをしている人たちは、制服を着ているのによく似て、個性が完全に消され、皆が同じ格好をしていることから来る安心感があるのかもしれません。「所変われば品変わる」ということわざを思い出しました。

他にも何かポーランドにはない現象はありましたか?

買い物に行ったとき、デパートや量販店で中国から来た人に多数出会いましたが、ホテルでもかなりの中国人が泊まっていました。ほとんどの人が日本まで買い物に来るのだと聞きましたが、中国の経済力を見せ付けられた思いです。

幸福観

ちょうど一ヶ月前、ポーランド最大の発行部数を誇る全国紙『ガゼタ・ヴィボルチャ』が「何が私たちに幸せをもたらすか」(人生で一番幸せだったのはいつ?)という記事を掲載しました。そこで日本とは民族も風土も文化も習慣も全く違うとも言えるポーランド人はいったいどんな幸福感を持っているのか、その記事を詳細に読むとともに私の学生たちに(二十歳前後の若者)幸福感について訊いてみました。

今回はそのポーランド人の幸福についてお話ししましょう。たまたま今年の初めに日本での自殺者数が一五年ぶりに三万人を切ったという報道が同紙にも掲載されたことを学生たちは知っていて、ポーランドでは三万人の人口といえば中都市以上と見なされているので、毎年それほどの都市が一つずつ消滅してきた状況の原因は何かと彼らも考えていたようなのです。そこで人を自殺に追い込む大きな要因の一つに人生上の喪失感、つまり幸福を感じなくなったことがあるのではと、私にその疑問を投げかけて来たのです。

先ず、新聞記事を見てみましょう。ある日曜日に市の中心にある大きな公園を散歩している一般市民に記者が「あなたにとって幸せとは何ですか」と問いかけ、その答えを書き出していました。年齢は二十一歳から八十五歳までで、職業も家庭状況もさまざまな二〇人ほどの回答です。

最年少二十一歳の女性は意外なことに、カトリック信者として信仰が持てることを挙げ、洗礼式や信仰認識（堅信礼）が受けられて、厚い信仰心を持っていることが最大の幸福だと言っていました。国民の九〇％以上がカトリック信者であるポーランドにしてもこの若い女性の信仰心はかなり特別なように思いました。彼女と同じように神のご加護でこの歳まで生きられたことが最大幸福だと言った七十九歳の男性がいましたが、他の人はあまり宗教上のことには触れていませんでした。

最高齢の八十五歳の女性は、第二次世界大戦で中断された学業に戦後復帰できたことを人生上一番大事な出来事に挙げていました。その人はその後子供が大きくなってから四十八歳で博士号を取り、教職に就いたそうです。戦争中初恋の人がいたが、その人はワルシャワ蜂起の戦いで戦死したため、一時はこれで自分の人生は終わったと思ったけれど、戦後今の主人と知り合い、子供をもうけて今は四人の孫に囲まれ幸せだ。ご覧のように杖をついているし、心臓も弱っているが前向きに生きるしかないのよと、つやのある顔で語ったそうです。

このほかにも、以下のような回答が報じられていました。

三人姉妹の一人で生活が苦しかったが、いつも頼れる人がいることが最高の幸せだ（42歳女性お菓子屋さん）。

初恋の人からもらったスミレのプレゼントが最高だった（65歳男性年金生活者）。

楽しみも苦しみも分かち合える人が常に側にいること。自分の作品を通して自分の存在が認められたと感じたとき（35歳男性写真家）。

子供時代に祖父母の家で過ごした日々。周囲の人の笑顔、親切、理解があれば幸せを感じる（33歳男性食品業者）。

息子が誕生したときが最高に幸せだった。救急隊員としてけが人や病人の救助に成功したときに大きな満足感を感じる（38歳女性救急隊員）。

演奏会が終わり、二人の息子が待っている家に帰るときいつも幸福感に浸れる。また、オーケストラで理想に近い演奏が出来、自分と音楽が魂を共有したと感じたとき（36歳女性バイオリニスト）。

妊娠を知ったとき。結果は流産だったが次の機会を心待ちにしている。庭師として働いているから、植物が私の情熱に応えてくれたときは本当に幸せ（34歳女性庭師）。

毎日の平穏無事な生活（48歳男性バス運転手）。

子供の出産。若い頃からイタリア語を勉強していたので、初めてイタリア旅行に行った時も幸せだった。結婚生活が不運だったので、離婚したときも開放感という幸せを感じた（31歳女性広告会社勤務）。

私の学生から聞いた彼らの幸福感については、ほとんどの人が人間関係の尊さを挙げていました。帰る家庭があること、愛する人がいること、会ったり話したりする知人友人がいることなどです。その次には、人生上の成功を挙げていました。悔いのない人生、計画成就、職業上の満足、目的達成といったことです。

そのほかには、毎日が健康で特別な問題がなく日々楽しく過ごせる生活といった日常生活の中の幸せ。目指す人生としては、有意義な人生、調和の取れた人生を挙げていました。それに、窮屈だった社会主義の名残でしょうか好きなことが出来る自由、束縛のない社会がありました。人のためになる人生、人から必要とされる人生という回答も多かったです。

戦争と疫病のない社会は、誰もが異句同音に挙げていました。面白い答えには「いくら食べても太らない」とか「実は幸福は意識できないものだから解らない」といったものもありました。

イギリス文学に貢献したポーランド人

5／23

皆さんはジョセフ・コンラッドという名の作家をご存じでしょうか。文学辞典を引くと、英国の作家として紹介されています。特に海にまつわる海洋文学を得意とし、英文学史の中でもその分野では傑出した作家です。彼の「闇の奥」という作品に注目したフランシス・コッポラ監督が映画化して世界的な評判を得た「地獄の黙示録」という映画をご覧になった方も多いのではないでしょうか。主題の極度の孤独と寂寥がいかに人間性を荒廃させるかという権化を見事に演技したマーロン・ブラントを覚えていらっしゃる向きもあるかと思います。映画での舞台はベトナムとなっていますが、原作ではコンゴの出来事です。

今回はその作家ジョセフ・コンラッドをご紹介します。彼が正にポーランド生まれのポーランド人だからです。そして、最後までポーランド人であることに誇りを持ち、彼の遺言でカンタベリー墓地にある墓碑にはポーランド名がポーランド語で記されています。本名は、テオドル・ユゼフ・コンラッド・コジェニョフスキと言い、外国人に変な発音で呼ばれるのを避けるために苗字以外の名前を二つとって、ジョセフ・コンラッドとしたのです。

ではどうしてポーランド人のコンラッドが英語で書いた文学が、英国人がこれ以上に豊かな表現を持つ英語はないと言い切り、英語（いわば国語）の教科書にもっとも重要な模範英語として採りいれられているのでしょうか。それを紐解くには彼の生い立ちから見ていくほかありません。

彼は、一八五七年（日本ではペリー提督が浦賀に来航した頃）にポーランドの没落貴族の息子として生まれました。父親はロシア占領下でポーランド独立運動に参加し、コンラッドが五歳のときにシベリア送りになったので、一家も父親を追って北ロシアに移動しました。そこで母親が結核で亡くなり、その四年後に父親も死亡したため、彼はおじさんに引き取られました。文学研究者だった父親の残した蔵書を寂しさを紛らわせるために、片っ端から読破したコンラッド少年は海洋文学に目覚め、海にあこがれて一八七三年（十六歳）にポーランドを脱出してフランス船の船員になりました。

五年間フランス船で世界中を航海したあと、一八七八年（日本の西南戦争のころ）イギリス船に移り（二十一歳）、そこで初めて船員との会話で英語を学んだのです。その間世界各地を航海して、見たり体験したりしたことが後の彼の作品の素地となりました。没落したとは言え当時のポーランド貴族間ではフランス語、ドイツ語、が公に使われ、北ロシアではロシア語を習得していたことが彼の文学に幅広さと深さを植えつけました。そして、大人になってから英語を学び、三十八歳（一八九五年）になってやっと作家デビューを果たしたのです。

すでに数ヶ国語をものにしていたコンラッドはよほど英語が性に合ったらしく、「もし英語で書いていなかったら、私は何も書いていなかっただろう」とさえ言っています。彼が英国の船に乗っていたとき、知り合ったのが後のノーベル文学賞受賞者、ジョン・ゴールズワージーであり、又「宝島」の作者ルイス・スチーブンソンです。彼らとの付き合いはコンラッドが亡くなるまで続きました。

一八九〇年に書いた「ロード・ジム」はおそらくコンラッドの代表作品ですが、これについてフランスのル・モンド紙は「この作品は一九世紀文学の中で最も重要な一〇〇の作品に入る」と言っています。

一八九九年に書かれた「闇の奥」は後のT・S・エリオットの「荒地」、ユージン・オニールの「皇帝ジョーンズ」およびジョージ・オーウェル「一九八四年」などの作品に大きな影響を与えたと言われています。一八八四年にイギリスに帰化しますが、なぜかその亡くなる前英国王ジョージ五世が授けようとした英国貴族の称号「サー」を拒絶しています。ひょっとすると、ポーランド貴族であるという自負がそうさせたのかもしれません。

彼にゆかりの場所としてワルシャワの目抜き通りには彼の住んだ建物が残っています。ちなみにその建物はショパンの妹が大家で、ショパンの父親がそこで亡くなっています。

また、ザコパネにはヴィッラ・コンスタンティヌスというコンラッドが晩年滞在した建物が残っています。

彼は自分の作品の中でいろいろな名言を残していますが、二つ紹介しましょう。

「人を判断するのには、その友達はもちろんだが、その人の敵を判断するのが最も良い」

「過ちを犯さないのは何もしない者だけである――私はそう思う」（何もしないという最大の過ちを犯しているとも言えますが）

ジョセフ・コンラッドが住んでいたアパートの入り口にある記念碑

市民の台所＝ハラ・ミロフスカ　6／20

ワルシャワの市民はどんなところで食材を買い、料理をしているのでしょうか。また、日用品などの買い物はどうしているのでしょうか。もちろん日本と同様、ワルシャワにもイギリス資本のテスコやフランス資本のカル・フールなどの大型店舗が一〇店以上もあり、そこで週に一回大量の買い物をする人も少なくありません。しかし、そのためにはどうしても車を持ち、うちには大型の冷蔵冷凍庫が要ります。そんな手段を持たない市民はどうするかというと、一つは街の中心部にあり、電車やバスの交通の便が極めて良い場所にあるハラ・ミロフスカという市場で用を足すことです。東京で言えば築地とアメ横をいっしょにしたような場所で、規模はその数分の一に過ぎませんが、築地における魚の代わりに、精肉や新鮮な野菜などが所狭しと並べられ、早朝から夕方まで賑わいます。やはり築地と同じようにワルシャワの観光名所の一つになっていて、外国人が観光バスなどで乗りつけて買い物をする光景もよく見ます。

このハラ・ミロフスカという市場は、大きな赤いレンガ造りの建物で、建てられたのは一一〇年ほど前ですから（日露戦争の数年前）古色蒼然としたかなり大きな建築物です。中には一〇〇軒以上の店が並び、野菜、果物、のような食料品から台所用品、家電品、装飾品などあらゆる商品を売っています。面白いのは、その建物の外壁に沿って、屋台のような店が並んでいて、そこではワルシャワで一番新鮮だと言われる肉や野菜、果物が売られていることです。昔は、まだ生きている鶏なども売っていて、注文すると裏に回って屠殺して客に渡すということが普通だったそうです。

流通経路を聞いてみたところ、屋内の店は常設店ですから、問屋が品物をおろすそうですが、屋外の店には近郊の農家や果樹園から直接持ち込まれるので、これ以上新鮮なものはないのだとのことでした。

この建物の古風な正面入り口の前は、すべて花屋さんが占め、季節折々の花が彩りを競っています。

このハラ・ミロフスカというのは、「ミロフフの大ホール」と言う意味で、この地域の名前に由来します。建築当時から魚や生鮮野菜を商っていたそうですが、第二次世界大戦中はナチス・ドイツによる市民の処刑が執行されたそうです。一九四四年のワルシャワ蜂起の際に、建物は炎上し、外壁を残して内部は焼け落ちました。戦後になって内側を復元し、現在の形になったそうです。

大量の買い物をする場合は私もそのハラ・ミロフスカに行きますが、日常は近所の人たちと同様、ごく近くにある公設市場を利用しています。それはワルシャワの各区にいくつかずつあり、大体五〇軒ほどの屋台のような店が集まっています。

我が家から五分くらいの範囲にもそのような公設市場が三ヶ所あり、私も毎日そのうちの一つに通っています。そこで一番多いのは八百屋さんで、次にチーズ類を売る店、肉屋さん、パン屋さん、お菓子屋さんと続きます。ポーランド人の食生活を反映しているような店の配分は面白いですね。みなさんはヨーロッパの映画などで、朝早くパンや牛乳を抱えてうちに帰る人たちの光景を見ることがあるでしょう。正にこちらの朝ごはんは新鮮なミルクと焼きたてのパンがなければ、一日が始まらないと言った風情なのです。そこには床屋さん、雑貨屋さんのようなものもあります。お店では店主とお客さんが顔見知りのため、日本の小売店のように朝晩の挨拶に始まり、天候のこと、家族の問題、健康の話、そしてポーランド人が一番好む政治の話題などに花が咲くのです。しかしお客さんが混む金曜日、土曜日などは、時々そんな会話にいらいらさせられます。

物資が不足しがちだった共産主義時代を顧みると、今のこの状況は夢のようです。お客への応対も大いに変わったのを感じます。なぜか女性の店主が多く、また例外なく威勢が良い女将さんタイプの人が多いせいか、市場の賑わいは早朝でぼんやりしている頭をすっきりさせてくれます。このような市場の様子は洋の東西を問わないのでしょうか。

では私が昨日市場をまわって調べてみた値段をご紹介します。単位はすべて一キロ当たりです。例えばサクランボなど安いものがあって本当かと思われるでしょうが、全部一キロの値段だということをお忘れなく。

サクランボ：180円　イチゴ：180円　西瓜：127円

りんご：75円

キャベツ：90円　キューリ：90円　トマト：120円

カリフラワー：165円　ジャガイモ：180円　ソーセージ：450円

高級ソーセージ：600円　ハム：750円　豚肉：660円

牛肉：960円　メリケン粉：90円　砂糖：90円　国産チーズ：90円

パン：120円

カイザーパン：9円（1個）　卵：6円（1個）

地卵：24円（1個）

注：換金レートは二〇一三年六月十九日現在です。

ポーランドの園芸

7／18

　ポーランドでは幼稚園から大学まですでに夏休みに入ったので、このところ私は毎日あちこち散歩に行きます。そして至る所に庭や花壇があり、花がきれいに咲いているのを見ると、ポーランド人がいかに花好きな国民かということを感じます。以前、深夜便でポーランドの花屋さんについて話しましたが、今回は「ポーランド人と園芸」と言うテーマでお話ししましょう。皆さんの中にも土いじり、庭仕事の好きな方も多いのではありませんか。

　先ずその園芸が地域によって違うという意味で、地方と都会に分けてお話しします。地方ではほとんどの家が表側（道路側）にきれいな花壇をしつらえています。そして裏側はたいてい畑か果樹園、農園になっていて農作物を育てているのですが、その農家の花壇はさすがに植物の専門家だけあって、すばらしい季節季節の花が妍を競う観があります。車で農道などを走っても決して退屈するということがありません。五月ごろワルシャワ郊外の果樹園地帯に行くと、見渡す限り、りんご、桃、梨の花が海のように広がり、花に酔うと言う表現がぴったりです。

　次に都会の園芸を見てみましょう。大きく分けて、屋内（例えば「アパートの中」）、屋外（庭など）家庭菜園の三つになります。屋内では、私のうちもそうですが、大小の鉢植えが中心です。ちなみに我が家には二六鉢ありますが、数から言うと中規模に当たります。花好きのポーランド人の事ですから、アパートとは言え身近に緑がないと落ち着かない模様です。では、どんな植物を育てているかと言うと、最も一般的なのがテンジクアオイという花です。その他花をつけるものとしては、ジャスミン、シクラメン、カニバサボテン、アマリリス、チューリップなどを良く見ます。観葉植物も流行していて、ゴムの木、椰子、シダ類、万年青《おもと》などが好まれています。

　一戸建ての家を持っている人は、庭にライラック、ジャスミン、木蓮などを植え、他には牡丹、水仙、バラ、アイリス、ギボシを楽しんでいます。ポーランドの都会には、かなり広大な家庭菜園が各所に設けられていて、一区画が一〇〇〜一五〇平米の菜園が二〇〇区画前後一ヶ所に固まっています。碁盤の目のような通路が走っていて、一年中市民の憩いの場となっています。ワルシャワ市の真ん中にあるわがアパートのすぐ側にもかなり大きい菜園があって、散歩はもちろんですが、買い物さえもそこを通り抜けていくといった感じで、それぞれの季節の変化を愛でることができます。その菜園にはりんご、梨、サクランボ、胡桃、桃と言った大型のものからイチゴ、ブラックベリー、木苺といった小さなものまで、特に食用になるものを植えています。もちろん区画全体をバラで埋めているバラの専門家もいて、目を楽しませてくれます。この菜園は定年退職した人に優先的に分譲され、そのあとは家族が相続するという仕組みになっています。二〇〇もの菜園があると、いろいろな植物の専門家がいて、入り口の掲示板に「バラの栽培については、＊＊番のだれだれさんに尋ねなさい」とか、「私は牡丹について詳しいので、いつでも相談に乗ります」とかの知らせが出ています。しかし、時に「＊＊番のだれだれさんの菜園は手入れが行き届いていず、近辺の庭に迷惑をかけるので、早急に善処されたし」と言う、管理人からの忠告も出してあります。

同所に菜園を持っている友人は「夜中に一番きれいな花を盗んで、朝市で売ったりする輩がいるから、油断できない」とこぼしていましたが、心ない人はどこにでもいるようです。

最後に公園はどうかと言いますと、ポプラ、菩提樹、柏、白樺などが目立ちます。ワルシャワの中心にあるワジェンキ公園にはポーランドには稀にしかないイチョウの木が二本あります。また、ワルシャワ大学のキャンパスに日本の篤志家から贈られた桜の木が二〇本近くあって、毎年春には学生たちがそこで花見の宴を広げます。

いったん町から外に出ると、圧倒的に松、白樺、ナラといった木が大勢を占め、人が住むところとそうでないところとの対照が面白いと思います。

桜咲く国から艦隊来る

8/30

八月七日、歴史上初めてポーランドの港に日本の海上自衛隊の練習艦が三隻来航しました。旗艦「かしま」と「しらゆき」、「いそなみ」です。当日の午後、グダンスク湾に三隻が姿を現すと、待ち受けていたポーランド海軍の「ブイスカヴィツァ」(いなづま)号から歓迎の礼砲が二一発轟きました。それに応えて旗艦「かしま」からも二一発の礼砲が鳴り響きました。このグダンスク湾にはグダンスク港とグディニア港とがあり、商船、軍艦、大型ヨットなどはたいていグディニア港に停泊します。日本の三隻もゆっくりグディニアの大埠頭にまず「かしま」が接岸し、隣の埠頭に「しらゆき」「いそなみ」が停泊しました。

タラップをおろす作業は、両国の水兵がいっしょに行い、埠頭では歓迎式典が執り行われました。ポーランド側からはグディニア市長とポーランド国防大臣、日本側からは今回の艦隊総司令を務める北川《きたがわ》文之《ふみゆき》海将と在ポーランド日本国大使山中誠氏が参列、厳かに両国の国歌が演奏され、第一日が終わりました。

グダンスク湾の沖合いに三隻の自衛艦が姿を見せ、風に翻る日章旗が見えたとき、一万五千海里もの航海を経て、母国日本からはるばるやってきたことを思うと、やはり日本人として胸に迫るものがありました。

この三隻は、五月に日本を出航し、途中ハワイ(パールハーバー)。パナマ運河、カナダを経由して、イギリスのポーツマス、フィンランドのヘルシンキ、ロシアのサンクト・ペテルブルグを通ってグディニアにやってきました。

翌八日は「かしま」の甲板が一般公開され、そこはきれいに整頓されたとても清潔な印象でした。ポーランド人には自国の軍艦でも簡単には見物できないのに、ましてや地球の裏側から来た自衛艦などは、いくら見ても興味が尽きないようで、あちこちに書いてある日本語の注意書き、命令板などを写真にとっている人もいました。また覚えたての日本語で隊員に話しかける姿も見ました。

　見物人は、たまたま海岸地方に夏休みで来ていた人、わざわざ自衛艦を見に来た人などさまざまでしたが、日本・ポーランド国交史上初めての戦艦公式訪問に「歴史的な出来事に遭遇した」とみんな興奮気味でした。

日本の自衛艦公式訪問　撮影：岡崎史夫

　その日は埠頭で日本側の隊員による器楽演奏が行われ、見物人の喝采を浴びました。先ずクラシックな「荒城の月」、次に「ルパン3世」のテーマ、アニメ「ワンピース」のテーマが演奏されると、それらをよく知っている子供たちから大拍手が起こりました。どうも世界中の港港でそれを演奏しているらしく、良くぞその人気を見通して選曲したものだと感心するとともに、世界中に広がっている日本の漫画アニメの威力を見せ付けられるような光景でした。女性隊員五人を含む隊員たちの息の合った演奏は大受けでした。和太鼓も参加しての演奏に聴衆はみんな大満足だったようです。

　一般公開された甲板で隊員が見物者の応対に当たっていましたが、隊員の出身地を見ると日本全国いたるところから来ているという印象でした。三隻とも練習艦なので毎日の訓練が結構大変なことや、グディニアに来航するまでに寄港した国や港の話など丁寧に答えていました。

　三日目は他の艦の一般公開、四日目はポーランド海軍との合同演習などがあり、八月十日にフランスのブレスト港に向け出航しました。その後、地中海を抜け、スエズ運河を通ってスリランカ、ミャンマー、カンボジア、ベトナムなどに寄港しながら十月三十日に日本に帰航する予定だそうです。

グダンスク港は、一九三九年、表敬訪問中のドイツナチスの軍艦がいきなりグダンスク市外の砲撃を始め、第二次世界大戦の火蓋を切ったところです。隊員たちはその第二次世界大戦勃発の地に立つ慰霊塔があるヴェステルプラッテを訪問し、犠牲者に慰霊の祈りを捧げました。

また第二次世界大戦が終わるまで、日本軍とポーランド軍の諜報機関が、お互いに敵性国であるにもかかわらず、協力をし合った史実があります。その舞台としてグダンスクもある役割を果たしました。皆さんもご存じと思いますが、グダンスクから程近いリトアニアのカウナス総領事だった杉原千畝がその協力活動に大きく関わった人であることを考え合わせると、今回の自衛艦のポーランド表敬訪問は舞台といい、関連性といい、いろいろな意味で歴史的な出来事だったと再確認しました。

追記（息子の体験談です）

ワルシャワ・フィルハーモニー

9／24

ここポーランドに住んでいて、よくポーランド人から「どうして日本人はそんなにショパンの音楽が好きなのですか」と聞かれます。簡単に答えられる質問ではないので、旋律のこと、作曲の背景、彼の人生などが日本人の共感を招くのでしょうと答えています。そのショパンをしのんで五年に一度開かれる「国際ショパンピアノコンクール」の会場であるワルシャワ・フィルハーモニーについてお話ししましょう。

建てられたのは一九〇一年で、パリのオペラ座を模して造られました。初演はその年の十一月五日で、エミル・ムイナルスキという当時最高の音楽家が指揮をして、ピアノを演奏したのがこれも当代一流のイグナツィ・パデレフスキでした。ちなみに彼はピアニストでありながら首相にもなった珍しい人で、いかにも音楽立国ポーランドにふさわしい人物でした。

このパリオペラ座風の建物は第二次世界大戦中、ナチス軍の空爆で全壊しました。そのとき楽員の半数が亡くなったそうです。

世界大戦が勃発するまでにこのフィルハーモニーのホールで演奏した人には、

指揮者では、オットー・クレンペラー、プロコフィエフ、グリーグ、ラフマニノフ、モーリス・ラベル、カミル・サンサーンス、リシャルド・シュトラウス、ストラビンスキーがいます。

ピアニストでは、ルビンシュタイン、ホロヴィッツ、ウィルヘルム・ケンプが、

バイオリニストではヤシャ・ハイフェッツ、サラサーテ、ジャック・チボー、イザイ、

チェリストではパブロ・カザルス、ガスパル・カサド

こう言った世界で最も有名な音楽家たちが綺羅星のごとく次々に演奏を繰り広げていました。

第二次世界大戦で破壊されたフィルハーモニーの建物が再建されたのは一九五五年のことで、名称も一都市のワルシャワ・フィルハーモニーから国立ワルシャワ・フィルハーモニーと格上げされ、同時にフィルハーモニー付きの混声合唱団も結成されました。現在フィルハーモニーは一一二人の楽員と一〇〇人の合唱団をかかえています。大ホールと室内楽用の小ホールがあり、大ホールは一〇七二席、小ホールは三七八席を備えています。

フィルハーモニーの舞台

今このフィルハーモニーでは、恒例の「ワルシャワの秋」という現代音楽祭が開かれています。そして、二年後の二〇一五年にはショパンコンクールで賑わいます。

一週間のうち、定期演奏会は金曜、土曜で、木曜日は若者向けの格安コンサート、日曜日は子供向けの特別コンサートが毎週開かれます。私も子供たちが小さいときこの日曜日のコンサートによく足を運んだものです。演奏中、子供たちが曲に合わせて踊ったり、いっしょに大声で歌ったりしても、誰からも何も言われない楽しい音楽会です。日曜日の一一時からは三〜六歳、一四時からは七〜十二歳となっていて、小さい子達は休憩を挟んで七五分の演奏、大きい子達は九〇分となっています。

私は音楽が好きですから、一年間の通し券を三種類毎年購入しています。シーズンは十月に始まり、終わるのは五月ですから、ちょうど八ヶ月になりますが、一枚の通し券が七回分ですから、他の特別コンサートを入れるとほとんど毎週通っていることになります。

驚くのはその入場料金です。座席は四段階に別れていますが、最上席は三五〇ズロティ（二万円くらい）、一番安いのが二〇〇ズロティ（六千円くらい）、子供用は最上で一二五ズロティ（三七五〇円）安いのが一〇〇ズロティ（三千円）です。これは年間通し券の値段ですから、お間違いなく。ということは、この値段を七（回）で割ると、一回が上から、一五〇〇円、八六〇円、子供は五四〇円、四三〇円となります。子供券には大人の分も含まれているので、どんなに安いかお分かりになるでしょう。

フルオーケストラの演奏で、さらに国内外の有名なソリストが出演して、この料金でやっていけるはずがありません。ここで、注目すべきは文化事業に対する国家の補助金です。音楽に限らず、演劇、絵画、その他の文化的催し物への国家援助は膨大で、そうでなければ、国民は気軽に音楽鑑賞など出来ないでしょう。このような処置が取られるのも国が文化というものを高く評価し、その文化こそが国民社会ひいては人間の尊厳に関わっている事業であると心得ていることに他ならないと思うのです。

ワルシャワ大学日本学科を救った日本人

10／18

一九八九年に共産主義体制が崩壊し、民主化を成し遂げたポーランドは、政治的な自主独立と引き換えに深刻な財政難に見舞われました。そのしわ寄せをまともに受けたのが文教費で当時の大学の台所事情は研究書籍の購入どころか、毎日の授業に使うチョークやタイプ用紙にも事欠く有様で、この事態がいつ改善されるか全く目処が立たない状況に追い込まれ、大学全体が絶望感にとらわれていました。

ちょうどその頃（一九九二年）民主化後のポーランドがどう変化したかを取材しに、朝日新聞の論説委員が来訪しました。その委員のインタビューを受けた私は、率直に現状を話し、見通しの立たない窮状を訴えました。そのことが彼の帰国後、朝日新聞夕刊の「窓」欄に紹介されました。

その欄に目を留めたのが大阪の鉄鋼メーカー社長の高島浩一さんでした。高島さんは、第二次世界大戦に学徒兵として徴兵され、戦線に送られました。九死に一生を得て帰国できたのが不思議なほどだったそうです。帰国後ずっとこの大東亜戦争に生き残った自分が、祖国のために死んでいった多くの学友に代わって何が出来るかを模索していた高島さんは、祖国日本についてより正しい姿を世界に知ってもらい、再び戦火を交えることのない平和な世の中を築くことが戦死した学友の鎮魂になるのではないかと考え、これまでにもハーバード大学、カリフォルニア大学に日本語講座冠教授席を寄付してきたので、今度はワルシャワ大学を支援することを決心しました。

すぐに在東京ポーランド共和国大使館と連絡を取り、支援を具体化するためにはどうすればいいかと問い合わせました。たまたま当時の大使が私の大学の同僚だったため、すぐに話がワルシャワに回されて来て、ポーランド側の受け入れ態勢も急速に整いました。そして高島さんの会社が買収したアメリカの某鉄鋼会社の株式を百万ドル分寄付してくださったのです。内容はその株式の配当金をすべてワルシャワ大学日本学科に寄付するというもので、当時日本学科長をしていた私の妻も「夢のようで信じられない」と大喜びでした。

その年の九月三十日に「高島記念基金」が発足し、以来ずっと私たちはその恩恵をこうむっている訳です。基金運営の活動内容は、

（1）日本学科の研究紀要の発行
（2）日本学科内のインフラ整備
（3）若手研究者の日本への研究留学
（4）日本に関係のある出版や行事への資金援助

などです。

ポーランド側も高島さんの功績を称え、一九九五年にはポーランド共和国黄金功労勲章を授与し、翌年にはポーランド共和国在大阪名誉総領事に任命しました。

そして現実に基金が動き出して、今年が二〇周年に当たるので先日開かれた第七回ワルシャワ大学日本祭で、それを祝うシンポジウムを設け、高島さんの妹和子さん（二〇〇〇年三月に他界された高島さんの

高島浩一社長

跡を継いで在大阪名誉総領事を務めた）をお招きしてパネルディスカッションを行いました。

高島さんの名誉総領事在任中に（一九九七年）大阪市長主催の世界帆船レースが行われることになりました。ポーランドにも立派な帆船が数隻あるので、当然招待状が出されたのですが、国庫財政難のため参加できそうにないことがわかり、それを知った高島さんは費用の一部として当時の一〇万ドルを寄付し、地球の裏側から「ダル・ムォジェージ」号を招聘したのです。そのレースでは船長以下船員たちの立派な舵取りで見事に優勝を果たしました。

又、高島さんが贈ってくださった桜がワルシャワ

大学のキャンパスで毎年見事な花を咲かせ、日本学科の学生たちはその下に毛布を広げ、飲食物を持ち寄って「花見」を楽しんでいます。満開の桜の下で喜色満面に楽しんでいる学生たちを見るにつけ、高島さんの思いがどんどん現実化しているのが実感できます。ポーランド・日本文化交流の陰にこんな素晴らしい人物がいたことをぜひ皆さんに知っていただきたくこのレポートを準備しました。

大衆食堂「ミルクバー」

11／22

今回はポーランド人の大衆食堂「ミルクバー」についてお話ししましょう。ポーランド語では「Bar mleczny」と言います。日本語でミルクバーと言うといったい何だか判りにくいでしょう。「ミルク」と言う言葉と「バー」と言う言葉がミスマッチに感じられます。しかしポーランド語では「バー」は軽食堂とかビュッフェの意味で、決して日本のようにお酒を飲むところではありません。

そこで、この「ミルクバー」ですが、発祥は一八九六年にスタニスワフ・ドゥージェフスキという資産家が乳製品を中心にした伝統的な料理を簡便に食べさせる食堂を造ったのが始まりです。世界恐慌に見舞われた一九三〇年ごろ安くて栄養のある料理を出す「ミルクバー」は急激に増えていきました。戦後社会主義国に変貌したポーランドでは贅沢な高級レストランなどが次々に姿を消し、その分大衆食堂は増加を続けて来ました。一九六〇年頃には、職場に食堂のない会社員たちにとって、この「ミルクバー」は格好の食事処となったのです。以後（特に肉不足に悩んだ八〇年代）軽食と肉なし料理をずっと提供してきました。社会主義政府は国民の食糧事情を鑑み、国から補助金を出して多数の「ミルクバー」を設置しました。

「ミルクバー」で食べられるメニューはどんなものかと言いますと、チーズなどの乳製品を中心に蕎麦麦（そばむぎ：蕎麦の実をそのままご飯のように炊いたもの）、ピエロギ（ポーランド風餃子）ジャムやコテジチーズをはさんだクレープ、マカロニ、ミートボール、鶏肉などがあります。スープはトマトスープ、野菜スープ、ウクライナ風ボルシチなどが定番で、どこの「ミルクバー」でも食べられます。

社会主義崩壊後は、モダンなレストランやファーストフードの店が雨後の筍のように出来始め、「ミルクバー」はだんだん影が薄くなって来ました。二〇軒近くあったワルシャワの「ミルクバー」も半分

ミルクバーの入り口

に減りました。ところが、ここ三年ほど前からファーストフードに飽きた人たちが安い家庭料理を求めて「ミルクバー」に戻り始めたのです。この「ミルクバー」は本来年金生活者や貧乏学生、時々ホームレスが食べに来る場所でしたが、今ではネクタイ、スーツできちんと決め込んだビジネスマンたちもやってきます。彼らは普通のレストランで食べるほどの財力があるのですが、「ミルクバー」の雰囲気とおふくろの味がする家庭料理にひかれて、来るよう

になったようです。

安くておいしいのが売り物の「ミルクバー」は採算を合わせるのがなかなか難しいらしく、特に「ミルクバー」は町の中心の一等地にあったため、軒並みに地代が上がって閉鎖を余儀なくされたケースがありました。ワルシャワ大学の正門のすぐ右側にも学生たちが「ゴキブリ食堂」と名づけていた「ミルクバー」がありましたが、今は高級なフランスのカフェテリアに変身してしまい、学生たちはバスで一駅行ったところの「ミルクバー」まで行かざるを得なくなりました。

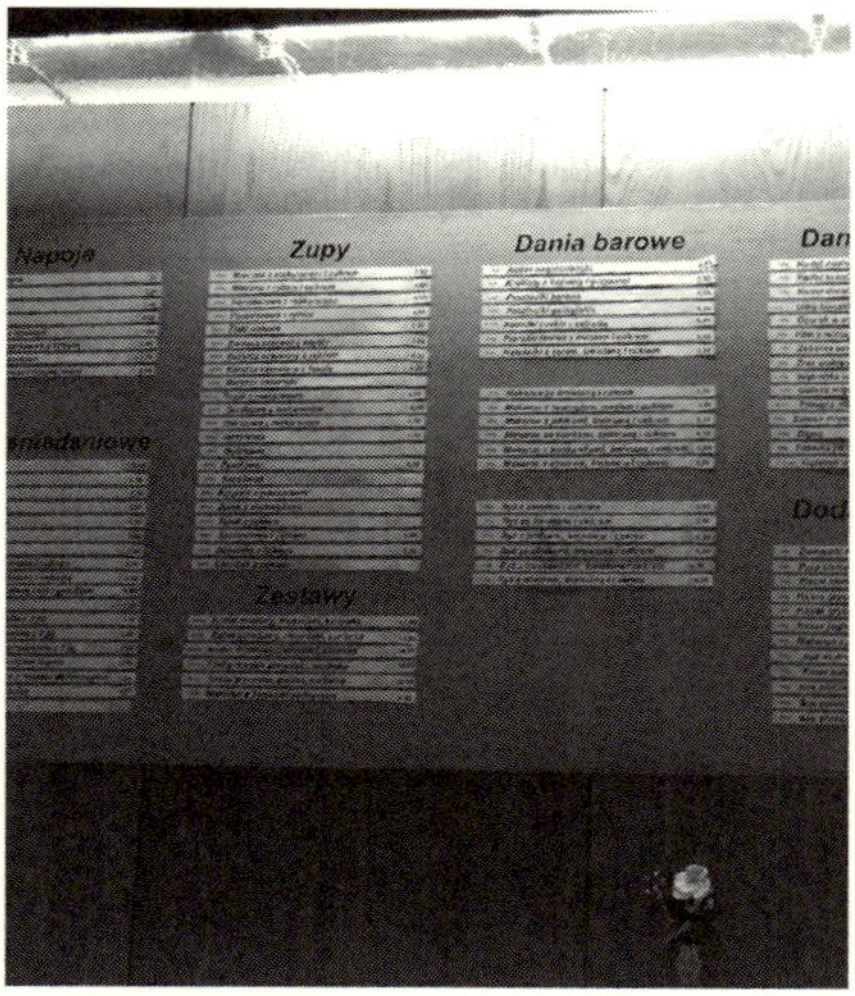

ミルクバーの値段表

「ミルクバー」は入ると先ず壁一面に貼り出されたメニューが目に入ります。上からスープ、前菜、メインディッシュ、デザート、飲み物の順に値段とともに書かれているので、食べたいものを決めて、次にレジのおばさん（なぜかおじさんはいない）のところまで行きます。レジの前にはたいてい十人くらいの行列があります。おばさんに選んだ料理を伝えて、その金額を払い、料理名を書いた紙切れをもらい、そのまま次の窓口に行ってその紙切れを差し出すと、料理が準備されて出てくるという仕組みになっています。料理は大きなお盆に載せて、スプーン、フォークなどを箱からとって客席まで持っていくのですが、特にスープなどをこぼさないように席にたどり着くのが結構難しく、みな真剣な面持ちで運んでいく姿はいささか滑稽に見えます。

最後に値段ですが、トマトスープが四五円、ミートボールとジャガイモとサラダで三〇〇円、ピエロギは一八〇円、各種クレープも一八〇円くらいです。

喫茶店のコーヒーが三〇〇円くらいですから、「ミルクバー」のフルコースの三五〇円と言う値段はおどろきです。それに客の交代も早く、その日の食材は全部使い切るということですから、何より料理が新鮮なのです。

　現在ワルシャワには「ミルクバー」が九軒あって、夏のシーズンともなれば外国人旅行客も大勢押し寄せて世界中の言葉が行きかう国際的な場にもなります。最近の新聞によれば、イギリスのBBCやアメリカのCNNなどが取材に来たそうです。ちなみにこのような「ミルクバー」は近隣の国にもないらしく、ポーランド特有の食堂のようです。

　ある国に行ったら、その土地の料理、特に家庭料理を味わうことです。そのためにも「ミルクバー」はぜひ訪ねて欲しいところですから、ポーランドに来られたらぜひ一度お試しください。

貯金の実情

　日本人は、貯金をするのは当たり前と思っている節がありますが、ここポーランドでは統計によると国民の四〇パーセントの人が貯金額ゼロか、それに近い状態だそうです。それを知ったときはかなり驚きました。これが社会主義時代だったら、まだうなずけます。なぜなら、国民全員が国家公務員のようでしたから、教育費、医療費その他の経費がほとんどかからず、社会主義は国民の福祉を旨としていたので、たとえいざという事態が発生しても、お金のかからない社会でした。それに市場に出回っている物資も不足がちで、よしやお金がたくさんあったとしても、簡単には買うことが出来なかったのです。貧富の差が大きい現代に比べると、みんなが横並びにあまり裕福ではなかったというのが本当のところです。そして、一九八九年に社会主義が崩壊して自由資本主義に移行したのですが、どうも社会主義時代からの癖と言うかお金に汲々としない心理が未だに残っているようなのです。

ポーランド国民銀行

　国の統計局の計算では、国全体の貯金額を全人口で割ると、三万ズロティすなわち九〇万円ぐらいだそうです。これを平均給与（九万円）で割ると、ほぼ一〇か月分に当たります。この額がＥＵの中の経済先進国、例えばオランダやデンマークには到底及ばないのですが、経済後進国といわれているリトアニア、チェコ、ハンガリーよりも下回っている現実はやはり憂慮に値すると思うのに、ポーランド人はそう深刻に考えていないだろうことは、先日の新聞に掲載された「あなたの貯金はいくら?」と言うアンケート記事にはっきり現れています。

　その記事には十八歳の若者から七十歳の年金生活者まで数人がアンケートに答えています。先ず十八歳と言えばポーランドでは成人扱いですが、実際はまだ高校生ですから、豚の貯金箱に三千円ほどあって、出来たら旅行のために一万五千円くらい欲しいと答えています。次に二十三歳の大学生、貯金額は流動的で三万円~五万円。アルバイトで現金収入があるが、ほとんど下宿代、光熱費、英語塾の費用に消え、口座に振り込まれるお金には手をつけないように心がけているが、とても難しい状態だ。できたら今の貯金額の一〇倍ほどあれば、バイクの免許を取りたいし、旅行にも行きたいと言っていました。
　次にこの記事を書いた新聞記者（二十七歳）が自

分の懐具合を明かしています。預金額はゼロ。稼いだ給料以上に出費があるが、これがどうして続いているのか自分でも不思議。希望としては五〇万ズロティ（一五〇〇万円）ほどの貯金が欲しい。そうすればワルシャワ市内の中心にアパートを借り、郊外に一戸建ての家が持てる。もしさらに貯金するだけの余分の収入があったら、投資信託か株で積極的な蓄財を果たしたい。それで外国旅行や老後の保証としたい。

次に三十九歳のお医者さんは、この前一三〇〇万円ほどの貯金があったが、アパートを買うローンを組んだので、その頭金に全額使ってしまって、今は貯金ゼロ。蓄えがいくらあれば安心かという問いに、一五〇〇万円くらいあれば安心して眠れるだろう。どうして貯金をしていくつもりかという問いには、毎月の給料から六万円ほど投資信託に入れ、それ以上の収入があったら、安定した定期預金にしたい。また利益率の良い国債を買う予定もある。お金が貯まれば、今のアパートの修理をし、もっと貯まれば外国旅行や趣味に使いたい。

最後の七十歳の年金生活者は、貯金ゼロ。入る年金はすぐ必要経費で全額消えてしまう。もし三〇万円も蓄えがあれば安眠できる。もし余分の収入があったら普通預金に入れるが、それもおそらく毎日の生活に使わなければならないだろうとの答え。

このアンケートの後に、経済学者と心理学者がポーランド人の金銭感覚について、コメントしていました。先ず経済学者は、ポーランド人は貯金ということを極めて短いスタンスで考える。余分の収入があったら今まで（社会主義時代で）満たされなかった消費欲を満足させるために簡単に散財してしまう。例えば貯金額の多いドイツ人、イギリス人、ベルギー人のように子供の将来や退職後のことを考え、システマチックに貯金することをポーランド人は学ぶべきだ。幸いにポーランド人の中でも貯金をする人の数が年々増えているから、二〇二〇年代に入れば、われわれは経済的に安定し、自分の将来もきちんと計画できる国民であると胸を張っていえるようになるだろう。

では心理学者はどういうコメントをしたか。ポーランド人が貯金しないという理由は、単なる収入の多寡ではなく、貯金をしようという意志の訓練が出来ていないためにしばしば衝動買いに走る傾向が強いことである。二番目の理由は貯金などのシステムに関する知識が不足していること。少額の貯金など全く意味がないと思っている人が多い。しかし、今の利率から見ると、毎月一五〇〇円ずつ貯金すれば、一〇年後には二三万円ほどになることを知るべきだ。

幸いに若い人の間で経済的な安定を求めて貯金をしようとしている人が増えつつあります。貯金は現在の楽しみからの逃避ではなく、将来の計画を具体化することだから、そのために「ちりも積もれば山となる」のようにほんの少額でも継続的に貯めていけばいつの間にか相当額になることを見定めることが必要でしょう。

ポーランド日本人会

在ポーランド日本大使館の情報では、現在ポーランド全国に短期、長期滞在を合わせて一一四〇人の日本人が住んでいるそうです。そのうち仕事で日本から派遣された企業関係の人が大勢を占めていて、他には私のようにポーランド人と結婚して永住の形で住んでいる人、大使館員、日本人学校職員、留学生と言った構成になっています。ポーランド政府が、外国企業のために設置した経済特区はドイツ国境に近いポーランド西部に固まっているため、その地方に住んでいる企業関係の人が特に多いようです。

ではポーランドの在留邦人がどのような生活をしているかをご紹介します。商社員だったり、大使館員だったり、留学生だったりと職業の違いというか、滞在目的なるものが違えば、当然日々の生活も異なるわけですが、これは日本国内でも同じでしょう。

ポーランド（ポーランドに限りませんが）で唯一邦人の滞在形態を特徴付けるのが日本人会の存在です。

日本人会は一九七〇年に発足しました。途中ベルリンの壁崩壊で鉄のカーテンが消失したりして、日本人会もいろいろな変遷を経てきました。当初は会員が数十人という規模でしたが、現在は二四〇名が登録されています。内訳は商工会（企業関係）が六〇%、定住者三〇%、残りの一〇%が、大使館、日本人学校、留学生となっています。名誉会長は日本国大使、他に会長以下、会を構成するグループ別の理事が選ばれ、監査委員会も設けられています。運営理事の中で一番多いのが文化担当理事で、その理由は会の年中行事の大部分を文化事業が占めているからです。

この日本人会の設立目的が「在留邦人の親睦と相互扶助、邦人子女教育支援、日本・ポーランドの友好関係推進」となっていますから、文化事業が多くなるのもうなずけると思います。例えば、昨年度の文化事業を例に挙げると：音楽留学生による春秋の演奏会。ボレスワヴィエッツ陶器の絵付けツアー。

夏のブルーベリー狩り。数十のイベントからなる[日本祭り]。能面師、狂言師による、能、狂言の集い。ワルシャワ国立フィルハーモニーの楽員を招いてのヨーロッパクラシック音楽鑑賞。フジコ・ヘミングチャリティ・コンサートと懇親会への招待。第一回ポーランド将棋選手権大会への参加。不要物の再利用を目的としたフリーマーケットなどです。

これには、スポーツ関係の恒例行事が加わります。ソフトボール大会、ミニサッカー大会、大運動会、ボーリング大会などです。

他にも国際大会参加の全日本女子バレーボールチームの応援、世界ジュニアショートトラックスピード選手権大会参加選手の応援、サッカー国際親善試合に参加する日本代表の応援などなどです。

なぜこのように行事を長々と紹介したかと言いますと、日本人会のおかげで、在留邦人は退屈することなく日本にいるとき以上に日本の伝統芸能に接したり、日本では難しいスポーツ選手との交流が持てたり、ポーランドの文化や芸術に接したりできることをお伝えしたかったからです。

又大使館主催の新年会、医務官による健康診断、日本人学校で行われる漢字検定試験や児童の学習発表会なども日本人会報を通して広報されます。昨年は日本・ポーランド国交史上初の海上自衛隊練習艦のグディニア寄港視察の誘い、ジブリアニメ映画祭など特別な催しもありました。

日本人会のような、他国の組織、例えば「アメリカ人会」「フランス人会」などといったものがあるかどうか聞いたことがありませんが、日本人がこのような組織を作るのは、集団行動を好む日本人の集団主義によるものだろうことは察しがつきます。ポーランドでは同窓会、会社のOB会、県人会などの発想はありません。日本ではどの学校にもある校歌や卒業アルバムと言ったものも皆無です。日本人の「絆意識」は案外民族特有の発想なのかもしれません。

ワルシャワの地下鉄

今年はポーランドが一九八九年に民主化してからちょうど二五年目に当たるので、この二五年間でワルシャワにとって何が一番大事な出来事だったかという市民投票を行ったところ、ダントツで「地下鉄建設」が一位でした。

建設着工が一九八三年で全路線の半分ほどが開通したのが一九九五年、そして全線開通が二〇〇八年ですから、着工から全線開通まで実に二五年かかっている計算です。ところが、その全線というのが一路線二三キロで端から端まで、四〇分弱で行けるというのですから驚きです。ロンドン地下鉄の四〇〇キロ、パリ地下鉄の二二〇キロ、東京地下鉄の一九五キロ、大阪地下鉄の一二九キロと比べて、小人と巨人の違いを感じます。

その地下鉄建設の計画は戦前からあり、計画されては消え、また次にその繰り返しといった状態でした。こんなに時間がかかった主な原因は、先ずポーランドが旧大陸にあるため、どこも砂地ばかりで地盤が極めて弱いことが挙げられます。戦前は地盤を強化するための技術が未開発で計画倒れになりました。着工した共産主義時代は、弱体化した共産主義を回復するための秘策として地下鉄工事を始めたものの結局財政が持たなかったというのが真相のようです。

着工した当初わが息子は小学一年生でした。わが家から旧市街にある学校までバスで四〇分近くかかるので、地下鉄ができれば渋滞もなく速く学校に行けると期待していたのですが、出来上がったときに彼はすでに三十一歳の社会人になっていました。

全路線二三キロの間に駅が二一あります。地下鉄全体の職員は一七〇〇人で、そのうち一四〇人ほどが運転手だそうです。毎日五〇万人の乗客を運び、市民の足として大活躍です。

工事が始まった頃地上の道路は、自動車数が少ないこともあって渋滞など特別な日にしかありませんでした。二五年かけて建設しているうちに社会主義から自由経済主義に変わり、それに伴ってモータリゼーションが急速に進みました。初めの頃道路はこんなにガラガラなのに、なぜあちこち道路を閉め、掘り返して地下鉄などを作るのかといぶかっていたのですが、今や地下鉄なら一〇分で行けるところを、自動車だと小一時間かかる事を思えば、こういうのを「先見の明」と言うのだと納得しています。

現在ワルシャワでは東西線を建設中です。工事が始まってすでに三年以上経っていますが、川底の下を通らせるという難工事があったりして、開通は延び延びになっています。これから何年かかるか見通しが立ちません。「来年までにプウ・メトラできる」という、市民の間で流行った笑い話があります。このプウ・メトラの意味は、「地下鉄の半分」という意味と、「半メートル」（五〇センチ）の意味があります。

では、ワルシャワの地下鉄の長所を市民の声から拾ってみましょう。

その一、スピード。年毎に長くなる地上の渋滞をよそ目に地下鉄は確かに早くその上時間通りに運行されるので市民の信頼を勝ち取っています。また地下鉄の駅周辺には駐車場が設けられていて、市外から自動車で来た人が最寄の駅に駐車して地下鉄に乗り換えることが流行っています。これは日本と同じでしょうか、ラッシュ時には三分間隔ぐらいで、運行されています。

その二、車輌も駅も清潔なこと。ニューヨークの地下鉄のような落書きは一つもありません。地下鉄といえば埃っぽかったり、特別なにおいが漂ったりしますが、開業一〇年になろうというのにここの地下鉄は全くそんな気配はありません。最新アンケートによれば、車輌内の清潔度八三％、駅は九一％が満足となっています。私もヨーロッパの多くの国で地下鉄を利用しましたが、確かにワルシャワのそれはきれいです。最近ＣＮＮが選んだ全ヨーロッパで最も美しい一二の駅の中に入っています。

その三、高齢者、身障者、子供連れの母親、車椅子利用者のためのエレベーターは各駅に複数備わっていて、大変評判が高いです。乳母車や自転車の持ち込み、さらに動物（犬、猫）を連れて乗ることも可です。

各駅のホームのデザインがそれぞれ違うので、駅名を知らなくてもどの駅にいるかわかるように工夫されています。これもたった一路線しかなく、二一の駅数しか持たないワルシャワ地下鉄の特徴かもしれません。

ただいいことばかりではなく、朝晩のラッシュ時の混みようはかつての日本を思いだします。車内の広告も多すぎてあまり評判がよくありません。しかしこんなことも吹き飛んでしまうくらいワルシャワ市民は地下鉄が好きで、もうこれ抜きでの移動は考えられないという人がたくさんいます。

地下鉄のホーム

ポーランド語について

日本の留学から帰って来た学生から聞いた話です。あるとき日本人との集まりに出て、ポーランドを紹介することになりました。そこで日本人がポーランドについてどんな事を知っているか調べるために質問を募りました。その質問の一つに「ポーランド人が日常生活で話しているのはロシア語ですよね」というもので、その学生は大ショックを受けたと言っていました。それは例えば日本人に向かって外国人が「日本で普通話しているのは中国語でしょう」という質問に匹敵します。彼女は「いいえ、ポーランドにはれっきとしたポーランド語という母国語があって、それが公用語です」と答えたとき、やはり日本とポーランドは遠いなと思ったそうです。

ポーランドに特別の関心を持ったことのない方の中にはやはりポーランド人はロシア語を話していると思うかもしれません。例えばウクライナ、ベラルーシ、エストニアなど旧ソ連の衛星国だった国ではロシア語が話されているという事実がありますが、ポーランドでは特別に学習した人を除いては、ロシア語があまり通じません。同じスラブ語族に属するので、似通った発音の言葉はお互いに理解できますが、それで会話が成り立つことはありません。

一九八九年に東西の壁が崩壊するまでは、共産主義国に属していたポーランドでの第一外国語はロシア語でした。だからと言ってポーランド人はみなロシア語ができたかというと、実は次の二つの理由でほとんど誰もまともなロシア語が話せませんでした。一つはポーランドを力ずくで支配している国の国語をとても忌み嫌っていたこと。次に同じスラブ語族に属しているため、聞くといくつかの似ている言葉がわかって、何となく解ったような気になり、本気で勉強しなくても大体わかるとお茶を濁していたことです。

もちろんロシア語が堪能な人もいましたが、ポーランド人がロシア語で話すときは、ポーランド語のたくさん混じったロシア語もどきで話していたようです。又ロシア人はアメリカ人と同様大国の常で、他国の人間もわが国の言葉ができて当然と思っていた節があり、ポーランド国内でも堂々とロシア語で通していたことなどがポーランド人の目には傲慢に見え、ロシア語はそのとばっちりを受けたというのが、現実のようです。

国民の何割かがロシア人であるウクライナ、ベラルーシ、バルト三国（エストニア、ラトビア、リトアニア）などでは、母国語＋ロシア語というのが一般的です。それらの国と比べたらポーランド在住のロシア人は大変少ないですから、ロシア語の浸透が弱かったのでしょう。

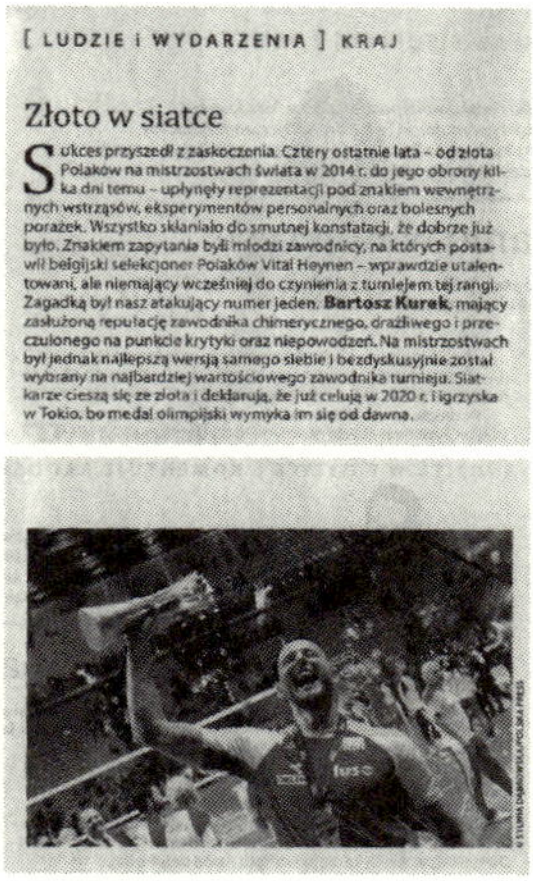
[LUDZIE I WYDARZENIA] KRAJ

Złoto w siatce

Sukces przyszedł z zaskoczenia. Cztery ostatnie lata – od złota Polaków na mistrzostwach świata w 2014 r. do jego obrony kilka dni temu – upłynęły reprezentacji pod znakiem wewnętrznych wstrząsów, eksperymentów personalnych oraz bolesnych porażek. Wszystko skłaniało do smutnej konstatacji, że dobrze już było. Znakiem zapytania byli młodzi zawodnicy, na których postawił belgijski selekcjoner Polaków Vital Heynen – wprawdzie utalentowani, ale niemający wcześniej do czynienia z turniejem tej rangi. Zagadką był nasz atakujący numer jeden. **Bartosz Kurek**, mający zasłużoną reputację zawodnika chimerycznego, drażliwego i przeczulonego na punkcie krytyki oraz niepowodzeń. Na mistrzostwach był jednak najlepszą wersją samego siebie i bezdyskusyjnie został wybrany na najbardziej wartościowego zawodnika turnieju. Siatkarze cieszą się ze złota i deklarują, że już celują w 2020 r. i igrzyska w Tokio, bo medal olimpijski wymyka im się od dawna.

「POLITYKA」2018年10月3日号

ではポーランド語とはいったいどんな言葉なのでしょうか。大変難しいというのが一般論ですが、当のポーランド人もそう考えている節があります。日本人も日本語があいまいで難しい言葉だと思っている人が多いような気がします。ともあれ、妻にポーランド語の文法の説明を求めたことがありますが、あまりにも複雑なため説明に困ったときなど「ポーランド人に生まれて幸せだ。子供時代から自然にこの言葉を覚えたから良いようなものの、外国人としてこれを勉強する事を考えると、悪夢のようだ」と言っていました。

先ずポーランド語の出自ですが、源流をインドヨーロッパ語族にさかのぼります。それから分派したスラブ語族、さらにその中の西スラブ語に属します。特徴の一つに格変化の多さが挙げられます。これらは言語学では屈折語と言って、日本語のように助詞の「てにをは」を付けて言葉を設定するのではなく、言葉そのものの語尾が変化して意味設定をするためです。日本語では「を」をつければどの名詞でも目的語になりますが、ポーランドでは各語が目的格を持っていて、それが目的語の機能を果たすわけです。

　名詞で言えば、一つの言葉に七格ありますから、複数も数えると一四格になります。又名詞は男性、女性、中性の三種類があるので、基本的な格変化だけで四二格覚える必要があるわけです。それが形容詞だったら、原級、比較級、最上級の三種類をかけて42×3＝126ほど変わる計算になります。ただしこれは基本的な変化であって、実は予想もつかないような不規則なものがあって、しばしば驚きます。知らない言葉を新聞で見て、その意味を探ろうとしますが、辞書には原型しか出ていませんから、その原型にたどり着くまでの行程が極めてわかりにくいのです。

　ではポーランド語の学習は苦痛しか伴わないのではと思う方がいらっしゃるかもしれません。しかし、ポーランド語の変化にはそれだけの理由があって、条件に合わせてパズルゲームのように組み合わせていけば、きれいに一つの絵が出来上がるのです。その過程は推理小説を解読する楽しみに似ているかもしれません。

食べるお祭りイースター

4／27

　先週世界のカトリック教国は復活祭《イースター》を祝いました。クリスマスはキリストが生まれたことを祝うお祭りですが、復活祭は十字架で磔にされたキリストが復活した（生き返った）ことを祝うお祭りなのです。私たち日本人にとっては、イースターよりもクリスマスの方がより重要なお祭りだと思いがちですが、宗教儀式の点から言うと、両方とも優劣つけがたい大切なお祭りです。私自身はポーランドに来た当初から「郷に入っては郷に従え」ルールをずっと守ってきたので、ここのすべての年中行事を面白く楽しんできました。

　表題を「食べるお祭り」としましたが、その実態をご報告します。

　復活祭に先立つ四〇日間を「四旬節」と言っていますが、その間敬虔な信者は肉食をやめ、お酒も飲まず甘いものも避ける、いわば精進料理で過ごすそうです。それが終わるのが復活祭なので、日曜日には前の日に教会で聖水をかけ、お祓いをしてもらった卵、ソーセージ、羊の形をした砂糖菓子などを家族で分け合って朝食とします。この日は、教会から十字架などを担いだ行列が出て、町を練り歩き祝福をします。典型的なイースターの飾り物は「染付け卵」と「カイワレ大根の苗」と「羊の砂糖菓子」です。なぜ卵かと言いますと、卵は精進があけて普通の食事に戻ったことを象徴している上に、春を迎える喜びの象徴ともなっているからです。カイワレ大根の苗も正に春の芽吹きをあらわしていますね。

さてそのイースターの朝食ですが、卵を中心とした料理が軒並みです。まず前菜にゆで卵を真半分に切って、その中にマヨネーズなどで味付けした黄身を詰めたもの、スープはゆで卵を入れたジュレック（麦を発酵させて作るスープで、日本の味噌汁に味がよく似ているので日本からのお客さんには大変評判がいいもの）、次にミンチ肉の塊の中にゆで卵を押しこんでオーブンで焼いたミートローフを厚さ三

センチほどに切ったものに茹でたジャガイモとサラダを添えたメーンディッシュ、最後はたいてい富士山の形をしたパンケーキに砂糖をコーティングしたものか、マズレックという砂糖菓子などです。これは典型的なものを挙げたので、他にも主婦が腕によりをかけて作った品々が並びます。日頃食べる料理と比べ格段に良質な材料を使い、買う量も半端ではないから家計に響くと思いますが、年に一度のお祭りですからそこはお金に糸目をつけない大盤振る舞いです。

何しろ精進明けを祝う祭りなので、みんな実に良く食べます。日本のお盆のように遠く離れて住んでいる家族もみな帰ってきて、一堂に会して朝から晩まで話をしながら食べたり飲んだりするのですが、その間腹ごなしに長い散歩をし、お腹を空かして帰ってまた食べるのですから、太らない理由がなく、イースター明けの学生たちは異口同音に体重が増えたとこぼします。また食べ過ぎによる胃腸関係の急患が増えるのもこの祭りの特徴です。いつだかテレビで救急隊員が、このお祭りの際の出動回数が急増

するので、どうかみなさん食べ過ぎに気をつけてくださいと訴えていました。そんなに食べなければ良いと思うのですが、四旬節の前のカーニバル以後、ずっと粗食に耐えて来た人たちが春を目前にして高ぶる気持ちとそれに伴う食欲を抑えられなくなるのかもしれません。

飾りに使う「染付け卵」について、最近ロシア皇帝がフランスの職人に作らせた金銀宝石をはめ込んだ「卵」が競売に付されたというニュースがありました。この卵も当然イースターのためです。作り方は普通のものはろうそくの蝋とたまねぎの皮を使う一番素朴で一般的な作り方から、金銀宝石を貼り付け、ビロードなどで飾った王侯貴族のための贅沢なものまであります。家族みんなで卵に模様をつけるかたわら、母親がそばでご馳走を作っている光景は、お正月を迎える日本の家庭の情景を思い起こさせます。

この復活祭の宗教的儀式については早朝のミサなど世界中のカトリックの国ではほぼ似ていますが、国によって若干違った習慣もあります。ポーランドの場合、イースターの次の月曜日にだれかれとなく水をかける習慣があります。これは「シュミグス・ディングス」という名前が付いています。田舎では特に若い女性で男性にモテる人ほどたくさん水がかけられると言われ、そのためにわざと通りを歩き回る女性もいるそうです。

皆さんカーニバルをご存じですね。これは「謝肉祭」とも言われ、四旬節が始まる前のお祭りです。良い春が来ることを願い、豊作を祈願する農耕儀礼とも言われていますが、私にはヨーロッパの長くて暗い冬を楽しく過ごすための民衆の知恵のように思われます。ブラジルのリオのカーニバルがあまりにも有名ですが、ちょうど同じときにヨーロッパでもカーニバルのお祭りがあります。しかしそれは家庭的な内輪で祝うとても質素なものです。話によると、昔はリオのカーニバルのように華やかで大規模なお祭りだったそうです。

医療態勢

5／4

外国生活の中で病気になったときほど心細いことはありません。自分の病状を現地の言葉でお医者さんにどう説明するかという問題、お医者さんの下す診断を明確に理解する能力、さらに治療方法の指示を的確につかむなどという難問が待ち構えています。

私も他のポーランド人と同様、職場の規則で定期健診を受ける義務があり、毎年病院に行っています。今回は見聞きしたポーランドの医療についてお話ししましょう。

共産主義時代は国民が全員国家公務員のような立場だったので、すべての病院での治療は無料でした。お医者さんの検査、診察、治療、処方箋の発行、手術、入院費用など一切お金がかからない社会でしたから、精神的な安心感はやはり資本主義時代とは大違いでした。例えば、眼科医の処方があればメガネも無料でもらえたし、度が進むとこれも無料で新しいものに替えられたのです。サナトリウムに二、三週間行って、長期治療を受ける人もたくさんいましたが、これもすべて無料どころか、往復の交通費まで支給されたのです。

こんな状況の中で当時日本の方からよく聞いた質問は「何もかも無料というけれど、医療設備や医療技術はどうですか」というものでした。もちろん私はそれほど詳しく設備や医療技術に通じているはずもありませんでしたが、資本主義の時代になって四半世紀経った今と比べてその頃の平均寿命が低かったという話や意見は聞いたことがありません。

さて現在の医療を見てみましょう。大きく分けて国立と民間の医療機関があります。普通国民保険に入って国に保険金を納めると、その家族を含めて治療費は無料ですが、薬代は病気の種類によって割引があるものとそうでないものがあります。民間の医療機関はすべて有料で、その上その費用がかなり高いのは日本と同じでしょう。だったら、国民はみんな国立に行って民間には行かないだろうと思われるでしょうが、ここで問題が生じます。たくさんの患者が押し寄せるから、限られた数の国立病院ではそれに対応できなくなったのです。先ず診察を受けるのに長い行列があり、次に種々の検査、特に特殊な大型医療機器を使う場合、数ヶ月も待たされることも珍しくありません。専門医の診療を受けるために数ヶ月待つのは当たり前になってしまったのです。国立の場合経費がかからないので、家計は持ちますが、長い待ち時間のせいで体が持たないという人もいます。

したがって、ここで民間病院の出番が回ってくるわけですが、有料ですから、それも決して安くないため、限られた人しか治療が受けられません。会社ぐるみで契約している病院だと、社員はもちろん無料ですが、全くの個人の場合は全額払うことになります。

民間の病院は、小回りが利くため比較的新しい医療器具を備えているし、厚遇で集めた腕のいい医者を抱えていますから、確かに待ち時間は短く、快適に診察を受けることができます。

国立病院は国庫がバックアップしているので、非常に高価な近代的医療設備を持っていて、治療費はかからないけれど、長い行列がある。民間病院は比較的新しい医療器具もあり、こぎれいな診療所ですばやく治療が受けられますが、かなりの費用を覚悟しなければならない。どちらにするか、今ポーランド人は深刻なディレンマに悩んでいます。

ポーランドでは、国民が支払った国民健康保険金は一旦「国民健康基金」という国の機関に入ります。そこから全国の国立病院へ年の初めに前年度の実績に照らし合わせて予算を割り振ります。しかしすべての治療をただでやっている関係上、実際に必要な経費は予算を上回り病院の医療活動が滞るという事態が発生しました。その上、余りにも長い待ち時間に不満を爆発させた患者たちの抗議がだんだん強くなっているため、国会でも国の医療制度を見直す必要がある事を認めて、議員たちが動き出しています。これには与党と野党の政治的駆け引きも絡んで、そう簡単には行きそうもないのが悩ましいところです。

病院で順番を待っているとき聞いた話。「一番いいい治療法は病気にならないこと」でした。

ワルシャワで一番大きい病院「内務行政省付属病院」

2014

別荘ブーム

5/25

日本では別荘を持てる人の数は限られているのではないでしょうか。ところが、ここポーランドでは驚くほどの人が別荘を持っています。いつだかクラスで私がことさら別荘の事を話題にしたときなど、学生から先生はどうしてそんなに別荘にこだわるのかといぶかられたほど、別荘を持つことはポーランド人にとって特別なことではないことがわかります。実際に私が住んでいるアパートには一二世帯が入っていますが、そのうち七割近い八世帯が別荘を持っています。どうして分かるかといいますと、週末になると必ず留守をするからです。金曜日の夕方か、土曜日の早朝に出かけて別荘に行き、帰宅するのは日曜日の夕方です。果物の季節になると、帰宅の際に庭でとれたりんご、杏、サクランボでいっぱいの籠を下げています。ワルシャワから郊外に向けてみな一斉に別荘に行くので、金曜日の夕方はかなり大きな渋滞ができます。そして、日曜日になると今度は郊外からワルシャワ市内に帰る車でどの道路も渋滞が酷くなります。

このブームが始まったのは今から半世紀前の一九六〇年代だそうです。もちろん社会主義真っ只中でした。社会主義時代には不在地主は認められていませんでした。大都市の資本家（住人）が不在地を持つことが農奴制の基本でしたから、住宅以外の場所に土地が買えなかったのです。ところが、一九六〇年代に、功労のある労働者や党員がレクレーション用の土地を持つことが許されるようになりました。しかし、それには農業従事者である事を証明する必要があって、農業大学や、農業高校で簡単な資格試験を受けることが条件でした。そのための短期農業講座が開かれたりしました。私が別荘を求めたのは二五年前でしたが、その頃は社会主義が崩壊して、そんな縛りはありませんでした。

国土の利用面積も少なく、人口が多い日本から見ると、別荘を持つのは夢のようかもしれませんが、

ポーランドのように利用面積は日本の数倍もあるし、人口は反対に三分の一程度になると事情は大きく変わります。大都市から遠ければ遠いほど地価も下がるし、建築費も安くなります。ちなみに統計を調べてみると、土地代が現在一平方メートル五〜一〇〇ズロティで、平均は五〇ズロティ（一五〇〇円）となります。そして一人ひとりが所有している別荘地の全国平均が五〇〜一〇〇平方メートルだそうです。ですから、その平均で計算すると土地代が六万ズロティ（一八〇万円）、建屋が一〇万ズロティ（三〇〇万円）になります。あわせても一五〇〇ccクラスの新車ぐらいの値段（四八〇万円）ですから、とんでもない数字ではないことがわかります。これで三〇〇坪ほどの土地と建坪二〇坪（二階建て、地下室つき）のうちが買えるのですから、日本と比べてもかなり少ない年収の人にも、想像を絶する買い物ではないはずです。

私が別荘を購入した頃は農家の人が使わなくなった木造の家を買い受けることが流行っていて、私も丸太造りの築二〇年の農家を買い取って、現在の場

所に移築しました。水車小屋や風車などを買った人もいて、羨ましく思ったものです。

自宅から別荘までの距離は平均して六〇キロだそうです。もちろん海岸の地方や、山岳地帯になると、ワルシャワから二〇〇キロ～三〇〇キロ離れているのが普通です。わが家の場合はちょうど九〇キロ離れていて、車だと小一時間で行ける距離です。

ではなぜポーランド人がこんなに別荘を持ちたがるか、近所の人に尋ねたところ、今住んでいる鉄筋コンクリートの住居は自然とのつながりが全くないので、どうしても土や草木と密着する生活にあこがれるとの答えでした。そう言えば、国名ポーランド（POLSKA）のポレとは農園や草原を意味するし、第二次大戦後の廃墟の中で最初にできたのが花屋さんというエピソード、以前「ポーランドの園芸」でご紹介しましたポーランド人と花や樹木との切っても切れない親密な関係などうなずける点が多々あります。

よく日本の方から聞かれる質問に、「ポーランド人は別荘でどう時間を過ごしているのか」というのがあります。私の二五年にわたる観察から見えるのは、先ず近辺の森や河畔での散歩、建屋の掃除、修繕、グリルを囲んで家族揃っての団欒、木陰での読書、キノコや木の実を取りに行くことなどです。ほとんどの森林は国か地方自治体に属しているので、

わが別荘「舞鹿庵」

誰でもルールさえ守れば自由に入って、キノコ狩りや木の実集めができます。おかげで在ポーランドの邦人もワラビの時期になると、家族友人うち揃って森にワラビ狩りに行きます。

都会のアパート住まいだとできないこと、例えば家の改築、修理、冬前の水道栓を閉めたりするというようなごく普通の生活とつながっている仕事をすることに大きな意義を感じているようです。自然との関係の中で人間が生かされている事をより強く感じることを求めていると言えばいいでしょうか。

私の子供たちは二人ともこのような環境で休暇を過ごしていました。裸足で庭を駆け回り、深い森を自転車で走り回ったり、大木の上に自分たちの隠れ屋を作ったり、森の木の実を食べて昼食代わりにしたりといった経験は人生の中で何らかの意味を持つのではないかと思っています。

世界を変えた発明発見

世界のどこの国でも、いろいろな発見や発明をした人がいるものです。コロンブスのアメリカ大陸発見、スチーブンソンの蒸気機関の発明、一三〇〇もの特許を持つエジソンの蓄音器や白熱電球の発明など数え上げれば切りがありません。

今回はポーランド人による発見や発明が世界をどう変えたかをご報告します。まず、日本人なら大方の人が知っているコペルニクスとキュリー夫人から始めましょう。

コペルニクスは一五四三年に地動説を唱えました。(ちょうどその頃日本は室町時代の末期で、ポルトガル人が種子島に来て鉄砲を伝えたときです)。この地動説は天文学は言うまでもなく、近代科学成立の契機になった大発見で、地球上の世界観が一八〇度の変換を見せました。そこからコペルニクス的転回という表現が生まれました。

　次に日本人にキュリー夫人の名で知られている物理化学者です。本名はマリア・スクウォドフスカといい、ワルシャワに生まれ、高校卒業までワルシャワで過ごしました。（キュリーというフランス人と結婚して、今はその名前のほうが通りやすくなっています）。高校卒業後パリに行き、ソルボンヌ大学で物理学を学び、一九世紀から二〇世紀に変わる頃、ポロニウムとラジウムの新元素を発見し、女性では初めて、二度もノーベル賞を受賞しました。同時期にエックス線を発見したレントゲンとともに放射線医学の発展に多大な功績を果たしたことは周知の通りです。

　これよりちょっと前にポーランドの眼科医であるザメンホフの、世界中の人々が同一言語で話せば地球は必ず平和になるという理想の下に作り上げたエスペラント語の発明は今や世界言語の中で上位から三二番目に多くの人が話す言語となり、彼の理想の一端が実現しました。

　では他にどんな発明発見があったかをご紹介します。歴史の古い順に紹介しますと、地中から噴出する原油を精製する技術を発明したのが一九世紀半ばに活躍したイグナツィ・ウカシエヴィッチという薬剤師です。彼は薬剤製造の技術で抽出した灯油で火を灯す灯油ランプの発明者でもあります。ポーランドでもつい最近まで馬車が夜走るとき横にぶら下げて使われていました。電気のなかった時代、日本でも盛んに使われていたあのランプです。

　一九世紀の終わりごろから二〇世紀のはじめにかけて、ヨーロッパでは戦争が絶えない時代だったこともあり、軍事に関する発明がポーランド人の手でなされました。先ずは二人の軍事関係技術者により防弾チョッキが発明され、潜水艦に備わっている潜望鏡もルドルフ・グンデラフという技術者が第一次世界大戦頃作り出しました。第二次大戦になると、今日でも使われている、芝刈り機のような形をした地雷探知機がユゼフ・コセツキという技術者により発明され、そのおかげでエル・アラメインでの戦いを勝利に導いたと言われています。モントゴメリー将軍率いる連合軍がロンメル将軍のナチス軍を破り、以後の連合軍を有利に導いた有名なエジプトでの戦いです。ちょうど同じ頃ヘンリク・マグヌスキがモトロラ社のために発明したウォーキートーキーがいろいろな作戦の中で米軍兵士に使われ、勝利をもたらす功績があったと言われています。ナチス軍が当時最高の頭脳と技術で編み出した暗号「エニグマ」を解読する機械を発明したのが、マリアン・レイエフスキというポーランドの数学者であり、暗号の権威でした。

平和目的の発明も多々あります。一九三〇年代ワルシャワ大学の学長を務めたステファン・ピエンコフスキという蛍光専門の物理学者は世界で初めて蛍光灯なるものを発明し、いち早く省エネルギーの先鞭をつけました。一九二三年にレオ・ゴルセンザングというポーランド人がアメリカに移民して、そこで綿棒を発明し、それは今も世界の各家庭で使われています。

ユゼフ・ホフマンというピアニストがなかなか面白い発明をしています。彼は楽譜のト音記号（キーバイオリン）の形からあの紙を挟むクリップを発明したのです。今事務机の仕事でクリップなしの仕事は考えられません。またピアニストの彼は発明家でもあって、自動車のワイパーを発明し、自動車産業界に大きな貢献をしました。

医学分野でもカジミエシ・フンクという学者はビタミンB1を発見し、ヒラリ・コプロフスキは一九四八年にポリオ・ワクチンを発明しました。第二次大戦中にワルシャワ・ゲットーに閉じ込められていた生化学者のルドヴィック・ヒルシュフェルドはカール・ランシュタイナーとともに、血液型の存在を明らかにし、特にAB型は彼の発見に拠ります。

以上のような発明発見は、偶然出来たものではなく、昔から理科系教育を重視してきた賜物だと思います。毎年開かれる理科系科目オリンピックというコンクールで優勝すると、無試験で行きたい学部に進学できるし、大統領からの特別奨学金も支給されます。今年（二〇一四）アメリカで行われた火星探索機モデルコンクールでは、地方の大学の学生が作ったモデルが二年連続で優勝しました。

ワルシャワの日本祭り

6／29

六月七日にワルシャワで第二回「日本祭り」が開かれました。在ポーランド大使館はじめ日本人会、日本商工会、日本人学校、永住者、留学生と在留のほとんどの日本人を総動員しての催し物で、今までも日本関係の催し物が多々ありましたが、これほどの規模のものは日本・ポーランド交流史上最大だったと思います。

二千平米のアイススケートリンクを使って、約六〇のスタンドが並びました。中央前方に大舞台が設置され、一二時開始から七時間以上絶え間なく多彩なプログラムが演じられました。

浴衣コンクール

祭りは日本人学校生徒による和太鼓の演奏、次いで在ポーランド日本大使夫妻とポーランド文化省高官による日本酒樽の鏡割りで開幕され、続いて剣道、柔道、合気道、居合い術などの武道のデモンストレーションがありました。次に日本・ポーランド両国の子供が合同で大縄跳びをして拍手喝采でした。ポーランド相撲協会による相撲演技、能楽研究会の能舞台、八重山出身の邦人による沖縄の島唄と舞踊、ポーランド人女性による日本舞踊、ポーランドの数都市で活動している「桜舞ポーランド」グループによるよさこい節の豪快な踊り、次にＪ‐ｐｏｐコンサートで歌ったのが、日本ののど自慢大会で入賞したジュリア・ベルナルドさんで、日本人と見まがうばかりの素晴らしい日本語で歌い、観衆を魅了しました。その後浴衣コンテストがあり、クイーンが選ばれました。そして最後に「恋するフォーチュンクッキー」と盆踊りの躍動感溢れる演技で幕を閉じました。

会場の入り口で揃いの法被を着た主催者およびボランティアが客を出迎え、五千人収容の会場に招き入れました。スタンドはポーランドに進出している日本企業と、それに関係のあるポーランド企業が担当しました。展示内容は各企業の製品をはじめ、アニメやマンガの紹介、コスプレ実演、日本のコンピューターゲーム、盆栽、折り紙実演、コマ回し、生け花などですが、変わったところでは「綾取り」もあり、盛会でした。

舞台で繰り広げられた各種演技やスタンドもさることながら、ポーランド人の目を引いたのは二階に設置された日本食堂コーナーでした。すし、おにぎり、ラーメン、ギョーザ、おでんなどの日本食が格安で食べられたため、あちこちに行列が出来るほどの盛況でした。一時間近い行列が出来たのが「たこ焼き」の前で、誰がつけたか、その名前が「さむらい・ボール」と言い、日本人にはぴんと来ない命名だとささやかれていました。主催者の話ではその日一日で四〇キロのたこを使ったそうです。それを焼くのが家庭用の小さなたこ焼き器で、数時間ひっきりなしに焼き続けて、担当者はさすがに疲れたとこぼしていました。私も久しぶりにたこ焼きが食べたくて、教え子と一緒に長い行列に並んで食べることが出来ました。

普通ポーランド人は日本料理というと寿司と味噌汁だけだと思っている人が多いのですが、こんな機会に他の多くの料理に接して和食の豊富さに気付く人も多いことと思います。寿司や和菓子が飛ぶように売れているのを見ると日本料理もすっかりポーランド社会に根を下ろしたのを感じます。主催者側の推計では当日この祭りに来たポーランド人は一万五千人だとのことでした。

このお祭りに参加した邦人は五百名ほどで、ポーランド人ボランティアが百人（この中には私の教え子が三十人ほどいました）。大使館、ビジネスマン、日本人学校教員、在留邦人が総出のこのお祭りはもちろんポーランド人への日本文化紹介が大きな目的ですが、私には日頃顔を合わせることの少ない邦人が一堂に会して日本紹介のために力を合わせたことの意義も決して少なくないと思えました。

野性の鳥たち

7／27

夏の旅行シーズンになると、たくさんのツーリストがポーランドを訪れます。その中で「バードウォッチング」ツアーが多い事を知りました。そういえば、数年前たまたま町で会った日本人一行がバードウォッチング・ツアーの人たちで、その人たちの話によるとポーランドには日本で数ヶ月粘らなければ見られない鳥が一週間で全部見られるほどたくさんいるということでした。バードウォッチングもなかなか奥の深い趣味ですが、今回は普通の一般市民の目線で見たポーランドの鳥たちをご紹介します。

ポーランドではワルシャワのような大都市に住んでいても多くの鳥が観察できます。一つには、市内いたるところに樹木があることです。私の住んでいる団地もさながら林の中に立っている風情です。それに、一歩町を出ると農地と森がパッチワークのように広がっていて、鳥の棲む環境が整っていることも大きな理由でしょう。

ワルシャワで一年を通じて見られる鳥は、イエバトやスズメのほか、カササギ、川カモメなどです。カラスもいますが、日本のそれよりはちょっと小さめのカフカという灰色の混じった羽を持つカラスです。日本のような真っ黒な大型のカラスは「クルック」と言い、当地では極めて珍しく、希少なところから稀覯本のことを「白いカラス」という言い方が生まれました。

日本では今でもニワトリなどを飼っている農家がありますか？　ポーランドの田舎に行くとほとんど例外なく家禽類を飼っています。ニワトリをはじめアヒル、ガチョウ、シチメンチョウなどです。田舎に住んでいる私の友達もニワトリとアヒルを飼っていますが、ホロホロチョウもいます。以前はダチョウを四羽飼っていて、ワルシャワから行く私たちを楽しませてくれました。ポーランドの農家の習慣では、家禽類は主婦の特権下にあり、その売買から卵や肉の収入まですべて主婦の手にゆだねられていて、主人は一切口出しできません。

田舎を散歩していて、もしガチョウの群れに出会ったら、避けて通るべきです。ガチョウは結構攻撃的で、あの大きなくちばしでつつかれるとかなり痛いです。

家禽類以外の鳥を季節別に紹介します。まず春は鳥たちが巣を作ったり、番の相手を探す時季ですから、うるさいほど鳴きます。どの森からも一様に聞こえてくるのがカッコウの鳴き声です。この鳥はポーランドの民謡にもよく歌われています。野原を散歩すると空高くヒバリの声が聞こえてくるのは日本も同じですね。この頃北アフリカから渡ってくるのがコウノトリです。なぜかコウノトリは里山にしか棲みません。必ず人里の、例えば納屋の屋根とか、電柱の上とか煙突とかに営巣します。ポーランド人はコウノトリの事を幸せを呼ぶ鳥と位置づけているので、とても大事にします。もし煙突の上にふたをするように巣を作ったら、その煙突を諦めて別のところに作り直すほどです。コウノトリは一旦番になると死ぬまで一緒だということから、夫婦仲が良いとして昔から子供を運んでくるという言い伝えができました。コウノトリは発声器官が発達していないため、鳴く代わりに長いくちばしをカタカタと鳴らして意思表示をします。

他にも暗くなってから鳴き始めるナイチンゲールや、ムクドリ、セキレイ、ヨシキリ、キツツキ、ガン、サギ、カモメ、ツバメなどが飛来して、それはにぎやかです。ワルシャワの真ん中にある私のアパートでも、窓を開けて寝ると、早朝鳥の声で目が覚めるほどです。この頃、北の湖沼地帯にはツルやサギ、ウなどの大型の鳥が飛んできます。時々かぎ型の群れを成したツルやガンなどの渡るのが見られますが、それは大空を埋め尽くすほどの規模で、素晴らしい光景です。

秋になると鳥たちはだんだん暖かい国を目指して渡って行きます。特にコウノトリは渡る前に近くの田んぼに百羽以上集合します。それをポーランド語で「セイミック」といいますが、その意味は「小さな国会」で、渡る前の相談をしていると考えられています。そしてある日忽然と姿を消します。あれだけたくさんいたコウノトリが一夜を境に一羽も見られなくなるのです。

冬になると森などに棲んでいた鳥が町にやってきます。その代表はカラスでオオガラスから、中型のミヤマガラス、そして小型のカフカなどです。ポーランドは野生の胡桃の木がたくさんあるので、カラスはそれを拾って高いところからアスファルトや硬い歩道に落として割って食べる知恵があります。他にもクロウタドリやホシムクドリ、シジュウカラ、キジバトが見られます。よく人は軒先に豚の脂身をぶら下げていますが、これは厳寒の冬を越すシジュウカラのために栄養価の高い餌を提供しているのです。

日本と同様、家の中で鳥を飼う人がいます。それはセキセイインコだったり、南米のオウムだったり、カナリアだったりします。不思議なことですが、ワルシャワ市の真ん中にあるワジェンキ公園には野生のクジャクが数十羽棲んでいて、市民を喜ばせていますが、いったいどんな経過で入ってきたのかいつか聞いてみようと思っています。

温泉事情

9/14

日本人としてポーランドに住んでいて少し不満なのは手軽にいける温泉がないことです。日本ではどこを見ても「……温泉」と言うところがあり、地図を見るといたるところにあの温泉のマークがあります。

ところが、ポーランドには公的に認定されている温泉地が四五ヶ所ほどありますが、本当の意味での温泉（源泉湧出の水温が摂氏二五度以上）は数ヶ所しかありません。ほとんどがいわゆる冷泉（鉱泉）の類で、特に冬などは沸かさなければ入れません。

よく言われることですが、温泉とは、日本人は入るものと思い、中国人は見るものと思い、西洋人は飲むものと思っているようです。確かにポーランドの温泉地に行くと、大きな壷のついたキセルのような陶磁器で作った容器があり、それに鉱泉水を入れて散歩しながら飲むのが一般的です。その容器が場所によって少しずつ形状が違ったり、表の絵柄が違ったりしているので、それを集める趣味の人もいます。

日本文学でも温泉地やそこでの湯治などについての記述がよく見られますが、ポーランドでも同様で、ナウェンチュフという温泉地は、ノーベル賞作家・シエンキエヴィッチがよく通ったところで、彼の作品の中にはよくその地名が出てきます。

日本でも昔は温泉と言えば湯治が目的で、長期に滞在しながら治療に励んだようですが、昨今はどちらかといえば湯浴み（入浴）が目的で湯浴みを中心に当地のご馳走を食べたり、周囲の景色をめでたりすることに重心が移ったように見受けられます。

ところが、ポーランドでは、日本の古い形の温泉利用が一般的で温泉地はほとんど病気疾病治療と美容を目的としたサナトリウムと言えます。その一環として前述の鉱泉水を飲むことが奨励されているわけです。

温泉地の案内を見ると、例えばヨウ素や硫黄、鉄分などの元素やミネラルが含まれていることが強調されています。そしてそれが呼吸器系疾患、心臓疾患、泌尿器系疾患、などに効くと言う効能書きが添えられています。

日本ではどうかわかりませんが、ポーランドでは美容を目的とした治療が多く、特に泥を体に塗る方法や、泥水や塩水の水浴、ジャクジーなどがあります。体色素が薄く、日光などの影響を受けやすいポーランド人は肌の手入れをとても気にするようです。

あるポーランドの温泉地で、日本では見られない施設があります。それは幅三、四メートル、高さ一〇メートルの柴で作った壁です。長さは時に一〇〇メートルに達するものもあります。その頂上に穴の開いた樋のようなものを渡し、そこから鉱泉水をずっと流し続けるのです。そうするとその水が柴の枝を伝わって流れ、その間に太陽光や風によって水分が蒸発し、その成分を含んだ霧が周囲に満ち溢れます。その塀に沿って歩く人たちはそのミネラルを含んだ霧を吸い込みます。それが特に呼吸器系疾患の治療にはいいとされています。そこにはベンチもたくさん据えられているので、日がな一日その辺で時間を過ごすことが治療になるというわけです。

チェホチネックにはこの手の施設としてヨーロッパ最古で最大のものがあり、外国からも治療目的で訪れる人が多いそうです。いわば超大型の吸引療法施設と言っていいかもしれません。

ポーランドの温泉の歴史は古く、一二世紀にさかのぼります。一八世紀末から一九世紀初めにかけて、ヨーロッパで旅行がブームとなった時、健康と美容とリラックスのために入浴の習慣がフランスからもたらされたと言われています。そして温泉地が単なる治療だけでなく、社交の場としても利用され始め、例えば音楽家のショパンやドイツの詩人ゲーテ、米大統領ジョン・アダムス、ロシア皇帝アレクサンデル、英国首相チャーチルなどが訪れた記録が残されています。

ポーランド語で「zdroj」（ズドゥルイ）と言う言葉があり、それは泉、源泉を意味します。ポーランドの地名で「……ズドゥルイ」とあるのは、日本語で「……温泉」に当たりますから、解りやすいでしょう。

ポーランド語のたとえと格言

10／19

当地で生活していると、時々会話の中に面白い表現が出てきて、それが大体格言であることが多い経験を何度もしました。そして、その格言を日本のそれと比較してみると、表現に使われる道具や物事が微妙に違い、なかなか面白い世相の違いを見ることが出来ます。

私のポーランド滞在のかなり早い時期に聞いてびっくりした表現は「ゆっくり急げ」と言う言葉です。何となく解るのですが、どうも矛盾した表現ですね。後から調べてみたら、日本語の「急がば回れ」のポーランド語版でした。

「あの人はポケットに蛇を持っている」という言い方はお解かりでしょうか。ほとんど蛇のいない北国のポーランドにはちょっとそぐわない表現ですが、これはとてもけちな人のことを揶揄した表現です。

みんなが割り勘で支払う段になって、その人だけは自分のポケットからお金を出したがらないけちん坊と言う意味です。馴染みのない蛇と言う言葉を使ったところに強烈な皮肉が込められています。

「彼は黄金の腕を持っている」は、おそらく察しがつくことでしょう。器用で何でもできる人のことで団地には必ずそう呼ばれる人がいて、ドアの鍵が壊れたとか、水漏れがする、水道栓の具合が悪いなどと言うとき、その人に頼めば専門的な道具を持っていないのに、普通のペンチやドライバーなどで即刻器用に直してくれるのです。私も風呂場の電気のスイッチを買ってきたのに、大きすぎて柱と壁の間に入らなくて困ったとき、彼に頼んだら、何とそのスイッチをのこぎりで三分の一ほど切り取って、すっぽりその位置にはめ込んでくれました。やり方がいささか乱暴な上、安全上の不安を訴えたところ、彼は胸を張って保障してくれました。自分の修繕で一度も問題が起きたことはないが、専門家の場合しばしば故障が再発すると。こんな黄金の腕に修理を頼んだときの修理代金表などありませんから、仕事量に見合ったポケットマネーを渡すのが常識です。彼も正規の仕事ではないのでおおっぴらに請求できないため、大体こちらの言いなりの値段に収まります。

この「黄金の腕」の反対が「あの人は両手が左手だ」という表現です。これも解りやすいですが、左利きの人は怒るかもしれません。

「あの親子は二つの水滴のようだ」というのは日本語の「瓜二つ」に当たります。瓜のないポーランドでそっくりだと言うと水のしずくになるようです。瓜が出たついでに、日本で「瓜のつるに茄子はならない」とは平凡な親から非凡な子は生まれないという表現ですが、ポーランドでは「リンゴはリンゴの木の近くに落ちる」と言います。

「灯台下暗し」は灯台の少ないポーランドでは「街灯の下が一番くらい」となります。日本で「三人寄れば文殊の知恵」と言いますが、政治好きのポーランド人の場合「三人集まれば政党が四つできる」と言って、なかなかまとまらないポーランド人の相談を揶揄しています。

また「……のように……」というたとえ方を見ても世相がよく解ります。おなかがすいている事を「狼のように空腹だ」と言い、健康状態がいい事を「魚のようにぴんぴんしている」と言います。また太っている人のことは「樽のようだ」といい、やせ細った人を「糸のように細い」と形容します。ちょっと解りにくいものに、世間の大物の事を「太った魚」と言う形容があります。

「象に耳を踏まれた」という比喩はお解かりでしょうか。「音痴」のことです。「風に舞う旗のような人」とは「風見鶏」の意になるし「鳥の爪で書いたような」とは「とても下手な字」の事です。「殺す前に熊の皮を分け合う」といえば「取らぬ狸の皮算用」だとすぐ解りますね。大泣きする事を「ビーバーのように泣く」といいます。確かにビーバーは危険が迫ると大きな声で鳴きます。土砂降りの雨を「バケツをひっくり返したような」というのは日本と同じですね。「枯れ草の山に落ちた針を探す」という表現は何だかお解かりですか。見つけるのは不可能だと言う意味で、具体的にも抽象的な意味にも使います。

次の例はちょっと本題を逸れますが、コンピュータで使用する言葉にメールアドレスの「アットマーク」と言うのがあります。ポーランド人はこの事を「マウパ」と言います。意味は「猿」のことで、アットマークが猿の顔に見えることから来たようです。例えば私のアドレスを言う場合、「おかざき・アットマーク」の代わりに「おかざき・サル」と言われると何だかからかわれているように感じます。他の国では何と言っているのでしょうか。

子育て今昔

11／16

子育ては日本でも同じだと思いますが、今と昔では大きく違ってきていると思います。特にポーランドでは共産主義から資本主義へと体制変換があったため、物質的な変化はより顕著だと言えましょう。

現在私の子供は三十代の終わりです。今回のレポートでは彼らを育てていた時代と現代とを比較しながらお話ししましょう。

彼らが赤ん坊の時は、今のような便利な使い捨てのオムツはありませんでしたから、毎日四〇枚ほどのオムツの洗濯と乾燥にずいぶん苦労しました。そのオムツもガーゼを何枚か重ねてミシンで縫うといったもので、店に物が少なかった時代では、先ずそのガーゼを調達するのに一苦労でした。いろいろなルートを通して買い集めたものです。洗濯機はありましたが乾燥機などはなく、冬に生まれた娘の時は乾燥と消毒をかねて毎日四〇枚のオムツにアイロンをかけました。これは父親の役目です。冬以外の季節なら太陽の日に当てて乾燥と消毒が一度に済ませられますが、零下二〇度の冬は外に出すとあっという間に凍ってしまいます。そして、ここ一〇年前後に生まれた孫たちのオムツは一〇〇パーセント使い捨てのものです。

次に小学校ですが、日本のようなランドセルがなく、みんなまちまちのかばんやリュックサックのようなものを通学に使っていました。教科書や副教材が少なかったこともあり、子供たちは皆自分で持って通ったものです。そして現在は親たちが持ってやるケースが多く、または車のついた旅行用のかばんを引きずっている子供をよく見ます。確かに学校で必要な教科書が結構多く、成育中の子供に重い荷重をかけると背骨などの発達に障害になるなどという新医学の見解が流布されたりして、親が手伝うのも頷けるようにおもいます。

学校制度も大きく変わりました。昔は小中学校一貫で、八年。高校の四年と合わせて一二年でしたが、今は小学六年、中学三年、高校三年で日本と同じになりました。実は私も時々親に代わって孫たちを学校に迎えに行くことがありますが、どうも最近の親たちは子供たちを甘やかしているような印象を受けます。温かい紅茶を持っていって、子供が下校する前に飲ませるとか、重いリュックサックを親が抱えて、子供たちは手ぶらで寄り道しながら下校するとか、車で送迎する親をしばしば見かけますが、ある程度校区が限られているのにその必要があるのかと思ったりします。

今も昔も一貫して変わらないのは公立の学校はすべて授業料なしの教育を施してくれることです。共産主義時代は私立学校はありませんでした。それは大学も同じで、国立大学は未だに学費は一切要りません。当然入学金なども要らず、きちんと単位を取って規定年内に卒業すれば、教育費は一銭もかからない仕組みです。「きちんと単位を取って」と言いましたが、もしある科目の単位を落とすと、翌年その単位を取るための講義だけ有料になります。ワルシャワ大学の場合一年生のときに単位を一つでも落とせば放校になるので、前述の有料講義は関係ありません。しかし二年生以上はその規則が適用されます。

また今も昔も変わらないことの一つに、制服がないという事実です。小、中、高とも制服はありません。ですから、ポーランドで制服を着ているのは軍人、警察官、消防署員、鉄道員だけです。ワルシャワ大学から日本に留学した教え子たちが、日本で初めて制服を着た生徒たちの集団を見るとびっくりします。軍隊か警察の幼年学校生徒だと思った学生もいました。ワルシャワでも時々ポーランド人の修学旅行生を見かけますが、制服を着ていないためどこ

遠足でアイスクリーム屋に来た小学生。まちまちの服装をしている（制服を着ていない）

の学校の生徒か知るすべはなく、ましてや一群の集団だと判断することもきわめて難しいのです。

子供の躾の面でも今と昔ではずいぶん変わって来ました。例えば家に大人が招かれてきた場合、その場に子供は顔を出してはいけなかったのですが、今は違って来ました。また、テーブルに着いて食事をする際も昔はナイフとフォークを持った腕を広げることは不作法と見なされて、そうしないように両脇の下に本を挟んで食べる練習をさせられたりしましたが、今はそこまで厳しくする家庭は少ないようです。右手にフォークを持って食べることはお行儀が悪いことは今も昔も変わりません。

ポーランド人の子育てを日本人の私が見た場合、子育ての目的はいかに早く親が子離れを、子が親離れをするかに尽きるように見受けられます。非常に早い時期から子供を一人前の人格と見なし、早く独立させるよう仕向けているように思われます。ですから、新しく大学に入ってきた学生たちを見ても、いっぱしの大人に見えるのは、この子育て精神の発露ではないかと思うわけです。

三大珍味

1/18

私はこの年末年始を久しぶりに日本で過ごしました。今回の帰省の目的は一緒に古希を迎えた旧友たちと旧交を温めることでした。中には病を患っている友人もいて、彼らに少しでも元気を与えられればと思い立っての旅でした。私は山口県立下関西高等学校を卒業し、その同窓たちが広島の宮島と神戸の有馬温泉で集まりを企画してくれました。その宴会の席で賞味した広島の牡蛎と神戸の牛肉を見て、ひらめいたのが今日のテーマである「ポーランドの三大珍味」です。

先ずご紹介したいのが「ビーゴス」という料理です。材料も作り方も家庭によって若干異なりますが、千切りにしたキャベツといろいろな肉の煮込みと思っていただければ現物とそう大きな隔たりはありません。キャベツも生キャベツと塩漬けキャベツを半々に混ぜ、それに牛肉、豚肉、鶏肉、ソーセージなど何でも放り込んで、塩、コショウで味付けし、長時間煮込みます。長く煮込めば煮込むほどまろやかで深い味わいが出るところは日本のカレーに似ています。毎日火を通せば一週間でも食べられます。干し杏やにんにくを入れる家庭もあるようです。これは今の季節、つまり冬場に食べるもので、寒い木枯らしの吹くような晩にこの熱く煮込んだビーゴスを食べるのはまた格別の趣があります。日本で寒い日に鍋をつつくようだと言えばわかりやすいでしょうか。

ゴロンカ

　次は「フラキ」というスープです。牛の小腸を細い千切りにして、たまねぎ、ニンジン、ネギなどの野菜と一緒にじっくり煮込みます。ちょっと見には表面の粗いうどんを食べているような趣ですが、これはとても男性的な料理で、現に私の教え子でも特に女子学生は見かけから、食べず嫌いな上、おいしいと思わない人が多いようです。食べる前に赤い唐辛子をかけ、左手にパンを持って交互に食べるのが正しい食べ方と言われています。スープと言いましたが、量も結構多いので私たち日本人にはこれだけで十分昼ごはんになります。

　最後の珍味は「ゴロンカ」と呼ばれる、豪快な料理で豚の前足のすねをそのまま使ったものです。すねを大きな鍋で、上に浮いた脂を丹念に取り除きながら長時間煮ます。一説には数日間かけて煮るとも言われ、出来上がりを見るとそれもありかと頷けるほど柔らかく、ナイフがいらないほどです。表面の厚い皮もコンニャクのように柔らかく、その下の皮下脂肪の層もとろけるようで、全く脂を感じません。その下に赤い筋肉層があり、これもフォークで崩せるぐらい柔らかく味も最高です。皆さんはドイツ料理のアイスバインをご存じだと思いますが、このゴロンカはそのポーランド版です。ドイツのように最後に火で炙らずに、そのままの形で供します。最近これを料理として食べるより、ビールなどお酒の肴として食べる人が多いようです。そしてこの料理で有名な地方はドイツとの国境沿いにあり、アイスバインと同じ食文化に属していることがわかります。

どうですか。ポーランドの三大珍味は。ぜひ一度ポーランドに来て賞味してください。

アウシュビッツ強制収容所解放七〇周年　2/8

一月二十七日、私の知る限りほとんどのヨーロッパと米国のテレビで、アウシュビッツ・ビルケナウ強制収容所解放七〇周年の式典を映し出しました。「死の門」と呼ばれた収容所入り口を囲むように設けられた大テントの中には、ポーランド大統領夫妻、フランス、ドイツ、およびリトワニア大統領、それに両脇を孫たちに支えられた元収容者など世界各国からの関係者で溢れていました。ヘブライ教、カトリック教、ロシア正教など各宗教の僧侶たちが次々にお祈りを捧げ、黙禱が繰り返されました。

私が四〇年前にポーランドに来た当初、夏になると袖をまくった腕に数字の入れ墨のある人がかなりいました。実はこの入れ墨はアウシュビッツ収容所に収容された人だけで、他の収容所ではなかったと聞きました。私の妻の伯母も収容された一人で、入れ墨を持っていましたが、私には「話してもおそらく解ってもらえないだろう」と言って、収容所生活についいては最後まで一言も話してくれませんでした。それほど想像を絶する行状が行われた事を推察するだけでした。彼女はポーランド人でしたが、主人が地下抵抗組織に所属していたという理由だけで収容されたのです。

アウシュビッツ・ビルケナウ強制収容所はユネスコの負の文化遺産として登録され、毎年世界中から

アウシュビッツ強制収容所正面

おびただしい数の人が押しかけます。何しろこの収容所だけで一一〇万人が虐殺されたのですから、その家族だけでも膨大な数に上るのです。私はポーランドに来る前からこの収容所のことは知っていましたが、ポーランドに来てからどうしても足が向きませんでした。理由の一つは、この収容所は古都クラクフから七〇キロほどのところにあり、しょっちゅう訪ねるクラクフの見物ついでにアウシュビッツへ行くのはいかにも不遜な気がして決心がつかなかったからです。行くとすればアウシュビッツだけを目的に、鎮魂の気持ちで行きたいと思ったからです。

そしてポーランド在住一〇数年目にしてやっと妻とアウシュビッツを訪れました。その時の衝撃は今ありありと脳裏に残っています。特に陳列されている子供の小さな靴や切り落とされたお下げ髪などの前では目の前が霞んではっきり見られませんでした。ヨーロッパではよく「人間は悪魔にもなれないし、天使にもなれない」と言われますが、この収容所での行状は限りなく悪魔に近い仕業だと思いました。そして神の存在を考えながら、妻と重い足を引きず

って、死の門から外に出ました。その日は天気もよくシャツ一枚でしたが、これが零下二〇度を越す厳寒の中だったら全く違った印象を受けたに違いありません。「アンネの日記」で知られるアンネ・フランクもしばらくこの収容所に収容されていましたから、収容所内での惨状は妻の伯母の言うように言葉で言い表せないと思います。それでも言うべきなのは、その解放七〇周年の式典で生き残りの人が言ったように「アウシュビッツで人間がやった事を後世に伝えるのは、二度とこのような惨事が行われないようにする大目的があるから」でしょう。「今シリアで起こっていることも、もし当事者がアウシュビッツの事を認識していたら起こっていなかっただろう」とも言っていました。

この解放七〇周年を機に、戦争中この収容所の所長だったルドルフ・ヘスの孫がアウシュビッツを訪ねたドキュメンタリーが放映されました。彼は「ここアウシュビッツに来ると自分の祖父が何と酷い事に加担していたのかを思い、ぬぐいきれない恥と良心の呵責を覚える。しかし祖父が処刑された処刑台の前に立つともう二度とこんなことは起きないという安堵感を覚える」と言っていたのが印象的でした。強制収容所はアウシュビッツだけでなく、マイダネック、トレブリンカなどポーランド中にありました。そして、その収容所で行われていたことは、各都市にあったユダヤ人ゲットーの中でも行われていたという事実をも知る必要があると思います。

この収容所の事を思うと、二五年ほど前にワルシャワ郊外にある「ヴィラノフ・ポスター美術館」での展示を思い出します。それは人の証明写真を縦に一〇枚並べ、さらにその横にも一〇枚、そしてさらに一〇枚と並べて帯のように並べて行きます。そこには一枚一枚違う人の写真が写されているのですが、その帯の長さが五メートルほど続いたところで、「戦争中強制収容所で虐殺された人の写真を並べるとこの帯はこれからさらに数キロ続くのです」と書かれていました。数百万人が虐殺されたと聞いても、私たちは想像がつきません。それをこのポスターは写真の帯にして虐殺の規模を示そうとしたのです。どうですか？　想像できますか？

恩義の人スタシェックさん

3／15

私がスタシェックさんことスタニスワフ・フィリペックさんに初めて会ったのは一九六九年にポーランドに来て間もなくの頃でした。彼がクラクフ市にある「鉱山冶金大学」を卒業してワルシャワ大学の日本学科に転入してきたからです。

背も高く体のがっしりした大男という印象で、思ったとおり登山好きの山男でした。私も山好きでは引けを取らないので、すぐに意気投合して親しくなりました。彼は専門分野以外にわざわざ日本学科に転入してきたくらいですから、大の日本贔屓で、日本学科の女子学生を奥さんにしました。

東京工業大学での留学を果たし、帰国してからは国立高圧物理学研究所に職を得て、研究生活に入りました。一九七八年に日本学科卒業と同時に化学の博士号を取得、その後研究を続けていましたが、一九九一年に転機が訪れました。在日本ポーランド大使館の商務担当官に指名されたのです。日本贔屓の彼にとってはまたとないチャンスなので、勇んで日本に赴任しました。商務の傍らポーランドと日本の町々に呼びかけ、姉妹都市協定を推奨したりして、彼独自のアイデアを実現していきました。彼が日本贔屓になった理由は、専門分野での日本の水準が高いこともそうですが、日本が日露戦争でポーランドの大敵帝政ロシアを破ったこと、ポーランドのシベリア孤児を当時の日本政府が救出してくれたこと、また第二次世界大戦のとき、杉原千畝が数千人のユダヤ系ポーランド人を助けてくれたことなどの史実に基づくところが大きかったようです。

彼は日本在勤中は毎年広島で「原爆死没者慰霊記念式典」が行われる八月六日に、東京から車で広島まで行き、宮島口から宮島までの往復を泳ぐことで「地球の平和祈願」を実践しました。これは一九九五年、一九九八年にも実行しました。前夜に車で東京を出て、宮島で泳いで、すぐにとんぼ返りで帰京するという過酷な修行を自分に課しての真剣な勤行のようでした。

　そして一九九五年一月十七日にあの神戸淡路大地震が起こったとき、その地方に知人が多い彼は知人たちと連絡を取ろうとしましたが、全く音信不通であったため、いても立ってもいられずに車で神戸に向かいあの惨状を目撃したのです。非常なショックを受け、この被災者のために自分に出来ることはないかと、可能性を探っているとき、エールフランスが被災した子供たちを一週間フランスに招待するプログラムのあることを知って、彼はすぐ行動を起こしました。友人や関係者に声をかけ資金を調達してその年に第一回の「神戸大地震被災児童のポーランドの夏休み」を実行しました。ポーランドでは彼に共感してくれた各地方都市の首長たちが率先して日本の子供たちを受け入れ、少しでも慰めになればと最大の努力を惜しみませんでした。

　そのポーランドの夏休み計画は翌一九九五年と最後には二〇〇五年に各数十名の子供たちを招待して行われました。私も彼らとの集まりに呼ばれて参加しました。スタシェックさんの活動は本当に地味で目立ちませんでしたが、両国の子供たちの交流は傍から見ていて世界が平和になりうる要因があるとすればこのような草の根の交流だと思わせられ感動しました。

　スタシェックさんは一九九五年にポーランドに帰りましたが、一九九八年には三度目の宮島遠泳を実行し、世界の平和祈願を続けています。自分の娘一人に「桜子」と名づけるほどの日本贔屓の活動は日本国の目にも止まり、昨年日本の外務大臣表彰を受けました。私は彼に日本語を教えたのですが、その晴れやかな教え子の姿を目にし、これまでの彼の尽力と苦労を知っているだけに、余計に大きな祝賀の拍手を贈りました。

ポーランドの住所表示

5／3
2015

留学から帰ってきた教え子がしばしば日本の住所を探すのは本当に難しいといいます。今でこそGPSがあって、それを頼りに探せばさほど難しくないのでしょうが、住所表示のシステムそのものがわかりにくいようです。

日本では○○県○○市○○町○○丁目○○番地という風に表し、大きい行政区から小さい方に向かって書きます。ところがポーランドでは先ず通りの名前、その次は建物の番号があって最後にアパートの番号が来ます。その次に市の名前が来ますが、県名は書きません。実はそのシステムは非常にわかりやすく、初めて訪ねる場合でも、どこにその通りがあるかを知っていれば、もちろん地図にはそれが記されていますから、容易に建物にたどり着くことができます。日本の行政単位は県から町までは面ですが、ポーランドのそれは市以下が通り、いわゆる線になります。

例を挙げましょう。地図を見ると、日本では○○町の中に○○丁目がパッチワークのように張り付いています。例えば一丁目の側に二丁目がありますが、それが左右にあるのか上下にあるのかわかりません。したがって一丁目の右に二丁目があり、左に五丁目があるという事態が生じます。ポーランドの場合はこの丁目に当たるのが通りなので、すべて線で表されるのです。という事はその町に存在するすべての通りに名前が付けられているということです。そしてその通りに沿って建てられた建物の番号ですが、町を流れる川に並行して走る通りはその川の上流から始まります。完全に平行でなくても少しぐらい角度がついていても同じ原則です。次に川とは九〇度の角度で走っている通りは川に最も近いところから一番が始まり、川から遠のくとともにその番号が増えていきます。そして、道の片側は奇数番号、反対側は偶数番号が振られています。

では、通りに面していない建物はどうなるかですが、ご心配は要りません。その場合は通りに面している最寄りの建物の番号に、AとかBを付けてすぐ見つかるシステムになっています。通りと言えないほど短い通りは、やはり最寄りの通りの延長として扱われます。

　ここまで聞いて皆さんは、では一体通りの名前はどうなっているかと思われることでしょう。そこで、ポーランド最大の都市ワルシャワの通り名を数えてみたら、四〇〇〇をちょっと上回る数でした。ということは他の町はこれよりだんだん少なくなっているということです。市の道路局が、この四千個もの名前を付けるのは大変だろうと思われることでしょう。ご察しどおりで、相当名前を付けるのに苦労した跡がうかがえます。従来の通りだけでなく、新興住宅地の通りにも名前を付けなければならないので、大変な作業だろうと察します。

　この住所表示システムは、中世から採りいれられていて、古いものは王様の名前、王族や貴族の名前などの歴史的人物の名が使われています。次に国家の英雄、将軍の名が使われたり、またその通りの行き着く先の大きな町の名前が使われたりします。したがって、どこの町にもたいてい「ワルシャワ通り」、「クラクフ通り」があります。

　私が住んでいるアパートは戦前は農地だった所に建った団地にあり、「マハトマ・ガンジー通り」と言います。近くにはやはりインドの大詩人タゴールの名を冠する通りがあります。

　ポーランドの歴史的人物、例えばショパン、キュリー夫人、コペルニクスはもちろんですし、ナポレオン、シェークスピア、モリエール、ピカソ、コロンブス、ウイルソン、パスツールなどの名前も見られます。残念ながら日本人名は一つもありません。リトワニアのカウナス市には有名な「杉原通り」がありますが、それから見ると、リトワニアも同じ住所表示のシステムがあると思われます。

　実際にどんな名前が付けられているか見てみましょう。

　単なる形容：「広い通り」「狭い通り」「大きい通り」「小さい通り」「長い通り」「短い通り」

　感情表現：「かわいい通り」「嬉しそうな通り」

「陽気な通り」「悦楽の通り」「面倒な通り」
地理気候：「山通り」「川通り」「海通り」「森通り」「春通り」「夏通り」「秋通り」「冬通り」
動物：「熊通り」「イノシシ通り」「山猫通り」「狐通り」「トナカイ通り」「カタツムリ通り」
鳥：「白鳥通」「カモメ通り」「鳩通り」「キツツキ通り」「アホウドリ通り」
花：「バラ通り」「チューリップ通り」「スミレ通り」「スズラン通り」
野菜：「トマト通り」「米通り」「小麦通り」「蕪通り」「キューリ通り」「スグリ通り」
果物：「リンゴ通り」「オレンジ通り」「バナナ通り」「アプリコット通り」「イチゴ通り」
音楽：「楽譜通り」「バイオリン通り」「打楽器通り」「ハープ通り」
変わった名前：「小熊のプーさん通り」「ひしゃげた車輪通り」
と、こんな具合です。

第二次世界大戦終結七〇周年

5／24

ヨーロッパではナチスドイツが無条件降伏に署名した日、すなわち五月八日をもって欧州大戦終結として、各国で祝典が行われました。ポーランドでもワルシャワ市の中心部にある無名戦士の墓の前で政府の要人や軍人がたくさん参加して行われました。

第二次世界大戦は一九三九年九月一日にポーランドを表敬訪問に来たドイツ戦艦シュレヴィヒ・ホルシュタイン号が寄航中のグダンスク港にあるヴェステルプラッテ地区に砲撃を開始したことに始まります。このとき、三〇〇〇人ものドイツ軍の進攻に頑強に抵抗し、一週間ほど持ちこたえ、最後は弾薬が尽きて降伏せざるを得なかった一八二人のポーランド人の英雄的防衛は映画となって後々まで伝えられています。この時の戦闘では死者一六人、負傷者五〇人が出ています。

この七〇周年記念式典の数日前に第二次大戦の年表と各国の戦争犠牲者数が新聞に掲載されました。犠牲者数で一番多かったのはソ連で、二七〇〇万人、次に中国、ナチスドイツ、ポーランドと続きます。ポーランドではほぼ六〇〇万人の犠牲を出しています。この数とは別にその国の総人口に対する犠牲者数の割合が書かれています。それによると、最も比率の高い国はポーランドの一七〜一九%でした。ちなみにソ連は一三・八%、中国は二%、ナチスドイツが一〇・四%です。日本は三・七%、アメリカにいたっては〇・三五%でした。

このポーランドの一七〜一九%の中にはもちろんユダヤ系ポーランド人も含まれています。戦前ポーランド人口は三二〇〇万人（一九三六年）ほどでしたから、そのうちの約六〇〇万人が戦争で亡くなったことになります。

モスクワでも対独戦勝七〇周年記念式典が行われましたが、アメリカ大統領はじめ安倍首相を含め、主要七カ国の首脳は参加を拒否しました。他の多くの国の首脳たちも参加を見合わせました。ところが、一〇年前の六〇周年記念式典には戦勝国はもちろん、敗戦国の日本からも小泉首相やドイツのシュレーダー首相も参加し、世界平和のためにお互いに協力し合おうと約束していました。

そして一〇年後の今年の状況はロシアがクリミア半島を併合し、ウクライナ東部の内戦に加担しています。ウクライナの隣にあり、その友好国でもあるポーランドにとっては由々しい問題で、今年の式典ではポーランド大統領も国防上の問題に触れ、ポーランドが危機にさらされたらNATOの同盟国とも協力して十分に対応すると宣言しました。そのためにアメリカを初めNATO同盟国のポーランド駐留や合同演習などの予定を公表し、テレビでそれを見ていた私は実感がないままに、何となくきな臭い匂いの漂うのが感じられました。四〇年前にポーランドに住み始めてから、こんな状況は初めてで、冷戦時代にも感じなかった危機感にいささか戸惑っています。

とはいっても、日常生活の中ではそんなことを感じることはありません。ただウクライナ東部から逃げてきたと思われるウクライナ人が増え、バスの中などで頻繁にウクライナ語やロシア語が聞かれるようになりました。実際にワルシャワ大学の学生の中にもここ数年ウクライナ人学生が急に増えました。日本学科にも、今は廃墟と化したドニエツク出身の学生がいます。父親は安全なルヴフと言う町に避難し、ワルシャワには母親と一緒に住んでいます。

古いソ連型の独裁政治に後退しつつあるロシアが一日も早く世界との協調路線をとって、平和な世界になるよう祈らずにはいられません。

また、私は初めてポーランドに来たとき、一部をシベリア鉄道経由で来ました。その時車窓にたたずみながら戦後この極寒のシベリアに日本人が抑留され重労働を課されて、乏しい食料と過酷な労働のために多くの人が二度と祖国日本の地が踏めなかったことに思いを馳せ、この世のものとも思えないほど崇高に見えたシベリアの夕陽がゆがんで見えた事を今鮮明に思い出しています。二度とこんなことがあってはいけないと心底から願っています。

ワルシャワのうどん屋さん

5／14

以前ワルシャワだけでお寿司が食べられるところが一〇〇軒以上あると言いましたが、今回は四月一日に開店したうどん屋さんのお話をしましょう。

ワルシャワではいたるところでお寿司屋さんの看板が目に入るので、ずいぶん日本食が普及しているかのように見えますが、お寿司以外の品はほとんど知られていないのが現実です。味噌汁はみんなが知っていますが、おすましのようなものはさっぱりで、それに寿司はあっても刺身はないのが一般的です。と言うことは、ポーランド人の和食のイメージは寿司と味噌汁だけと言ってもいいでしょう。もちろん日本人経営の和食レストランでは寿司や味噌汁以外のメニューのあるところがありますが、私が知っているところではそんな店は五軒しかありません。

さてうどん屋に話を戻しますと、五〇席の客席を持つ「うきうき」と言う店がそれです。経営者は三十代後半の日本人で、この店を開く前は他の和食レストランで働いていたそうです。そしてこのたび一念発起して日本で製麺技術を学び、製麺機も日本から取り寄せて開業に至ったということでした。お店は木目をフィーチャーしたテーブルとカウンターがあり、壁にはいろいろな日本の民芸品が飾られています。入り口を入るとすぐ右側に製麺機と茹で釜が据えられていて、注文に応じてすぐ製麺、茹で上げをやっています。

　実は私の実家は筑波山のふもとで製麺業を営んでいて、今は甥が四代目を継いで、近郷の学校給食や筑波学園都市のレストランや食堂へいろいろな種類の麺類を供給しています。そのせいで私も麺類が大好きで、中華麺、ベトナムのフォー、イタリアのスパゲッティなどには目がありません。そこで豚肉を好むポーランド人の味覚から考えると、ラーメン専門店が早くできないかと思っていたのですが、予想に反してうどん屋さんが先にできました。もちろん開店して間もなく行って見ました。都心の、それも

うどん屋「ウキウキ」

有名なホテルの真向かいという格好の立地にあり、木曜日だったのですがお客さんの入りもなかなかのものでした。店の主人に聞いたところ週末は製麺が追いつかずかなり待たなければならないそうです。

　さてそのうどんですが、普通の二倍ほどの太さで、かなり噛み応えがあります。池波正太郎の小説に親指ほどの太麺が出てきますが、その半分くらいでしょうか。

主人の話では原料の粉はオーストリアとポーランド産の小麦粉を使い、テンプラやかき揚げに使う野菜も地産地消を目指してポーランド産のものを、海老などの海産物はワルシャワ市内の寿司屋に下ろしている問屋から買っているそうです。

大事な出汁はこちらでも手に入る鰹節、昆布とムール貝などから取っているそうです。ポーランドの水道水は硬すぎるためフィルターを使って軟水化して使うということでした。一日一五〇食から二〇〇食が出て、お客さんの反応はおおむね良好で、リピート客も増えつつあるとのことでした。

器用に箸を使いながら食べているポーランド人客にちょっと聞いてみたら、味にも量にもとても満足していてもう何回か通っていると言っていました。

メニューはかき揚げうどん、テンプラうどん、肉うどん、釜揚げうどんなどかなり品ぞろいが豊富です。一日も早くワルシャワっ子の味覚に定着して、次にクラクフやグダンスクのような他の都市にも進出し、日本の麺類文化の普及に一役買って欲しいと思います。

ワルシャワ文化科学宮殿

世界の主要都市には例えば東京の東京タワー（今はスカイツリー）とか、パリのエッフェル塔とか、ロンドンの時計台ビッグベンなどのようなランドマークと言うか、シンボル的な建造物があるものです。私は学生時代を京都で過ごしたので、その頃できた京都駅前の京都タワーが懐かしく思い出されます。そしてここワルシャワには「ワルシャワ文化科学宮殿」というのが町のランドマークとも言える建物です。これができてから今年でちょうど六〇年になるのでこれについてお話ししましょう。

初めてワルシャワを訪れた旅行者は、先ず町の中心部、中央駅のすぐ側に聳え立つこの文化科学宮殿が目に入ります。皆さんはモスクワ大学の建物を何かの写真で見たことはありませんか。この文化科学宮殿も大きさと言い、形と言い、あれにそっくりです。建築様式はヨーロッパとアジアの様式を折衷したような、ちょっと見慣れないスタイルで、ポーランドでよく見る西洋的な建造物とはかなり趣が異なります。それもそのはずで、この建物をワルシャワに建てようというアイデアの発案者はスターリンだったからです。

第二次世界大戦も終わり、やっと町の復興工事が軌道に乗ろうかという一九五一年にスターリンが、わがソ連国民に歓喜を持って受け容れられた建築物をポーランドのワルシャワにも建ててやれば、ポーランド国民もきっと喜ぶに違いないとの思惑で企画したものです。調査団を送り込んで、ポーランド側の建築家と協議の末、今の場所にスターリンの言う「宮殿」を建てる事を決めました。何しろ建築材から建築労働者まですべてモスクワから送り込むという肝っ玉の太い寄付なので、ポーランド人もそれを甘んじて受け容れたのです。そして四年間の工事の後一九五五年七月二十二日に完成式典をするとともに、スターリン文化科学宮殿が出来上がった次第です。と言うわけで、最初はスターリンと言う名を冠していました。私が来た当初は、スターリンがフルシチョフに批判された後だったので、正面のネオンの裏に完全に消されていない「スターリン」と言う字が読めましたが、今はすっかり消えてなくなりました。

三四四万個のレンガと二万五千トンの鉄骨などで建てられた四四階建て。高さは東京タワーより一〇〇メートルほど低い二三〇メートル、利用床面積一二万三千平米、部屋数が三二八八というポーランド最大の堂々たる威容です。

今では周囲に建ちならんだ高層ビルに囲まれて威容は若干色あせましたが、ポーランド一高い建物の座は譲っていません。

周囲がまだ瓦礫だらけの廃墟の中に忽然と姿を現した文化科学宮殿に最初市民は目を奪われましたが、だんだん町が復興し昔の風情を取り戻した頃に、やはり文化科学宮殿は、異質で意味ありげな建物として市民の目に映り、スターリンの失脚とあいまって、ソ連型共産主義の権化のように嫌われ始めました。スターリンは宮殿を寄付するといって、実は政治思想もいっしょに持ち込んだというのがその理由です。

その頃の笑い話に、ワルシャワはどこから見る景色が一番美しいかと問えば、文化科学宮殿のてっぺんからと言う答えが返ってくる。その心は文化科学宮殿が見えないからというものです。確かに今より気候的にもずっと寒かった共産主義時代の冬の時期に文化科学宮殿辺りはいわゆる高層ビル風でひときわ冷たい風が吹きまくっていたものです。

一九八九年に共産主義政府が倒れ、民主化が始まった頃、この醜い建物をどうしたらいいかというアンケートが取られ、いっそのこと壊して他の建物を建てるべしとか、周りに近代的な高層ビルを壁のように建てて見えないように隠してはどうかという案まで、さまざまな意見が出ましたが、結局ポーランドの歴史に実際にあった共産主義時代を、たとえその象徴である文化科学宮殿を壊しても消し去ることはできないので、それより国の負の遺産として残したほうが後のためになるのではないかという案が採られました。

フランスの新しい世代の人たちが、旧世代に不評だったエッフェル塔を不評どころか自分たちの自慢として受け容れているのと同様、(ニューヨークの自由の女神も同様) ポーランドの若者は、この文化科学宮殿もたくさんあるビルの一つとみなし、他とは違った個性のある建物として受け容れているようです。彼らは共産主義のポーランドを全く知らない世代ですから。

文化科学宮殿

ビーバーは友達か敵か

8/23

ニホンカモシカは戦後肉や皮を目的とした密猟で生息数が急減した事を受け、一九五五年に特別天然記念物に指定されました。ところが、動物愛護政策に保護されその数が急激に増え、現在は里山に降りてきてヒノキ林や農地に食害を与えるまでになってきました。一部の県では狩猟許可も出ているほどです。

実はポーランドでも同じことがおきていて、いろいろ物議を醸しています。ビーバー（ヨーロッパ・ビーバーでアメリカのとは別種）は、二〇世紀の中ごろにヨーロッパ全体でも一二〇〇頭しかいませんでした。ポーランドにも数えるほどしか棲んでいなかったのです。一九七四年にある動物学者がこのままでは絶滅もありうるので、ポーランドに再びビーバーを取り戻そうとプロジェクトを立ち上げました。ポーランドの北方、マズーリ湖沼地帯で人工飼育をして増やし、そこで育ったビーバーを全国各地にばら撒きました。その土地の人たちは二〇〇年も三〇〇年も目にしたことのないビーバーを大歓迎しました。元来棲息条件が整っていたのですから急激に増え始め、今では全国で三万匹にも膨れ上がりました。ビーバーの棲息条件としては、森や林の中を流れる川や沼地などが必須と言われています。そして現在灌漑用水路はもちろん私有地にある池などにも棲み付き、里山近辺だけでなくワルシャワ市内の橋からも目撃できる始末です。そしてビーバーに対する愛着がだんだん憎悪に変わり、退治すべき害獣とまで言われるようになりました。

同様な変貌はアメリカの学者も指摘しています。一九六八年にオーストラリア西岸で観察できたザトウクジラは三〇〇頭に過ぎなかったが、今は二万六千頭にまで増えました。また北アメリカでもアザラシが乱獲によって二〇頭にまで減りましたが現在は二〇万頭にも増えました。北米のラッコも約千頭から一〇万頭にまで復帰しました。このように増え始めた動物は魚網を破ったり、魚群を食い散らしたりという乱暴を働くので、漁師の悩みの種になりつつあります。ポーランドのあるテレビでは漁民が「これらの動物は人間にとって蚊やハエに等しい」と憎悪を露にしていました。

ポーランドではビーバーと同様、ヘラジカも戦後すぐの頃には一〇数頭しかいなかったのに、今や一万頭以上を数え、一〇〇頭しかいなかった狼が千頭以上に増えました。一九八一年には鵜飼に使う鵜の巣が一五〇〇しかなかったのに今や三万個近くあります。一九七〇年代、カワウソは絶滅の危惧がありましたが、公害問題を改善していく過程で徐々にその個体数を増やして行ったそうです。あるポーランドの農民は自分の池にビーバーが棲み付いたとき大変喜びましたが、そのビーバーが飼っている鯉を食べるのはいいとして、全部を食べずに食い散らし始めてから、だんだん憎く思うようになったと告白していました。

スウェーデンでは二〇万頭もいるヘラジカが起こす交通事故は年間五千件にも上り、ヘラジカが一〇万頭いるフィンランドではヘラジカによる交通事故で毎年一〇人が亡くなり、三〇〇人が怪我をするそうです。

ポーランドでもヘラジカは事故の原因になるほか、植林の幼木の皮を食べて枯らしたり、狼は人が飼っている羊やニワトリを殺したり、鵜は大きくなる前の幼魚を食べたり、ビーバーはダムを作って洪水の原因を作ったりと個体数が増えると悪いことばかり起こると考えがちですが、それは違うと動物学者は警告を発しています。私たちは数百年にわたって、産業革命や工業化を進めてきて、その間これらの動物を絶滅寸前にまで追い込みました。その罪は人間にあります。その状態に慣れた人々は個体数が増えた今の状態こそが数百年前人間が生活していた頃に戻ったという事を再認識すべきで、これからはこれらの動物のマイナス面ばかりを考えずに、先祖様を真似て動物と共生していく方法を探るべきだろうと、その動物学者は結論しています。

共生の方法としては、これらの動物を里山から離れた野生の地に移住させ、そこで繁殖させることも考えるべきだと言うのです。ポーランドでは今年冬が明けてから夏までの降雨量が極端に少なく、国中がカラカラで、秋の収穫が大いに懸念されるところですが、近くにビーバーがダムを作った農地だけは十分水分もあって、農作物が順調に育っているという現実もあるので、決して悪いことばかりではないことを、理解し、何とか共生の道を探っていって欲しいものです。

黄金の列車（ナチスの秘宝）

ポーランドの西、シロンスク地方（シレジアとも言う）にヴロツワフという人口六三万の町があります。第二次世界大戦前はドイツ領に属していましたが、戦後ドイツとの国境線がオーデル・ナイセ川に設定されたとき、正式にポーランド領となりました。その町からさらに六三キロほど行くと、ヴァウブジフという町に行き当たります。今回のテーマはこのヴロツワフとヴァウブジフに関わるお話です。

この黄金の列車とは日本でも「ナチスの秘宝」とか「ヒトラーの埋蔵金」として知られている、大戦末期にナチスドイツ軍が隠した膨大な量の金塊や世界的に有名な芸術品などの事です。

ポーランドでは戦後しばらく経ったころから折に触れ、この秘宝を運んだ列車のことが話題に上り、しばし騒動が続きます。しかし、今まで発見されたというニュースが一度もなかったので、大体は失敗に終わったということになります。

どんなときにその話題が沸騰するかと言うと、旧ナチス軍の兵隊からその話を聞いたとか、ナチスドイツが敗退した後ベルリンの国立古文書館から、その秘宝のことが書いてある書類を見つけたとか、うちのおじいちゃんが終戦間際のある日、ドイツ軍に鉄道沿線の家の窓をすべて見えないようにするよう命令され、その間秘宝を積んだ列車が通過したと言っていたとかといった機会に一騒動起こるのです。その度に一山当てて儲けようとする山師的な人たちがヴロツワフとヴァウブジフの六三キロ間で右往左往するのです。

しかし、今回沸き起こった話はひょっとするととと思わせるような要素がかなりたくさんあり、その上ヴァウブジフ市長はじめ市役所、国鉄、鉄道公安局、警察などがその話に乗せられて動き出したこともあいまって、騒動はいつになく盛り上がりを見せました。

発端は建築業を営むポーランド人と家系図研究家のドイツ人が「土地、地下およびトンネル調査会社」なるものを立ち上げ、黄金の列車を発見した際は、全価値の一〇%をもらいたいという申請書を市役所に提出したことに始まります。

彼らの話によると、黄金の列車を秘密のトンネルに閉じ込める作業に従事したという元ナチス兵士が死の間際にその事を詳しく話したのみならず、正確な位置を示したというのです。実はこの作業に従事した軍人は全員銃殺されたという話もあり、この兵士の話は矛盾します。具体的な隠し場所を示す地図も添えて必要書類を市役所に提出したものですから、蜂の巣をつついたような大騒ぎになったのです。一説には、三〇〇トンの金塊、数知れない世界的な芸術品、モーツァルト、ベートーベン、バッハ、シューマンらのオリジナル楽譜。ほぼ二万点にのぼる中近東古代文字の粘土板など、一二両の列車に満載されていると言われています。

この二人の放った火種があっという間に外国まで広がり、アメリカ、ドイツ、イスラエル、イギリス、オランダ、アルゼンチンまで飛び火し、アラビア語放送のアルジャジーラや中国の報道陣も押しかける騒動にまで発展しました。実はこの騒ぎが起こったのには全く理由がないわけではありません。一九四五年にハンガリーのブタペストからドイツに向けて発車したナチス軍列車がオーストリア国境に近いトンネルの中で発見され、それには膨大な貴重品が積まれていました。発見したアメリカ軍が、それらの発見物を元の持ち主や持ち出された国に返還したという過去の事実があるからです。

ヴァウブジフという町は炭鉱の町で、今は日本の炭鉱町同様さびれてぱっとしない町ですが、この黄金の列車の話で旅行者が昨年のほぼ二倍に増えたそうです。外国からの旅行者も急増し、市としてはホクホクなのですが、その旅行者たちが線路やその脇を歩き回り、危険極まりない状態になっています。それで鉄道公安関係者や警察が出動して、立ち入り禁止区域を設定、管理に当たっているそうです。一方では国が「秘宝調査委員会」なるものを設置して探索に乗り出したので、フィーバーは収まるどころか、これからもしばらくは続くに違いありません。

一昨日の新聞では軍隊が警戒のために出動したというニュースもありました。

ヴァウブジフ市長は「これはスコットランドのネス湖の怪獣の話に似ていて、黄金列車は本当はないのだけれど、何かの拍子にその話題が頭をもたげ、あるに違いないと思っている人たちが定期的に押しかけてくるので、市の財政は潤うし、市の近くにあるクションジュ城への来場者も増えるし、何より市の名前が世界中に知れ渡ることも嬉しい。したがって、いつまでもこの列車が見つからないほうがいいのかも」と言っています。

第一七回ショパンコンクール

10／25

十月三日に始まり、三週間ほど続いた第一七回国際ショパンピアノコンクールが終わったのは二十一日の早朝でした。ファイナルの最後のピアニストの演奏が終わるのが二十日の夜になるため、それから審査員が順位決定の審議に入り、ほぼ毎回誰を一位にするかでもめるのも恒例なので、会場で発表を待つマスコミや音楽関係者、参加者、音大生たちが数時間いらいらしながら待つのも、これまた恒例の光景でした。

このコンクールのそもそもの発端ですが、日本で昭和の時代が始まる一九二五、六年ごろ、ポーランドのピアニスト　イエジー・ジュラヴレフが第一次世界大戦後ヨーロッパでショパンの音楽を感情的だとして遠ざける風潮があるのを憂慮して、ショパンの音楽を根本から考え直す必要を感じていました。ショパンの音楽は本当に古臭いものなのか、ショパンの感情表現はポーランド人にしか解らないのか、外国人には感動を与えられないものなのかなどなど考えていました。

そこで彼はショパンの全作品を分析、吟味して、このロマン派最大の作曲家の作品がどうすれば世界の人々の賞讃を受けるようになるかという方法をいろいろ考えた結果、当時の若者が最も関心を寄せていたスポーツに倣って参加者が一斉にスタートを切り、ゴールに向けて疾走する闘いと、ゴール後の優勝者讃美とそれ以後の名声保証などを考えて国際的なピアノコンクールを思いついたのです。

一九二七年に第一回ショパンコンクールが行われました。課題曲はすべてショパンの作品で、一次予選から三次予選までエチュード、ノクターン、スケルツォ、マズルカ、ワルツ、ソナタなどを弾き、本選にあたるファイナルでは二曲のピアノコンチェルトのうちどちらかを弾くことになります。今回ファイナルに残った一〇人のうちカナダ人一人が二番（f-moll）を弾き、他の九人は一番の（e-moll）を弾きました。

ここで、わが同胞の活躍に触れておきましょう。日本人として初めて参加したのは、原智恵子と甲斐美和の二人でした。これが一九三七年の第三回大会です。次に一九五五年に開かれた第五回大会に田中希代子さんが初入賞して、その後第七回（一九六五年）の中村紘子さん、第八回（一九七〇年）の内田光子さん、第一〇回（一九八〇年）の海老彰子さんと続きます。

一九八五年の第一一回では参加者中日本人候補者が二六人と最多数を占めました。それに加えて応援団の数が急激に増えて、会場は日本人で溢れるといった情況を呈しました。日本大使館に、日本人がコンクールの切符を買占めたため、他国の人が聴きに行けないという苦情が入ったのもその頃のことです。私は一九七〇年にポーランドに来ましたから、第八回からずっと聴いてきました。予選では、エチュードやノクターン、バラードなどをピアニストが入れ替わり立ち代り弾くわけですから、ずっと同じ曲を聴いて飽きるのではないかと最初は心配しましたが、同じ曲でも弾く人によってずいぶん違って響くことを発見して、毎日聴きに行くのが楽しみになりました。

このコンクールも初めは、五年に一回としましたが、第二次世界大戦の勃発で中断されたりして、規定どおりに五年に一回のサイクルに戻ったのは一九五五年でした。以後は正常にこのサイクルで行われています。

一七回目に当たる今回の特徴は、審査員のほとんどが以前このコンクールで入賞した経験を持つ若い世代だということです。五年前に比べると大きな世代交代で、世界中のエリートピアニストが審査員席を埋め、日本からの海老彰子さんがマルタ・アルゲリッチさんの隣で審査をしている姿が毎日テレビで流されました。一番若い審査員はまだ三十三歳です。

また、昔はほとんどが欧米からの参加者でしたが、数回前からアジア人の参加が増え、今回は特に中国からの参加者が増えたのが目立ちました。本選に残った一〇人のうち、日本、韓国、それに中国系アメリカ人二人とカナダ人を合わせると半数がアジア系の人でした。残りはポーランド人、クロアチア人、ロシア人、カナダ人、ラトビア人でした。

毎日予選を聴きに来る人たちもがぜんアジア系の人が多く、日本語、中国語、韓国語が場内を飛び交っていました。

フィルハーモニー玄関

楽器としてのピアノも例外ではなく、昔は圧倒的にアメリカのスタインウェイでしたが、今回ファイナルの本選で弾いた一〇人のうち七人までがヤマハで弾きました。誰かが日本のピアノで弾くとセンセーションだった昔に比べると日本の楽器産業もここまできたかと感慨もひとしおです。

そして最後に今回の結果発表ですが、一位韓国のソン・ジン・チョウ、二位カナダのシャルル・リシャルド・ハメリン、三位アメリカのケイト・リュー、四位カナダのエリク・ル、五位カナダのイケ・ヤング、六位ロシアのディミトリ・シシキンでした。

一九八〇年にアジア人で初めてこのコンクールで優勝し、今回の審査員を務めたベトナム人のダン・タイ・ソンは新聞のインタビューに答えて「これでやっとショパンの音楽が世界のものになった」と言っていました。

今回一人だけ本選に残ったポーランド人は入選こそ果たせなかったけれど、自国の音楽がこれほど世界の人々に愛されていることへの誇りを感じているかのごとき、爽やかな表情でした。

肥満児問題

10／28

九月一日をもってポーランド厚生大臣が学校などの売店や食堂から糖分を多く含むチョコバーや塩分の強いチップスなどを一掃するとの厳しい法案に署名しました。その代わりに挽き割り麦、オートミルやふすま入り小麦粉の水団を食べるよう指示しました。

それはここ三〇年で幼児の肥満が一〇倍にも跳ね上がったという食糧・栄養研究所の報告を受けての政策です。その肥満児の増加数がヨーロッパで最速であるとの報告にショックを受けた厚生省が考え出したのがこの改革案です。ポーランド全国の就学児童の肥満率は二二％との報告を食糧・栄養研究所が出し、十一歳児に限ると肥満児の比率がヨーロッパで一位だと、ＷＨＯ（世界保健機構）が発表したことも厚生省幹部の肝をつぶさせたようです。

ジェシュフ大学小児科専門医のアルトゥール・マズール教授はポーランドでは親より早く他界する子供の第一世代が今育ちつつあると警告を発しています。

では一体なぜこんな事態になってしまったかを見ていくと、私には共産主義時代をすごした親たちの子供を思う気持ちが仇《あだ》になっていると思えてなりません。現在就学児童を持っている親たちは大体一九七〇年代に生まれた人たちです。オレンジ、バナナは一年にクリスマスとメーデーぐらいにしか食べられなく、西側にあったようなチップスやチョコバーのようなものもなく、とにかく西側諸国の日常生活で見られる甘味な食べ物が不足していたのです。本当に甘いものがなかったかというと、実はあるにはあったのです。しかし、経済危機の際には砂糖が配給になり確か一ヶ月に一人あたり二キロだったと記憶しています。わが家ではそれで十分でしたが、ほとんどの家では春先から夏にかけてジャムやコンフィトゥールを初め、冬場のための保存食を作りますから一月二キロではとても足りません。したがってその分をケーキなどから補充するわけですから、当然ポーランドの家庭の主婦の基本とも言える菓子作りに支障を来たすことになります。というわけで、毎週作っていたケーキが二、三週間に一度という頻度になり、甘いものから遠ざかります。ポテトチップスも店頭にはありませんでした。ですから、わが家にはそのころ使った、ジャガイモからチップスを作る簡単なドイツ製の器械がまだあります。チョコバーなどは外国から帰るときなど空港で買ってお土産にするような貴重品でした。こんな状況の中で育った親たちが大人になる過程で共産主義が崩壊し、ポーランドが資本主義国になり、西側の食文化がどっと押し寄せたときのショックはおそらく私たちの親の世代が戦後アメリカから怒濤のように入ってきた食文化を経験したときのものに似ているのではないでしょうか。そして、日本同様ポーランドでも子供時代に食べられなかったものを自分の子供たちに食べさせてやりたくなるのが親心で、どんどん与えてきた結果がこの肥満児の激増でしょう。

確かに私が四〇年前にポーランドに来た頃は現在のような肥満児は見られませんでした。ポーランドの若者はすらっとしたスタイルのいい人が多いので有名なほどで、私も同様な感想を持っていたのですが、それが最近になって一部の若者がだんだん変わってきました。

ポーランド人に限らずヨーロッパの人は中年を過ぎると肥満率が高くなるといわれますが、それは食生活に起因するところが大きいと思います。肉料理が中心で、それもたっぷりの油で揚げたものを好みます。それに大量のジャガイモを付け合せるので、太らないのが不思議なくらいです。

ポーランド人の私の舅も肉は牛肉か豚肉にかぎり、鶏肉料理などを見ると「今日も野菜料理か」というほどでした。私も一度など舅と一緒に豚の骨付きリブを一キロも食べたことがあります。しかしその頃の若者たちは肥満といえるような人は稀でした。ところが今はこんなサイズがあるのかと目をむくほどのジーンズをはいた巨大な若者が目立つようになりました。孫を学校に迎えに行っても肥満児がかなり目立ちます。

しかしこの肥満の原因が食べ物だけにあるのではなく、運動不足によるものが大きいと指摘する体育の先生もいます。「走ると汗をかくから走らせないでくれ」と言ったりする親がいる反面、きつい運動をやらせて怪我でもされたら大変だから適当にお茶を濁している先生がいることも問題でしょう。

ハンガリーのようにチップスに特別な消費税をかけるというやり方もありますが、今のポーランドでは学校内でのそれらの販売を中止させる方針のようです。ところが、子供たちは塩気のない給食用にいつもポケットに食塩を忍ばせているし、チョコバーを食べたい子供は登校の途中で買って学校に持ち込むので、アメリカの禁酒法とも似て抜け道はいくらでもあるということでしょうか。

年の瀬

12／30

気温と天気

十二月に入ってずっと一〇度前後の気温が続き、スキー場はどこも雪がなく、ウィンタースポーツで生計を立てている民宿やホテルの関係者は悲鳴を上げています。先月十一月の平均気温は気象台開設以来最高を記録したと報じています。エルニーニョの影響とも言われていますが、聞くと誰もが温暖化の仕業だと思っているようです。この時季には曇り勝ちの日が多いのですが、時々雲間に青い空が顔を出すことがあり、そんな日は一日心が軽くなります。しかし、一昨日から気温がぐんと下がり今日は零下三度です。

三大ニュース

二〇一五年の三大ニュースの第一は秋に行われた

総選挙で第一野党の「法と正義」党が大勝し、その前には彼らの推す大統領候補が現職大統領を破って当選したことでしょう。したがって大統領も内閣もすべて「法と正義」党一色になり、政策も彼ら右派保守色の強いものになりつつあります。財源の不確かなマニフェストや控訴中の人物を大統領の特赦で法務大臣に任命したり、難民は危険分子が多いからと入れない方針を打ち出したり、前途は楽観を許しません。

第二はEU加盟国はどの国も同じ問題を抱えている「難民問題」です。ポーランドはすでに旧ソ連から独立したウクライナ、ベラルーシ、ラトビア、リトワニアから多くの人たちを受け入れています。その上シリアやアフガニスタンからの難民を一万人以上分担されている現状に政府も国民も戸惑っています。それらの難民たちがポーランドに定住するならまだしも、より豊かなドイツやスカンジナビアに行く前の腰掛け的な移民となると政府も本腰を入れられないのもうなずけます。

第三は九月のレポートでお伝えした「ナチスの秘宝・黄金の列車」ニュースです。今年の春先に「黄金の列車」のありかを示す地図を持っているというポーランド人とドイツ人がもし見つけたらその秘宝の一〇%をもらいたいと行政府に申し出たことに端を発します。地図がある上に人工衛星からの探査写真でその列車の隠し場所が特定できたという話もあって蜂の巣をつついたような騒ぎになりました。秘宝のほとんどはユダヤ人から強奪したものだからと、イスラエル政府も所有権を主張したりして正に「獲らぬ狸の皮算用」的な話に進展しましたが、未だに見つかったという報道がないところを見ると、何年かに一度繰り返される「ナチスの秘宝」風聞だったような気がします。

ポーランドの最近の暮らし向き

ポーランドは、EU諸国の中では経済状況がいいほうで暮らし向きも年毎に西側諸国に近づいているのを感じます。ワルシャワを初め大都市には世界的に名のとおった有名店が軒を連ね、明らかに消費生活は向上しています。寿司や中華料理、タイ料理のようなエスニック料理も普通に食べられますし、朝晩の渋滞などモータリゼーションも西側並といえましょう。

市内にある「ルイヴィトン」店

幼児期の外国語教育

おそらく日本でも外国語教育については、その筋の専門家から、海外で実体験をした帰国子女まで、さまざまな人たちの説がいろいろあって、何歳ごろからどのような形で実践したらいいか賛否両論極めてにぎやかなことと思います。特に小学校から始めるか、中学校からで良いのかなど、いつ頃から教えたらいいかという、期限設定にも諸説あって、決定的な判断を下しかねているのが現状でしょう。グローバル化の現代では外国語の一つや二つはできなくてどうするという説から、日常生活で使わないのであれば、できる人に任せておけばいいだろうという説まで百花繚乱の情況を呈しています。

ポーランドは地理的にも文化的にもヨーロッパの一国として多数の国と国境を接していることもあり、さすがに外国語は要らないというような乱暴な意見はありませんが、何歳頃から外国語を教え始めたらいいかという論議はかなり盛んです。そこで最近話題になった幼児期外国語教育推進運動について報告しましょう。

現状では、外国語（ほとんどの場合英語です）は小学校の一年から教え、一週間に三回ほどの授業があります。それは昨年九月に施行された「五歳児からの外国語教育の義務化」に伴う実践例で、これを二年後には幼稚園児にまで広げようと政府が考えていることがこの推進運動の背中を押した形です。

ポーランドでは、このグローバル化の現代世界で外国語を身に付けることは不可欠だと思う親が多く、それも幼稚園時から始めるべきだと考える人が最近特に増えてきました。なぜ幼稚園からかというと、母国語同様外国語教育も早ければ早いほど、その言語が自然に身に着くという説が根拠になっています。またある自治体が幼稚園児に対する英語教育のために予算を組んだことを国民教育省が賞讃したこともあって、その運動が注目を集め始めました。この運動を進めているのが「バイリンガル児童」という全国組織です。その主催者のミクサ氏は次のように述べています。

「幼児教育研究の結果、〇歳から六歳までは特に言語感覚が敏感で、遊びの形で外国語を教えると幼児脳はスポンジのように知識を吸収し、しかもそれに特別な努力を必要としない。ここで大切なことは外国語を母国語と同時進行の形で身に付けさせることで、母国語を通して外国語を教えるのではない。例えばこのおもちゃは『人形』であり、同時に『doll』であるというように教える。そうすれば自然に世界には物の名前は一つだけでなく、複数ある事を認識する。

従来は子供が学校に入るとすぐ、テストの成績を上げるため文法の勉強に集中させられた。最もよくないのは、外国語との接触を週二回の三〇分ずつというやり方だ。一体こんなやり方で教師に何ができると言うのか。せいぜい『今日は』か『さようなら』だろう。

多くの幼稚園の先生は、英語を知らないから遊びの中に英語をそれとなく紛れ込ませることができない。同時に、幼稚園側は英語のできる講師を雇う財源がないで終わってしまう。ある言語心理学者は子供はことさら外国語を意識させると苦痛に思うが、遊びの中、例えば粘土細工、合唱、童話の語りなどに外国語を紛れ込ませればすんなり覚えてしまう。そのためには知性、感情、肉体を総動員できる劇などが極めて有効だ。」

「バイリンガル児童」はワルシャワ郊外に長く住み、自身の子供を現地の幼稚園に通わせていたイギリス女性 CLAIRE SELBY さんが作り出した資料に基づいて設立されました。その幼稚園の親たちは、自分の子供がポーランド・英語二ヶ国語で自由に会話をしているのを見て、あのイギリス女性は本当に奇跡を起こしたと驚嘆しています。CLAIRE SELBY はどの子供もバイリンガルになれるような教材として三歳から六歳までの子供には、小熊と人形が主人公の「トムとケリー」と言う童話シリーズを考え出しました。また幼稚園の前の保育園児には四匹のコガネムシを主人公にした「コガネムシの赤ちゃん」の話を聞かせると有効であるとしました。その四匹のコガネムシが次々に繰り広げる冒険をテーマにした、アニメや塗り絵や歌などはそれまで英語を知らなかった年長組にも大変有効だということがわかりました。

この教材は、子供は言うに及ばず、教師や両親にとっても難なく学べるところがみそだそうです。家庭でスクリーンに映し出しても学べます。また画像の仕上がりも極めて芸術的で、カンヌのテレビ映画祭では金賞を獲得したそうです。

ミクサ氏によると、この映画の特徴は子供が祖父母とも一緒に見られることで、理由は祖父母は両親より英語を知らない率が高いからだそうです。要は英語を全く知らない者同士（祖父母と孫）が遊びを通じて（勉強を通じてではない）言葉を覚えるということのようです。少なくとも、幼児期においては母国語と外国語を同時進行で身に付けさせることが功を奏するそうです。台湾では、幼稚園での英語教育を禁止しています。理由は幼児期にはしっかりと母国語たる中国語を身に付けることが肝心で、幼稚園時代から英語を教えるなどもってのほかだということのようです。「やってはいけない」と「やらなければならない」という間には大きな開きがありますが、さて日本ではどういう教育政策をとっているのでしょうか。

ワルシャワ市内に出没するイノシシ

2/14

昨年の八月、ポーランド各地に出現するビーバーについてお話ししました。ビーバーの乱獲が災いして、絶滅危惧種として赤信号がともり始めたのを機に全国的な保護政策を採った結果、ワルシャワの郊外でも目撃されるほど多くなったというお話です。

何しろ国全体が平坦な上、国土がかなりの比重で森林に覆われているため、野生の動物との接触は日常茶飯です。公園に行けばノガモ、白鳥、リス、野ネズミなどが我が物顔で闊歩しています。団地にある私のアパートの入り口で何度かハリネズミを目撃しました。市内の墓地にはリス、イタチなどのほか狐も出没します。

一説に世界の首都の中で、市民一人当たりの緑地面積が一番多いとも言われているワルシャワですから、これらの動物が走り回っていても誰も驚きませんが、ここ一年、市内に出没し始めたイノシシにはさすがに驚いています。それも東京で言えば山手線の外側にある区のような普通に市民が住んでいるところを平然と散歩している風なのです。その数はおよそ一千頭だということで、この数が果たして一八〇万人の対ワルシャワ市民の割合として適切かどうかということが問題になっているのです。イノシシが原因の事故が報告されたわけではありませんが、やはりあの大きな体のイノシシ家族が連なって歩いている光景を見ると落ち着きません。もちろん喜ぶ人もいますが。そこで市当局が調査に乗り出しました。その結果ワルシャワ市がだんだん郊外に向けて発展拡大していったため、本来イノシシのねぐらがあった地域にまで人が住むようになった。イノシシが有史以来ずっと棲み続けていたところに、数十年前から住み始めた人間が勝手に領海侵犯をしたのだから、イノシシもそうそう人間の都合通りに住み分ける理由もない。それにワルシャワ市民は困っている人や動物をいつくしむ精神に富んでいるので、餌の不足する冬場のカモにわざわざ餌をやりに行ったりするのですから、餌を漁りに来たイノシシに食事の残り物をやったり、硬くなったパンをやったりするなど当たり前だと思っています。それに動物学者の話では、たとえ瓜坊を連れた母イノシシでも人間にばったり遭遇しても大体は避けて通るのだそうです。危ないのは散歩の際に連れている犬が瓜坊を襲うようなことが起きた場合だそうで、その時は母イノシシは容赦なく犬に襲い掛かるそうです。また、イノシシは夜間に活動するので、車道を歩いているときなど車で通りかかると衝突する可能性があります。人間並みの体重がありますからぶつかるとかなり大きな事故になるようです。

というわけで、第一の対策としてわなを仕掛け、捕獲してイノシシを森の奥に運んで放すという方法が採られてきましたが、わなにかかるのは経験の浅い若いイノシシばかりで、大きなイノシシは大変頭もよく、こんな仕掛けでは全く効果がなかったそうです。次に考えた対策は森の奥深くに餌場を作って、そこにおびき寄せれば、自然に町から遠ざかるにちがいないというものでしたが、それには動物学者から「ノー」の声が掛かりました。野生動物に餌を与えることは彼らの「野生」を奪うことにもなり、自然の中で生きられなくなるというのです。

そして、最終的に出された案が猟師による射殺の方法です。一応八〇頭ほどがその対象になることまで決まっていましたが、ここで動物愛護協会から強い反対が出ました。まず市内で猟銃をぶっ放すなどとんでもないこと。いつどこに人がいるかわからないではないか。それにそのような狩が実施されれば当然野次馬が集まってくるだろう。その中には子供もいるわけで、その子供の目の前で動物を殺傷するような行為はもってのほかだというのです。したがって、今までイノシシ問題の解決策が見つからないままに、時間ばかり過ぎていく状態です。

同じ悩みを持つベルリン市は、時間と場所を設定して、その間住民は外出を禁止され、立ち入り禁止地区を設けて容赦なく射殺する方法を採っているそうですが、そんなことはポーランド人には簡単にはできません。

最後に動物学者の「長い年月の間にイノシシの生活形態を乱したのは人間である。それを人間の都合で追いやったり殺したりすることは人間のエゴでしかない。それを考えるとイノシシの生態をより深く研究すれば、われわれ人間と共生できる方法がきっとあるに違いない。その道を行くしか、人道的な解決法はないだろう」という言葉でこのレポートを終わりましょう。

ベトナム系ポーランド人

この頃、ワルシャワの町を歩いているとしょっちゅうベトナムの人を見かけます。私がポーランドに来た一九七〇年代にはほとんど見かけなかったのですが、八〇年代以降急に増えました。ポーランド政府がベトナム戦争で荒廃した同じ共産主義国ベトナムから留学生を招聘して、教育を施した上で帰国させ、戦後の復興に役立てようともくろんで、かなり多くのベトナム人学生を招きました。留学期間が終了しても帰国せずに居残った人たちが大勢いるし、他に資本主義化したポーランドに住んでいる身内の伝を頼りに出稼ぎに来た人たちもたくさんいるそうです。合法的に入国、滞在しているベトナム人と不法滞在をしている人を合わせると三万人から五万人がワルシャワを中心に住んでいると言われています。一千人ほどの在留邦人の数に比べればすごい数です。日本のお寿司屋さんも多いのですが、それに勝るとも劣らない数のベトナム料理屋があります。市内各所のバザールには必ずベトナム人経営の衣料品店があります。この頃はネイルペインティングの店が目立ち始めました。またワルシャワから三〇キロばかり離れた所には野球場を四つくらい合わせた広大な土地に大ショッピングセンターができ、そこでは数千人のベトナム人が働いているそうです。またその近くには大きなベトナム人団地があり、春節などの祭日には大変賑わうようです。

ワルシャワ市内の小、中、高校でベトナム人生徒のいないクラスはないといわれるほど二世のベトナム人が育っていて、勤勉な性格を反映して彼らの成績はどこの学校でもトップクラスだと新聞記事に書いてありました。私が現在教えているワルシャワ大学日本学科でも一人ベトナム人がいます。ワルシャワ経済大学でもたくさんの学生を見ます。

先々週の新聞に「私はベトナム出身のワルシャワっ子です」というタイトルの記事が載りました。三人の若いベトナム人が移民一世である彼らの親たちとの考え方の違いや、同世代のポーランド人と変わらないポーランド語をしゃべるのに、見かけからポーランド人社会に溶け込めない現実などについて話していました。その記事の内容に一昨日私が日本学科のN君とのインタビューの内容を加えて、ポーランドにおけるベトナム人社会を覗いてみましょう。

N君

八〇~九〇年代に出稼ぎ目的で移民してきた一世は、商売に必要最小限のポーランド語しか話せないのが普通で、逆に二世はポーランド語の方がより流暢に話せるようです。若い二人のベトナム人が電車などで流暢なポーランド語で会話している場面に何度か遭遇しました。

N君は両親の教育のおかげで、ベトナム語もできますが、母国に帰省したときなど外国なまりのベトナム語だと笑われるそうです。一世たちの付き合いはもっぱらベトナム人社会内に限られ、ポーランド人とはほとんど接触がないようです。家ではベトナム語だけを話し、テレビも衛星放送で本国から送られてくる番組しか見ないということです。したがって、彼らの生活の基盤は完全に本国ベトナムの習慣に従い祭日や年中行事なども一〇〇%ベトナム式のようです。食生活にしてもポーランド料理を食べることはほとんどなく一年中ベトナム料理で済ませているようです。日常生活も職場と家の往復だけだそうで、そういえば公園や映画館で彼らをあまり見たことがありません。

このような現象は九〇年代にベルギーやオランダに出稼ぎに行っていたポーランド人移民にも見られ、近年イギリスやアイルランドに移民したポーランド人にもある現象です。イギリスの出稼ぎから帰って来たポーランド人もよく言うことですが、同じヨーロッパ人として姿かたちは全然違わないのに、生活習慣から集団生活の仕方までまったくと言っていいほど違うので、（ここにはおそらく言葉の障壁もあるのでしょうが）どうしてもつい仲間内だけの生活になってしまうそうです。そうすると当然現地の言葉もなかなか習得できないからますます内にこもりがちになると言っていました。ところがイギリスで生まれた二世たちは、容易にイギリス人社会に溶け込めるので住んでいても全く違和感がないようです。

ワルシャワ生まれベトナム人二世の事を一世はなかなか理解できないようで、ベトナムに古くからある男子優先の考え方とか、女の子が夜遅く帰るのはよく思われないこととか長幼の序のことなど一世が望んでいる古きよき習慣が二世の間で重視されていないことへの不満もあるということです。

カトリック国のポーランドにあって、彼らの宗教である仏教はどうかと聞いたら、仏教の僧侶がヨーロッパを定期的に巡回して説法を施すということでした。ワルシャワのどんなに小さなベトナムの食堂にも必ず小さな仏壇がしつらえてあるし、朝晩のお祈りは欠かさないようです。私がよく行くベトナム食堂のおばさんは、私を仏教徒と思って、仏教の祭事のある日にはその日食べた食事を施しとみなして、私から決して料金を受け取ってくれません。

結婚について聞いたところ、大方は同国人同士で結婚するようで、ポーランド人との結婚は極めて稀だそうです。そういえば町で見るカップルはほとんどベトナム人同士です。

このようにポーランドに住んでいるベトナム人を見ると、多かれ少なかれわれわれ在留邦人の社会を垣間見る思いがします。外国人でありながら、その国の社会に融合して生活していくことは、決して容易なことではありません。これを考えると、今ヨーロッパに大量に流入している難民の先行きは前途多難に思えてなりません。

ポーランドで活躍するダンサーとバレリーナ

4／28

現在ポーランドでは一〇数人の日本人のダンサーやバレリーナが活躍していると言われています。今回はその中から二人の方を紹介します。一人目は松田孝子さんといい、ポーランド滞在歴八年目の方で、あるいはリスナーの方にはあまり馴染みがないかもしれませんが、コンテンポラリーダンスの分野で活躍されています。このダンスは音楽、衣装、振り付けなどすべて自分の手で作り出したものを舞台で表現するものです。もう一人の方は北野友里夏さんで、国立大歌劇場でレギュラーダンサーとしてバレエを踊っています。滞在歴四年半の女性です。

先ずは松田さんにご登場願いましょう。ポーランドに来たきっかけは二〇〇八年にポーランド西方にあるポズナンという都市で開かれたコンテンポラリーダンス大会に参加したことで、そこで知り合ったのが今のご主人でした。現在は子育てをしながらダンス教室で週に何回か教えているそうです。子供の頃から、浜松にあるご両親のダンス学校で踊り始め、十六歳の年にアメリカに渡り、ダンスの修行に励んだということです。この種のダンスをやる日本人は多いのですが、日本ではなかなか仕事として成り立たないので、外国でのキャリアを積むことにしました。外国でダンサーとして活動することは難しい面もあるが、周囲の人たちが大変正直な上、挑戦的なのでとてもやりがいのあるアーティスト生活が送れると言っていました。初めの頃は日本人であることを否定して、外国人としてやって行く事を考えたが、やっているうちにだんだん日本人である自分ができる事を表現する方向に向かいつつあるのを感じているそうです。

外国でダンサーとして生きていくことに対してご両親はどのように反応されたか聞いてみたら、ご両親もダンス教室を主宰し、同じダンスの世界で生きているので生活の成り立ちにくい日本にいるより外国でのアーティスト生活を送ることに賛成してくれたそうです。その上、ポーランド人のご主人の家族もとても暖かく受け入れてくれたことも大きいと話していました。これからおなじ道を歩もうと考えている次の世代の人たちへのアドバイスを聞いたら、先ず言葉の壁を恐れずに何にでも進んで挑戦してみようという精神を持つことだとのことでした。

次に現在国立大歌劇場でバレリーナを務める北野友里夏さんのお話です。北野さんは石川県羽咋《はくい》市の出身で、バレエは地元のバレエ教室で七歳の頃から始め、十六歳のときバレエコンクールに入賞したのをきっかけにして、アメリカに渡り、その後フィンランドのバレエ団で踊っていました。そのうち他のところでの仕事に挑戦しようと思い、いくつかのバレエ団に履歴書を送りだしたところ、一番良い条件を提供してくれたのがワルシャワ国立バレエ団で、そこで働き始めて今に至っているということです。今はクラシックバレエダンサーとして一年に七〇回から八〇回の公演をこなしているそうです。公演のない日は練習かリハーサルに明け暮れ、息抜きできるのは週末の休みくらいだそうです。ワルシャワのバレエ団で踊り始めた頃は外国人ダンサーが少なく言葉の壁もあって苦しい時期もあったけれど、最近はバレエ団が外国出身のダンサーも積極的に採用して、国際的な名声を高めようという方針を採り始めたため、指定された振り付けを正確に再現でき、危なげなく与えられた役をこなす日本人の特長が大いに歓迎され、日本人としての強みが発揮できることに喜びを感じているこの頃だそうです。

北野さんにも日本を離れるときのご両親の反応を尋ねました。自分たちも外国に羽ばたく夢があったけれど、それができなかったから、北野さんがそれを果たしてくれたことによって、夢が叶ったといって大いに応援してくれたそうです。外国で踊り始めた頃は、松田さんと同じように日本人である事をやめ、ことさら西洋人になろうと努めていた時期もあったが、この頃はいい日本人になろうと努力している自分を感じていると言っていました。いくら頑張っても外国人にはなれないわけだから、日本人としての自覚の上に立って、観客にどんな感動が与えられるかに心を集中して、踊るように努めているとい

うことでした
松田さんも北野さんも二十歳前に単身で外国に赴き、いわば西欧のお家芸であるダンス、バレエの分野に挑戦しているわけで、困難を承知の上で自分の力を試している健気な日本女性に感銘を受けるのは私一人ではないでしょう。
昨今、日本人の若者が人生において極めて消極的で、外国に出たりするような冒険をあまり好まないと仄聞しています。それは外国の大学への留学数が減っていること、国際的な企業に勤めながら国内勤務を望む若者が多いことにも現れています。ポーランドには全国にいくつかプロサッカーチームがありますが、そこにも一〇人以上の日本人選手が在籍しています。松田さんや北野さん、それにこれらのサッカー選手のように、若いうちに自分の能力に挑戦してみることは大いに有意義なことではないでしょうか。

博物館の夜

6／2

世界中どの都市にも博物館や美術館はたくさんあります。面白い展示や催し物があると行きたくなるものですが、博物館などの開館時間と仕事の時間がなかなか折り合わなくて、見逃してしまったりして、悔しい思いをすることはありませんか。ましてや家族全員で行けるような機会はそうそうありません。

そんな問題を解決し家族全員で楽しく、しかも時間や経費を気にすることなく博物館めぐりができるようにと考えられたのが「博物館の夜」です。

ヨーロッパ全体では英、独、仏をはじめ、オランダ、イタリア、オーストリアなど一九カ国が同じ主旨でこの「博物館の夜」を毎年開催しています。ポーランドもそれらの国の一つで、今年も五月十四日に開かれました。今回はそのポーランドの「博物館の夜」を紹介します。どこの国の「博物館の夜」もほぼ同じ内容の催しがあります。

土曜日の夜、早いところでは正午から始まり、一般的には午後七時に始まります。終わるのが大体翌日曜日の午前一時ごろですが、来訪者を追い出すわけではないので午前二時ごろまでやっています。

ワルシャワも一八〇万都市なので博物館なども市内あちこちに散らばっているから、移動手段が問題になりますが、その日に限って市内交通は、地下鉄もバスも電車もすべて無料になります。地下鉄の終電は普通午前一時ですが、この日は三時まで運行しています。バスの場合、二五年前の社会主義時代に走っていた「きゅうり」と呼ばれる旧式バスが何台か投入されます。このバスの形がずんぐりむっくりしたヨーロッパのきゅうりの形に似ていることからこの愛称が生まれました。久しぶりに乗ってみましたが、サスペンションが悪くて、とても乗り心地が良くなかったのと、排気ガスのにおいがひどくて乗り合わせた子供たちも「くさい」と言って大騒ぎをしていました。

次にお目当ての博物館ですが、この日ワルシャワだけで公開されたのは二五〇ヶ所にのぼり、博物館、美術館、政府官庁、大統領官邸、各国の文化センター、劇場、各大学、水道浄水場、ユダヤ人墓地、製菓工場、王城、警察庁、交通博物館などです。そして、これらの入場料はすべて無料です。

市内の交通も入場料もただの上、真夜中まで見られるのですから、普通の路線に加えて要領よく目的の場所を巡回する特別バスが町の中心部から一〇路線も増設され、それが一五分おきに発着するのですから、この夜は他の日と比較にならないくらい賑わいました。

この「博物館の夜」はワルシャワだけではなく、ポーランドの主要な都市でも行われます。特に博物館の多いクラクフなど大変な賑わいだったことでしょう。

その夜私が出向いたのは、先ず韓国文化センターです。有名なサムルノリの演奏やハングル文字の書道、民族衣装チマ・チョゴリの試着など盛りだくさんの行事が準備されていてたくさんのワルシャワ市民が押しかけていました。次に向かったのが「ネオン博物館」と「社会主義回想博物館」でした。ネオンは社会主義時代に近代化のシンボルとして使われたものを一ヶ所に集めたもので、この博物館のおかげで古いネオンが残っているのです。隣の「社会主義回想博物館」は一九八九年の民主化以前の日用品、食器、電化製品、店頭に並んでいたいろいろな商品

ライトアップされたワルシャワ大学

などが展示されていました。すでにその頃ワルシャワに住んでいた私にとっては見覚えのある懐かしいものばかりで、しばし四半世紀前にタイムスリップした気分でした。

　次に行ったのが文化省です。入り口の脇に小さな舞台がしつらえてあり、有名な役者がポーランド古典文学の朗読をしていました。文化省の建物は歴史的にも重要な出来事のあったところですから、ガイドがいろいろな部屋を案内してくれました。文化省を後にして近くにあるワルシャワ大学に行きました。ここが毎日通っている大学かと思うほど豪華なイルミネーションが施されていました。ワルシャワ大学はもうすぐ創立二〇〇周年を迎えます。

　真夜中を過ぎて地下鉄の駅に行ったら、朝のラッシュかと見まがうほどの混みようでした。その人ごみもほとんどが家族連れで、夜遅いのに親子がアイスクリームを食べながら「次はどこに行こうか」と相談しているのを見て、この夜がきっかけになって世の中の森羅万象に興味を持つ子供が出てきたとしたら、この催しは大成功だと思いました。

ワルシャワ大学創立二〇〇周年

8／11

一八一六年に創立したワルシャワ大学が今年で二〇〇周年を迎えます。その頃ヨーロッパではナポレオンがワーテルローの戦いに敗れ、セントヘレナ島に流されました。日本では杉田玄白が「蘭学事始」を書き上げていた時代です。

この年にポーランド国王を兼ねていたロシア皇帝アレキサンダー一世が五つの学部からなる大学創立に合意し、二年後に「王立ワルシャワ大学」の名称が公式に使われ始めました。現在ワルシャワ大学正門に掲げられているシンボルマークのワシは五つの星に囲まれていますが、その星が創立当時の学部の数を表しています。その五つの学部とは、法律行政学部、神学部、医学部、哲学部、芸術人文学部でした。当時は四〇～五〇人の教授の下で八〇〇人ほどの学生が学んでいました。

ワルシャワ大学の歴史は、ワルシャワ市およびポーランド国の歴史とともにあったといえるでしょう。歴史上「ワルシャワ中央学校」とか「ワルシャワ帝国大学」とかといった名称に変わった経過がそれをよく表しています。第一次世界大戦が終わり、大学も創立一〇〇周年を迎えた一九一六年に正式に国立大学の地位を獲得し、学問の自由を保障された教育が施せる機関になりました。一九三〇年ごろは一万人の学生を擁し国内では最大の大学に成長しました。

第二次世界大戦中はナチスドイツがすべての大学教育活動を停止しました。しかし、見つかると確実に死が待っていたにもかかわらず、多くの教官が自宅で秘密に講義をしていました。この秘密地下大学の学生たちが後の対ナチスレジスタンス運動の一部を担っていたのです。

第二次世界大戦後まもなくの一九四五年十二月には四千人以上の学生が集まり、大学がその活動を再開しました。途中でさまざまな社会主義政権の圧力があったにもかかわらず、一九五六年の雪解けを迎えると、学問の自由が取り戻されました。一九六八年はフランスを発端として世界中の現在の政治に満足しない大学生が政治体制変換を求めて街頭に出てきた年です。ワルシャワ大学でも教官学生が、より民主的な大学と国づくりを求めて立ち上がりました。

キャンパスを歩く 200 年前の衣装を着た婦人

結局国家権力に押しつぶされてしまいましたが、この反権力の運動に参加した多くの大学人の中から、後の民主化運動の中心になる活動家が多数生まれました。その当時、私は大学を占拠していた学生と、そうでないノンポリの学生のために、大学の内と外で一日に二回同じ講義をしたものです。

その後一九九七年にはＥＵのソクラテス・プログラムに参加し、年間八〇〇人の学生が外国からワルシャワ大学に来ています。そのプログラムはＥＵ内のすべての大学で、どこでも自由に勉強でき、単位を相互に共有するというシステムで、もちろんワルシャワ大学の学生もＥＵ内のあちこちの大学に短期留学しています。

一九九九年には新しい大学付属図書館が、ヨハネス・パウロ二世の手で開館されました。二〇〇二年日本から天皇皇后両陛下が訪問され、日本学科教員、学生との集いを楽しんでくださいました。

二〇〇九年にはチベットの宗教的指導者ダライラマ氏が来訪、おおぜいの学生を前に、世界の平和について熱弁しました。二〇一三年にはミャンマーの政治家で、ノーベル賞受賞者のアウン・サン・スーチー女史が講義を行いました。

創立時から現在までワルシャワ大学が輩出した著名な卒業者は次の通りです。

先ず、現在日本学科が所属する東洋学部の建物に一〇年間住んでいたフレデリック・ショパンを挙げなければなりません。次に日本でも作品「クオ・ヴァディス」で知られる文豪ヘンリック・シェンキエヴィッチをはじめ五人のノーベル賞受賞者と四人の大統領、一〇人の首相そして民主化後の五人のワルシャワ市長たちです。

現在のワルシャワ大学の様子をご紹介しますと。職員、教官、学生を全部合わせると、六万人弱の大所帯です。そのうち学生が五二、〇〇〇人です。二〇の学部と二九の付属研究機関を持ち、東洋学部のあるメインキャンパスは市の中心部にあり、旅行者も自由に見学できます。日本学科の学生は一五〇人くらいいますから、もしワルシャワ大学に来られたらその辺の学生に日本語で話しかけてみてください。きっと新しい出会いがあるはずです。

少女「アシャ」

今回は八歳の少女の話です。その子は小学三年生で、名前をアシャと言います。彼女は、自己免疫性の持病で入院をくりかえすお母さんを何とか完治させ、リハビリに行けるようずっと考えていました。その病気の専門医がいる遠くの病院にお母さんを送るには費用がかかります。あまり裕福ではない家庭なので、ある日自分のノートに「私のお母さんの病気の治療とリハビリのためにお金を集めています。くじ引きを用意したので、ぜひ買ってください。くじは一ズロティ、二ズロティ、五ズロティの三種類です。景品は自由にお選びください。場所はこの団地のA棟前、時間は土曜日十一時です」と書きました。

アシャはそれをアパートの入り口や、ガレージに何枚か貼りだしました。アシャのおばあさんはほんの数人か十数人が集まればいいと思っていたそうです。夕方アシャのおばさんがやってきてアパートの前が騒がしいが何事かと聞きました。実はその張り紙を見たある人がそれを写真に撮って、フェイスブックに載せたのです。数時間後には数百のアクセスがありました。

そして翌日、アパートの前にどんどん人が集まり始めました。最初は同じアパートの隣人たちがちょっと片手間に手伝うつもりで机を持ってきたり、景品にするものや、お菓子やコーヒーまで持ち寄って来たりしました。それからは近所の人以外の市民がどんどんおもちゃ、本、学用品、衣服、アクセサリー、化粧品などを持ち込み始めました。

金曜日の夜には家中がプレゼントで溢れ、帰宅したお母さんはそれを見て泣き出してしまいました。その時すでに状況は家族の手に負えなくなっていました。もちろんアシャは募金をするには財務省の許可がいる事を知りませんでした。そこでその任を引き受けたのが「骨髄バンク協会」でした。協会理事長がすぐに役員会、弁護士、会計士の許可を得てアシャのお母さんのカルテを調べた上ですべての法的手続きを終了させてくれました。

そして土曜日になって、協会理事長は何人かのボランティアに声をかけて手伝ってもらうことにしました。そのうちの一人は「一、二時間も手伝えばすぐ済むだろう」と思って行ってみたら、とんでもない数の人が集まっていたので足がすくんだと言っていました。アシャのアパートの前に行ったら、空気でふくらませた大きな城やアイスクリームの屋台まで立ち、それにアシャのノートの走り書きを見たバイク乗りが声をかけて集めた、数十台ものバイクが周りを取り囲んでいました。この人たちはすべて八歳のアシャのチャリティを援助するために駆けつけてくれたのです。

土曜日の十一時になりました。アシャは家族と行った海の思い出の帽子をかぶり、花模様の短パンをはいていました。マイクの前に立って「皆さん、本当によく来てくださいました。ありがとうございます」と挨拶をしました。すると中庭やバルコニーやテラスにいた人たちが大声援を送ってくれました。

これは今月九月三日にポズナン市で起こった感動的な出来事です。

その日集まった人たちは千人以上で、警察も出動して整理に当たり、テレビなどのメディアも駆けつけました。アシャのおばあさんは「彼女は母親が入院した時は本当に淋しくて辛そうでした。彼女がこんな手段に訴えたのも私たちが至らなかったせいで、本当に不憫でなりません。皆さんありがとうございました」と、か細い声で群集に挨拶をしました。

団地の住人の中にはうるさいとか車が騒がしいとか不満をもらす人もいましたが、大多数は好意的にアシャに援助することをいといませんでした。チャリティが終わってからも次々に人が押しかけて、募金に協力してくれました。集まったお金はボランティアが一応全部数え上げ、それを銀行に持ち込んで再度行員と一緒に数えなければなりませんでした。硬貨で八千ズロティ（二四万円相当）、全部あわせて一〇万一千ズロティ（三〇〇万円相当）に上りました。これはポーランドの平均給与の三〇倍近い額に当たります。これだけあればアシャのお母さんも専門医のところで病気を治し元気になって、これからは母と娘が離れ離れになることはなくなるでしょう。

アンジェイ・ワイダ監督逝く

11／3

先月十月九日にポーランドの生んだ世界的な映画監督のアンジェイ・ワイダ氏が亡くなりました。享年九十。日本で団塊の世代に属する人たちには、若い頃彼の「地下水道」、「灰とダイヤモンド」などを見て、第二次世界大戦中のワルシャワ蜂起の悲劇や戦後のポーランドの複雑な社会状況を垣間見た人が多いのではないでしょうか。

それらの映画の印象からポーランドが暗い国というイメージを持っている日本人が多いようです。ポーランドを初めて訪れた日本人が「意外と明るい国ですね」と異口同音に言うところを見ると、この人たちもワイダ監督の映画の影響を受けていると推定できます。また、ポーランド人がよく「日本語は怒鳴るように話す言葉だ」というのを聞くと、これは明らかに黒澤明監督の作品によく出ていた三船敏郎の映画の印象からだとわかります。

事ほどさように、未知の国の印象が映画を通して伝えられ、それによっていろいろな国への関心が高まることがわかります。日本学者だった今は亡き妻も日本に関心を持ったきっかけはヴェネツィア映画祭でグランプリを獲った、やはり黒澤明監督の「羅生門」を見たことだったと話していました。

ワイダ監督が映画芸術を志したきっかけは、若い頃クラクフの展覧会で見た日本の「浮世絵」でした。当時美術大学の学生だったワイダ監督は日本の浮世絵展を見て強い衝撃を受け、映像芸術への関心を強めて行ったといいます。これは奇しくも日本の黒澤明監督が美大出身だったことと一致し、ワイダ監督はよくその事を言っていました。

私がワイダ監督の知己を得たのは、一九八一年発表の「鉄の男」撮影中のことでした。NHK外報部がワレサ委員長率いる「労組連帯」の取材をした際、ワイダ監督の撮影グループと同じホテルに投宿していたのです。というわけで、昼はワイダ監督の撮影現場の取材をし、夜は監督を囲んでの酒盛りが連日続きました。ワイダ監督はお酒大好き人間で、飲むと非常に朗らかになる良いお酒でした。

その時、ワイダ監督から聞いた話で印象深かった事を紹介しますと、撮影現場で役者さんや助監督、カメラマン、大道具係、効果音技師から出る意見はほとんど採用した。そしてそれが映画の出来上がりに大きく貢献したという話。そして実際撮影現場では、確かにコンテで決まっていることでも、脇から新しいアイデアが出るとすぐにそれにしようと躊躇なく前の予定を変更していました。監督の話では「地下水道」も「灰とダイヤモンド」もそうして作り上げた作品で、できには大いに満足していると言っていました。

次に映画の成否はひとえに配役に依存するともよく言っていました。どの役に誰を当てるかがうまく行けば九割がた成功だといえるほど、配役は大事なことだと言っていました。

ワイダ監督と日本との関係でよく知られているのは、先ずは映画芸術を志すきっかけが学生時代に浮世絵展を見たということ。「浮世絵」との関係については、一九八七年に受賞した稲盛財団の京都賞の賞金をすべてつぎ込んで一九九四年に設立した「日本美術技術博物館」別名「マンガセンター」を紹介したレポートで詳しくお伝えしました。次に坂東玉三郎丈を起用して撮ったドストイエフスキー「白痴」を基にした「ナスターシア」です。坂東玉三郎丈との映画「ナスターシア」については、ワイダ監督は男性が女性の役をする歌舞伎の魅力についてよく語っていました。また玉三郎丈を初めて見たのは京都

上：若き日のワイダ監督と私（1981年2月13日）
下：ワイダ監督が描いてくれた私のポートレートと私（1981年2月10日）

南座ですが、ワイダ監督は京都が大好きで行く先々で多くのスケッチ画を描いてその画集まで出しています。「ナスターシア」を撮った後、日本の役者さんの中で誰がお気に入りかと尋ねたら、将来菅原文太を起用して映画を撮ってみたいと語っていました。菅原文太さん主演の映画をいつどこで見てそう思ったのか聞き忘れましたが、それが実現したらどんな作品に仕上がったかと想像してみたものです。

　ワイダ監督は美大出身でもあり、映画のコンテなど必要なクロッキーをしょっちゅう描いていたので、監督のスケッチ画は本当に味があり、秀逸です。私の手元に一枚のスケッチがあります。それは八〇年代に「鉄の男」を撮影中に、同宿したホテルで、お酒の勢いで描いてくれた私のポートレートです。日付とサインがあり、今は亡きワイダ監督を偲ぶよすがとなる大切な思い出の品となりました。

　「大理石の男」の主人公に「良くも悪くもこれがわが祖国だ」と言わせたワイダ監督は深い愛国心に裏打ちされた国家的英雄であったと今更ながらその逝去が惜しまれます。

新作能「鎮魂」

12／2

　ちょうど一ヶ月前の十一月一日は万聖節という、ポーランドのお盆でした。別名を「死者の日」とも言い、全国の墓地が花やろうそくで埋まります。国家祭日ですから、朝早くからすべての交通機関が墓地を終点とした運行に切り替わり、日本のお彼岸同様この日は市民が墓地で死者と出会い（家庭内では何もしません）、家族の近況を伝え、霊を慰めることになっています。今年はこの死者の日にアウシュビッツ強制収容所博物館の近くにある聖ジョセフ教会で新作能「鎮魂」の一部が観世銕之丞さん率いる観世流銕仙会の皆さんによって奉納されました。

　今回はこの新作能「鎮魂」についてお話しします。作者は元駐日ポーランド大使のヤドヴィガ・ロドヴィッチさんです。彼女は五年前にもショパン「調律師」という新作能を銕仙会の方々の協力を得てポーランドと日本で発表しました。

ヤドヴィガさんは叔父さんをアウシュビッツ強制収容所で亡くしています。彼女の心の底にはずっとその叔父さんの思いが潜んでいました。そして彼女が大使として赴いた日本であの東日本大震災が起こったのです。震災は多くの犠牲者を出しました。同時に発生した福島原発事故ではまた多くの人々が故郷を追われ未だ不自由な生活を強いられている現実を見て、アウシュビッツは人災、東日本大震災は天災という違いはあるが、愛する人を失った心の空白や深い悲しみは、国境を越え万人に共通なのではないかと彼女は考えました。では、現世に生きる自分がその悲しみや心の傷をどうすれば癒すことができ、亡くなった人への思いをどう伝えればいいかと模索しました。そこで、長年研究してきた能の力を借りれば必ずそれが叶えられると確信しました。能は不本意な死に遭い、思いを残して他界した人の魂を慰める芸能のはずです。

これだと思って、彼女は新作能の執筆に取り掛かりました。あらすじは東日本大震災の津波で息子を

亡くした日本人が心を癒す旅に出て、アウシュビッツ収容所を訪れたとき、そこで遺骨を集めている老人に出会い、無念の胸中を告白し合います。ポーランドや日本で起きた不幸がいかに凄まじいものだったかを語り合います。後半はアウシュビッツ収容所で虐殺されたヤドヴィガさんの叔父さんが登場して、福島の日本人と思いのたけをぶつけ合い、魂を鎮めて行くというものです。

台本には東日本大震災の翌年の歌会始で天皇皇后両陛下がおよみになった和歌「天皇陛下の御歌：津波し時の岸辺は如何なりしと見下ろす海は青く静まる」「皇后陛下の御歌：帰り来るを立ちて待てるにときのなく岸とふ文字を歳時記に見ず」が紹介されています。そのこともあり、大震災にはことのほかお心を痛めていらっしゃる両陛下が十一月十四日に東京国立能楽堂で行われた「鎮魂」の日本初演にご臨席なさいました。

作者のヤドヴィガさんは両陛下の和歌について「両陛下の和歌ほど鎮魂にふさわしい和歌はない。これほど深い祈りとして表現できる和歌は類を見な

い」とこの和歌との出会いを運命的だと言っていました。

ヤドヴィガさんはまたこうも言っています。「愛する人を失った深い悲しみや癒しえない傷をどう乗り越えて生き継いで行き、思いを残したまま殺されたり死んでいった人たちへの感謝をどう伝えたらいいか、残された私たちにできることは、二度と戦争や災害が起こらないよう努力することに加えて何より大切な人のことを思い出し、涙し、祈ることでしょう」と。

ヤドヴィガさんは私のワルシャワ大学での教え子第一期生です。今のヤドヴィガさんを見ていて、教師として教え子から多くを教わる自分の冥利をつくづく感じています。

ポーランドの今年の課題

二〇一六年はヨーロッパにとっては、正に激動の一年でした。ポーランドもろにそのあおりを受け、二〇一七年はいろいろな課題を抱え込みました。

先ずは難民問題です。これまでにもポーランドは旧ソ連から独立したリトアニア、ベラルシ、ラトビア、ウクライナから多くの難民を受け入れているのに、さらにシリアやアフガニスタンからの難民を数千人受け入れるようにEUから要請があり、それにどう対処するかが大きな課題となっています。その難民たちを受け入れる収容所などの施設もないし、受け入れに関する法的な整備も出来上がっていません。ベルリンの壁崩壊後にポーランド人も多数移民として西側へ流出していった経過もあり、ぜひ難民を受け入れたいのだがなかなか思うように行かないのが現状です。ほとんどの難民たちがドイツやスカンジナビアを最終目的地として、ポーランドを一時しのぎの滞在地と考えているため、さらに問題が複雑になっています。

次の課題は英国のヨーロッパ連合（EU）離脱です。英国が離脱していくと、一〇〇万人近い英国在住のポーランド人の処遇がどうなるかわからないという不安です。貴重な労働力として働いているポーランド人をすぐには本国送還という事はないにしても、新しい英国政府がどんな政策を打ち出してくるか気にかかるところです。ポーランド人はシェンゲン条約のおかげで英国滞在と仕事を手に入れたわけですから、その条約が離脱によって効力を失うことが考えられるからです。

最後にここ数ヶ月問題になっているのが、EU内で最も危険視されている大気汚染です。ポーランドのどの町もヨーロッパ平均の汚染度をかなり超えており、特に旧都クラクフの汚染度は際立っています。古い伝統のある町だけに、町並み保存上、町全体の暖房施設が古いままで石炭に頼っているからです。これを改善するといっても、今すぐどうこうできる

話ではありません。車の市内乗り入れ規制とかいっていますが、画期的な打開策が打ち出せないでいます。クラクフ在住の日本人が汚染度の決して低くないワルシャワに来て、空気が澄んでいるというところから見ると、クラクフは本当に大変なのだと思われます。

ところで、普段の話題を添えます。ポーランドでは、このところ暖冬続きで、雪どころか気温さえも氷点下になることなく、農家の人たちは非常に心配しています。この調子だと頼みにしている春の雪解け水もなく、氷点下で死んでしまうはずの害虫が生き続け、春の到来とともに活発に動き始める可能性もあるのです。夏は暑く、冬は寒くといった普通の季節の回転が人間のために狂い始めた不吉な予感がします。

クリスマス・チャリティ・オーケストラ

2／17

　ポーランドはこのところ、夜は零下一〇度、日中は零下五度前後という日が続いています。このような気温の日はたいてい快晴の気持ちのいい日で、寒さもあまり感じません。以前にもお話ししましたが、ワルシャワの場合集中暖房が全市に行き渡っているため、アパートの入り口を入れば階段も住居も温かく大変快適です。ワルシャワ市内の温湯供給パイプをつなぎ合わせるとワルシャワからロンドンまでの距離に相当するそうです。

　今回はヨーロッパで最大規模の慈善事業についてお話ししましょう。その名称は「クリスマス・チャリティ・オーケストラ」といい、今年二五回目の節目を迎えました。創設者はイェジー・オフシャックという今年六十四歳になる慈善活動家で、本職はステンドグラス職人です。多彩な経歴の持ち主で過去にラジオ記者、ショーマン、精神療法士という仕事をやりました。彼は軽い吃音者ですが、全くそれを気にする風ではなく、堂々と大群衆の前で司会をしたりしています。彼は自分の吃音のことで、医者に通ったり、兵役を逃れるために精神療法科に通ったりしていたとき、病院の現状を見て自分にできる事をしたいと一念発起して一九九三年に募金活動を始めたのです。そのころ「ウッドストック・バスストップ」というロックの音楽祭を主催した関係上、多くの歌手や演奏家とのつながりがあったので、ただお金を集めるだけではなく、お祭りをやりながら募金をする方法を考え出し、それが第一回「クリスマス・チャリティ・オーケストラ」となりました。ワルシャワを皮切りに年を追うごとに地方都市にまで拡がり、今年はそれを手伝うボランティアが全国一七〇〇ヵ所で一二万人に増えました。

　募金の目的を「社会の弱い人たちを助ける」ことに的を絞り、一回目の募金（一億八千万円相当）はポーランド人に多い心臓病患者のために人口心肺などの救急設備購入に充てられました。以後回を追うごとに例えば「産婦人科病院の設備充実」「ガンセンターのための最新設備購入」「事故で障害を抱えた子供の援助」「新生児救急」「早産児保育器の充実」などの目的が果たされ、今年は「新生児救命と高齢者介護活動の強化」という目的で今のところ、八〇億円相当のお金が集まりました。

募金の方法は二種類あって、一つは日本の赤い羽根のように、赤いハートを寄付者に貼り付けるものです。次の日には行きかうほとんどの人が帽子や、コート、かばんなどにこれを貼り付けて歩いています。もう一つの方法は、オークションです。例えば俳優たちがアクセサリーや舞台衣装、サッカー選手がサイン入りのボールやユニホーム、一般の人たちが古いカメラや骨董品などを寄付して、それを競売にかけて、売上金を募金に回します。数年前に生きた馬を持ち込んで話題になったことがあります。

今年のオークションでは次のようなエピソードがありました。二五年前の一回目のとき結婚式を挙げた夫婦が以後ずっとチャリティのボランティア活動を続けていました。そして二五回目の今年、彼らもめでたく銀婚式を迎えたわけです。そこで、二人は結婚指輪を寄付することで銀婚式の思い出にしようとしました。その指輪がオークションにかかり、だんだん競りの価格が上がっていきました。思いがけない高額で競り落とされて喜んでいた二人のところに、それを競り落とした人がやってきて、「これはあなた方のための銀婚祝いです」と言って、指輪を二人に渡したのです。その人は二人の崇高な思いつきと弱者に対する慈愛に感動し、何が何でも競り落として二人の手元に返そうとしたのでした。その夫婦は多額の寄付金を生んで手元に戻ってきた指輪を手に大感激したそうです。

一九九三年という年は社会主義が倒れてから四年目でした。社会主義時代の社会奉仕活動はいわば上からの指示によって実施されたもので、市民が自主的に他の弱者を助けるという考えはありませんでした。それがこのチャリティを機に弱者を援助しなければならないという自覚が市民の間に目覚め、それが二五年間も続いたのですから、今や社会現象として、すべての国民に受け入れられているように思います。
今年はポーランド国内に止まらず、米国、英国、ドイツ、日本、中国、インドネシア、カナダ、オーストラリア、などで同日に募金活動が行われました。今は援助対象がポーランドに限られていますが、これから先地球規模になれば、何と良い世の中になることかと夢は膨らみます。

赤いハートのワッペン

日曜日の商業活動禁止

3／3

ポーランドはやっと一日の最低気温から氷点下のマイナス記号が消えるようになりました。もう三月ですから、近いうちにユキワリソウが可憐な姿を見せることでしょう。そうすると、後は一気に連翹、クロッカス、スズラン、ライラックと花の祭典の開幕です。

今回は最近話題の「日曜日の商業活動禁止」法案についてお話ししましょう。皆さんは今から三〇年ほど前、ポーランドを社会主義から自由主義に変革させる原動力になった自主労組「連帯」という名前を覚えていらっしゃいますか。今もこの「連帯」は各職業分野で活躍しています。この「連帯」がある日突然、この「日曜日休業」案を持ち出して国民を驚かせました。従来ポーランドでは官公庁および大企業などは日曜日には働いていませんが、市民が買い物をするデパート、スーパー、小売店は皆開いていました。これらの店も年間に一三日ある国家祭日には休業します。ところが、「連帯」が新たに打ち出した「日曜日には事務所も店も全部閉める」という提案に市民はびっくり仰天です。市民のなかには週日は働いているので土、日しか買い物ができない人がいるのにです。三〇年前にやっと社会主義から自由主義に移行し、夢にまで見た西側の消費生活を満喫しているときになぜと市民が思っても当然な反応です。

そこで「連帯」幹部がその禁止令を出す目的を次のように公表しました。先ず商業分野で働いている人たちが休日を楽しめるようになること。二番目に市民がどっぷり浸かっている消費文化に歯止めをかけること。そうすることによってこの消費文化のせいで破壊しかけている社会構成の一単位である家族がより重要な位置を占めるようになること。特に大型店舗が集中している町の郊外から、町の中心にある公園や文化センターなどに市民の目を向けさせ、

町の活性化を図ることなどなどです。

とは言え、「連帯」がすべての日曜日を禁止対象にしているのではなく、年間五三日ある日曜日のうち、次の七日は例外として営業を許可すると言っています。すなわち、クリスマス前の二日（二週間）、イースター前の一日、冬季セール中の一日、夏季セール中の二日、そして新学期開始前の一日です。

ところが、政府はそれに対してよりいっそう慎重な態度を示しています。というのは、先般ハンガリーが同じような禁止令を出したら、国民の大反対に遭って、一年後に禁止令を撤回したという経緯があったからです。先ずはこの禁止令が国家にとって「割に合う」かどうかを考慮すると言っています。コンサルティング会社の試算では、この禁止令を実施すれば、商業界で三万六千人の失業者を生み、三〇〇〇億円相当の欠損が出、国家歳入が五四〇億円減少するといわれています。さらに現在好況を呈している国家経済に影響が出るのではとの懸念もあり、政府としては万が一を考えて段階的禁止令導入が必要との声が強いようです。そこで政府案としては、

禁止令を実施した場合、失業率が上がったり、GNPが下がったりしたら、すぐに緩和措置を取る。例えば時間を短縮して日曜日の営業を認めるとか、その禁止令は地方自治体に任せるとかなどを考えているようです。例えばザコパネのように観光資源で成り立っている都市と工業地帯の都市とでは当然状況が異なるからです。

次に当然出るであろう質問「この禁止令はすべての店に適用されるのか」という質問に対して政府の見解は「パン屋、お菓子屋」は営業可。ただし、製造と販売店舗が一ヶ所にあり、営業は十三時までとする。これは毎日焼きたてのパンを食べたい人や午後の紅茶の時間にお菓子を楽しむポーランド人の要求に応えてだそうです。また、薬局と新聞雑誌を売るキオスクも可。ただし建屋は一軒で五〇平米を超えず、日曜日の実入りが一ヶ月の収入の三〇％以上の場合。観光地のみやげ物店、ホテル、病院、空港、駅ビルなどの店も営業は可。棺屋、大型店の映画館もレストランもOK。

また近年、拡大しつつあるインターネット販売についてもその注文受け、荷造り、発送、配達をどうするかも検討中という念の入れようです。

では違反した場合の罰則はというと、前年度収入の一〇％を超えない罰金を科すと言っています。

そこで、私見ですが、三〇年前にポーランド人は自由経済に移行し、西側の消費文化をほぼ手中に収めたいま、物資は溢れていますが、何か心の中の空洞が埋まらない不満が残り、何より金権主義的な社会になって本来ポーランド人が持っていた自然の大地に根ざした精神性を失いつつあることへの警鐘としての提案と見ました。便利を追究すればするほど、多くを失うという事実に気がついたのかもしれません。しかし、今後この新法案に対して、便利に慣れた一般市民の強い抵抗は避けられそうにありません。

第三八回全ポーランド日本語弁論大会

4／14

四月十一日土曜日に在ポーランド日本大使館広報文化センターで、「第三八回全国日本語弁論大会」が開かれました。私は三八年前の第一回大会からこの大会にかかわり、一回も休むことなく見てきました。第一回の時は日本語を教える機関はワルシャワ大学日本学科のみで、他は独習者しかいませんでした。その数は全国でも五〇人前後だったと聞いています。したがって、弁論大会とは言え、わが日本学科の身内のコンクールのような状況でした。当然審査員も少なかったので、教えている私も審査員として参加するという、きわめておおらかな時代でした。弁士も一〇人に満たなかったと記憶しています。場所はワルシャワ市の中心にある「新聞記者クラブ」でした。初めてのこともあり、在留邦人の方もたくさん聞きに来られました。

そして三八年目の今年はといえば、先ず全国で日本語を学習しているポーランド人は四、四〇〇人と、その数は何と一〇〇倍近くに増えた計算です。日本語教育機関も四つの国立大学日本学科、その他多数の民間日本語学校などと増えました。

大会運営も初めは在ポーランド日本大使館主催でしたが、ここ数年は「ポーランド日本語教師会」も加わって共催しています。日本語スピーチのレベルの差もあって、弁士は「高校の部」と「大学の部」に分けて募集し、別個の採点をして順位を決めています。「大学の部」審査員には、ポーランド日本人会会長、日本商工会会長、外国から招いた日本語専門家、在ポーランド日本大使館書記官と最後にポーランド人審査員として東京外国語大学のネイティブ教官を招きました。

当初の大会と大きく違うのが入賞者の景品です。昔は英和辞典、和英辞典とか漢英辞典などのこちらでは入手しにくい辞書類でしたが、この頃は日本往復の航空券とか、二週間の日本研修（往復旅費、滞在費も含む）などと豪華です。第一回大会以後を振り返ってみると、当時の世相を反映した景品が思い出されます。先ずは簡単な字引に始まって、会話に使えるテープレコーダー、より高級なステレオセット、ワープロ、電子辞書などがありました。これらの景品はスポンサーからの提供で、今年も国際交流基金を初め、ポーランドに進出している日本企業二〇社が協力しました。異色はエミレーツ航空で、二位入賞者に日本往復の航空券を提供してくれています。

今回の大会には高校生が五人、大学生が一二人エントリーして、日本語のスピーチ能力を競いました。エントリーの際のテーマが四つあって、(1) 異文化理解（言語、市民交流など）(2) 現代の諸問題（環境問題、情報化社会など）(3) 私の大切なもの (4) 私から未来へのメッセージ、となっています。

どの弁士も甲乙付け難い実力を発揮し審査員は順位をつけるのに苦労したと思います。文章力、発音・アクセントの正しさ、解りやすさ、発表態度などが厳しく審査され、発表後には二つの質問が待っています。こうして上位三位、敢闘賞などが決定し聴衆の前で表彰式が行われます。

ちなみに今年の入賞者の論文内容の要約をご紹介しましょう。入手できた私の教え子のものをご紹介します。優勝したアンナさんは「食欲で世界を味わう」という題で、「食欲は食べ物に限りません。知的関心にも食欲があります。『食べれば食べるほど食欲は増す』と言うポーランドのことわざどおり、自分の知的関心を追えば追うほどその度合いが高まり、より豊かな知的活動に繋がるので、自分の関心はもとより、世界に対しても常に貪欲であってほしい」と主張しました。

三位に入賞したマルレナさんは「歌える限り喜び歌う」というテーマで次のような主張をしました。「子供のころから音楽が好きだったが、学業との兼ね合いでしばらく音楽から離れていたある日、たまたま観にいったオペラで聴いたアリアに胸がふるえ心が清らかになるのを感じた。その時、これこそ見逃してはいけない自分のやりたいことだと気がつき、大学の勉強に加えて音楽大学で声楽を勉強し始めました。確かに二つの専門を両立させるのは難しいが、心からやりたい事をやっているという満足は何ものにも替えがたいです」

これらの弁論を聞きながら、三八年という時の流れをつくづく思わずにはいられませんでした。私がワルシャワ大学で日本語を教え始めたころは、日本語はどんな言葉なのか、またそれを習って何になるのかという人がほとんどだったのですが、今や四千人以上の人が日常的に日本語を学び、日本の若者顔負けの雄弁さで自論を発表できる人が出てきたことに大きな感慨を覚えます。四五年前に日本語教育に携わり始めてずっと続けてきた甲斐があったと実感できる今度の大会でした。

将棋の国際化を図る女性

6／1

二〇一七年の二月二十日に、渋谷の将棋会館で行われた対局で勝って、正規のプロの女流棋士になったポーランド人女性がいます。NHKのニュースでも大きく採り上げられたそうです。一九九一年生まれ、今年二十五歳のカロリナ・スティチンスカさんです。何しろ外国人がプロの将棋棋士になったのは、男性も含めて日本将棋連盟始まって以来初めてで、もちろんプロの女性棋士は四三年前に女流棋士制度始まって以来第一号です。彼女の将棋界での昇進は目覚しく、二〇一五年十月に女流三級となり外国人初のプロ入り。その後今年二月二十日に二級に昇級し、正式に女流棋士となり、四月一日にはついに一級に昇級しました。

カロリナさんは、子供のころにチェスをやり始めました。そのころポーランドの子供の間で大人気だった日本のアニメやマンガに興味を持ち、そのうちの「NARUTO」を読んだとき、登場人物が将棋を指しているのに関心を持ち、将棋の存在を知りました。将棋とはどんなものかインターネットを通してルールを覚え、やはりインターネットで将棋の普及に努めていたケルン在住の川崎智秀さんの「８１道場」に参加して、だんだん腕を磨いていきました。その「８１道場」に協力し、海外の将棋普及に努めていた北尾まどか女流棋士が道場参加者の中でめっぽう強い女性がいることに注目し、対戦してみると北尾さんが苦戦するほど強い指し手というのがまだ十代のカロリナさんでした。そして北尾さんはカロリナさんが将来プロの棋士になりうる素質を具えていると見抜きました。二〇一一年にカロリナさんはポーランド・チャンピオンになり、同年パリで行われた国際将棋フェスティバルでは、女性最高の四位に入りました。

カロリナ・スティチンスカさん

　北尾さんはぜひカロリナさんを日本に呼び、本場で本格的な将棋を指して欲しいと思い、自費で招待することにしました。ところが、二〇一一年といえばその年の三月に東日本大震災があった年で、カロリナさんの母親は彼女の日本行きに大反対しました。しかしカロリナさんにとっては千載一遇の機会なので、何とか母親を説得して渡日。六月に日本将棋連盟道場で開かれた資格テストでカロリナさんはいきなり「アマチュア四段」が与えられました。北尾さんに勧められて再来日し、女流棋士養成機関の「研修会」で研鑽を重ね二〇一五年には女流三級に合格しました。

住居を山梨県甲府市に定め、山梨学院大学に籍を置いて東京の研修会に通う生活を始めました。初めは生魚やウニなどが苦手だったようですが、だんだんそれにも慣れて、今や刺身やそばやテンプラなどが大好物になったそうです。

日本に来た当初はもちろん日本語は全くできなかったけれど、町を歩いていて「銀行」の「銀」や「歩行者」の「歩」という漢字は将棋で見知っていたのですぐ解ったそうです。

現在ポーランドにはワルシャワ、クラクフ、ブロツワフの三都市に将棋クラブがあり、二〇〇人以上の会員が日夜練習に励んでいます。二〇〇八年に十七歳で将棋を始め、九年後にプロ入りを果たしたカロリナさんは彼らの憧れの的でもあり、励みになっています。数年前までワルシャワ大学には「日本ゲームクラブ」という会があり、学生たちは将棋、囲碁をはじめ、麻雀、百人一首、花札などを定期的にやっていました。今は将棋も囲碁もそれぞれ単独のクラブが出来て独立したため、「日本ゲームクラブ」は解散してしまいました。当時カロリナさんも将棋の部に参加していたということでした。

現在カロリナさんは山梨学院大学の修士課程で勉強しています。修士論文のテーマを聞かれたカロリナさんの答えは、ずばり「将棋の国際化」でした。史上初めて日本人以外のプロ棋士になった彼女の気概が伺われます。卒業後は将棋のルールや教習本、または棋譜などをポーランド語に訳し、ポーランドから、さらに世界に向けて将棋の普及のお手伝いをしたいと希望を述べていました。彼女は英語も堪能なので、将棋の実力とあいまって彼女のおかげで将棋の国際化が大きく前進することは間違いないでしょう。

分野は違いますが女性で初めてノーベル賞をもらったのがポーランド人のマリー・キュリー夫人です。そして外国人女性で初めてプロ棋士になったのもポーランド人のカロリナさんです。ポーランド女性の伝統が息づいていると言ったら大げさでしょうか。

ベルナルド・ハナオカさんの死

7/20

七月九日にポーランドの著名なファッションデザイナー、ベルナルド・ハナオカさんが他界されました。享年六十八。今回はこのハナオカさんについてリポートしましょう。名前からもお分かりのように、父親は日本人で、母親はイタリアの血を引くドイツ人だったそうです。太平洋戦争終結後に旧満州国で生まれ、父親はハナオカさん母子を残して日本に引き揚げ、その後日本女性と結婚して一子をもうけました。

旧満州に残されたハナオカさんと母親は何とかその日暮しをしていましたが、母親がポーランド人と再婚し、三人でポーランド北西部にある港町シチェチンに引き揚げました。ところが再婚相手に戦争で亡くなったと思っていた妻子が見つかり、彼はそちらに戻り、ハナオカさん母子は再び二人きりの生活に戻りました。

その後、母子はクラクフに引越し、母親は英語の通訳として働いて生計を立てました。一九六四年になるとハナオカ少年はワルシャワに行きユダヤ劇場でイダ・カミンスカの劇に出演、その時の芸名は「ベルナルド・フォード」となっています。一九七三年までユダヤ劇場で役者として活躍しながら、一方ではワルシャワ演劇大学の監督学科で学び、まだ学生だった一九七四年にはグニエズノ市の劇場で最初の演しものを演出しました。以後一〇年間はヴァウブジフ、シチェチン、オポレ、ジェローナ・グーラ各市の劇場で働きました。

その間、ハナオカさんはだんだんファッション・デザインに興味を持つようになり、自分のブランドのファッションを創作しはじめました。さらにワルシャワの中心部の一角に「ハナオカ・ギャラリー」を開店し、そこでは自己制作のブランドだけではなく、若手のファッションデザイナーを養成し、彼らの作品も販売促進しました。

まだ社会主義体制下にあった九〇年代の初め頃、

ハナオカさんは、当時ファッション界で名声を博していたデザイナー、たとえばグラジナ・ハッセやバルバラ・ホフらと競合するほど有名なファッションデザイナーとなったのです。ところが、社会主義下のポーランドでは、メンズファッションは女性ファッションほど評価されないことに悩み、それではとずっと協力をし続けていた演劇界のために衣装制作に精を出すようになりました。というわけで、九〇年代には彼の制作による舞台衣装がワルシャワ、ビアウォストクの劇場でよく見られました。

舞台衣装以外に彼が残したデザイナーとしての作品は、何と今もポーランド全国の警察官が着用している正式の制服です。それにポーランドのオリンピック選手団が着たユニフォームもデザインしたことで知られています。

私は彼が「ハナオカ・ブランド」で華々しく活躍していたころ、フィルハーモニーの横にある高級クラブで開かれたファッションショーに招かれたことがあります。ファッションなどにはうとい私の眼にも彼のデザインはいささか奇異な感じがし、一体どんな人がこれを着るのかといぶかしく思った記憶があります。なぜ畑違いの私がファッションショーなどに招かれたかといいますと、その前にある日本の民間テレビ局が彼をテーマにしたドキュメンタリーフィルムを作るお手伝いをしたことがあったからです。

ショーの間、ハナオカさんは忙しく立ち回っていましたから、ほんのちょっと立ち話をしただけでしたが、日本語は全然だめだと言っていたのを覚えています。

ハナオカさんは私が知っている旧満州生まれの数少ないポーランド人の一人です。私自身も旧満州の瀋陽で生まれたこともあって、大変親しみを感じていた人でした。おそらくハナオカさんは私同様、満州のことは何も覚えていないと思いますが、満州からポーランドに引き揚げたハナオカさんと日本に引き揚げた私が奇しくもポーランドのワルシャワで巡り合ったことの運命を思わずにはいられません。

カタツムリ大国

9/21

皆さんはエスカルゴ料理を食べたことがありますか。エスカルゴ、すなわちカタツムリのことです。私はフランスに行ったとき何度か口にしたことがありますが、バターとにんにくと香辛料の味が強くて、肉の味そのものはあまり感じませんでした。ポーランドでもたまにフランス料理の店で見かけますが、一般家庭ではほとんど知られていません。学生たちに聞いても、たいていは食べた経験がなく、あまり食べようとも思っていないようです。

　それなのになぜ現在ポーランドがカタツムリ養殖の大国になったかということについてお話ししましょう。一二〇〇年前のローマ時代の遺跡から大量のカタツムリの殻が見つかったことから、当時のローマの人々はカタツムリを常食していたことがわかっています。日本の大森の貝塚の例と同じでしょうか。ローマ人はカタツムリが病気の快復と精力剤としての効能があるといって珍重していたようです。中世ヨーロッパでもカタツムリの柔らかい肉はほぼどの国でも食されていて、ポーランドも例外ではありませんでした。アフリカやアジアの国々では今も多くの国で食べられています。

　クラクフ農業大学のダリウシュ・ロペク先生によると、カタツムリの肉はたんぱく質、脂肪分を含み、肉質も柔らかくおいしいそうです。昔ポーランドでも好んで食されていたのは、カトリックでは魚と同様に普通の肉として扱われていなかったため、断食日などにも食べられていたからです。

　中世のポーランドでは、時に数ヶ月に及ぶ「断食日」にカタツムリを食べていた修道士たちがカタツムリの養殖に熱心だったことが知られています。魚と同じように扱われていたカタツムリは今とは比べ物にならないほど重用されていたわけです。一般的にもキノコを探すようにカタツムリ狩があったそうです。暗くて湿っぽい所には必ずいるし、それも群れを成しているので集めやすかったし、何より逃げないのが気に入られていたようです。

ポーランドではカタツムリは自然保護の対象ですから、むやみに取ってはいけません。解禁時期は四月二十一日から五月三十一日までとなっています。ただし今は食用のカタツムリはほとんどが養殖ですからその限りではありません。その養殖カタツムリは主にフランス、スペイン、イタリアに輸出されています。そして、その養殖カタツムリは野生のものとは違い、北アフリカから輸入した種類のものだそうです。その養殖は業者に言わせると全くトマトの栽培と同じで、土地は五〇〇平米もあれば十分で、後は光と湿気と適度の温度があればよく、それでトン単位の収穫が見込めるそうです。

早春に冬眠から覚めたカタツムリは空の植木鉢の内側などにへばりついて大きくなり、成虫になると地中に一〇〇~二〇〇個の卵を産みつけ、約二週間後に孵化して小さなカタツムリが生まれます。飼料にはサラダ菜やキャベツが与えられます。七月から十月までが収穫期で、丸々と太ったカタツムリは一つ一つ手で集められます。集められたカタツムリはその後数日間餌を与えずにぬるい水をかけると内臓からすべてを排泄して、だんだん冬眠状態になります。すっかり寝込んだところを今度は大きさにより選別した上で商品として送り出すわけです。翌年親カタツムリとして使う分は摂氏五度に保った容器に入れて静かに冬を越させるといった具合です。

初めて養殖を試みた時はフランスのアビニョン地方から親カタツムリを輸入しましたが、そのころは孵化設備も繁殖室も冷凍室もなくフランスから来たカタツムリは風邪を引いて成功しなかったそうです。後に養殖環境を整えた結果北アフリカから来たカタツムリがポーランドの地に順応して商売に結びつくほどになったそうです。

こうして収穫されたカタツムリはポーランド国内ではほとんど消費されず。年間三万トン以上も食べるフランスに輸出されています。ポーランドだけでなくチェコやルーマニアもカタツムリの輸出国ですが、養殖会社はポーランドに一二社もあり、その輸出量も群を抜いているところから、ポーランドがカタツムリ養殖の大国といわれるゆえんです。

また、カタツムリはその肉だけでなくぬるぬるする粘膜は化粧品の原料として、また卵も食料として珍重されています。

ルドルフ・ワイグル先生
（二度ノーベル賞を取り逃がした学者）

10／19

今年も各種ノーベル賞の受賞者が発表される時期になりました。日本生まれで英国の作家として活躍しているイシグロ・カズオさんがノーベル文学賞を受けたのも皆さんの記憶に新しいと思います。

今回はポーランド国籍を持ち、二度もノーベル賞受賞の機会を逃したルドルフ・ワイグル先生のお話をしましょう。ワイグル先生は一八八三年にドイツ人を両親に、モラビアで生まれました。五歳のとき父親が亡くなり、母親がポーランド人と再婚したためポーランド国籍となりました。当時、世界中の人々を悩ませていたのが疫病のチフスでした。特にこの病気は貧困、戦争、災難など人類の不幸な出来事と歩調を合わせて大流行し、多くの人々がこの疫病のために命を落としました。例えば、三〇年戦争

（一六一八～四八）、「洪水」と呼ばれたスェーデン軍のポーランド侵攻、ナポレオン軍のモスクワ遠征、それにクリミア戦争などです。戦いよりもチフスで死んだ兵士の方が多かったとも言われています。

一九〇九年になってやっとフランスのシャルル・ニコルがチフスはコロモジラミを媒体として伝染することを発見し、それによって一九二八年にノーベル賞を受賞しました。

一九一四年に第一次世界大戦が勃発すると、数百万人もの人がチフスにかかり、数十万人も亡くなったそうです。この当時すでにチフス菌は発見されていましたが、どうして防いだら良いかがわかりませんでした。最終的にチフスと闘うにはワクチン療法が有効だということがわかり、一九一四年秋ルヴフ大学にいたワイグル先生にその使命が託されました。ワクチンの製法にはチフスにかかった患者から感染したシラミが必要だということもわかりました。そこで、ワイグル先生はルヴフ大学生物学教室でチフスワクチンの製造に着手しました。

そのシラミの生育法はごく簡単で、数十匹のシラミの入った小箱の網がはってある面を体に当てて、シラミに網を通して血を吸わせるわけです。血を吸わせる人は軽いチフス病にかかるけれど完全な病気になるわけではなかったようです。その時ワイグル先生も二度ほどチフスに罹患したそうです。

その頃、中国から帰国したベルギーの宣教師ジョセフ・ルテンは「ポーランドの学者ワイグル先生のおかげでアジアで活動している宣教師はもちろん、数千人もの中国人の命も救った」と言明しています。

一九三九年九月に第二次世界大戦が始まると、ポーランド政府はルーマニアに避難する事を決め、ワイグル先生にも一緒に行く事を勧めましたが、「平時よりも戦時の方がワクチンをより必要とする」と言ってルヴフに止まりました。先ずロシア軍がルヴフに侵入し、司令官だったフルシチョフの命令のもとワイグル先生はワクチンを作り始め、次にドイツ軍が侵攻してきた時は、ドイツ人のためにワクチンを作ることを強いられました。そして、ワクチンの製造量が増えると、ひそかにポーランドのパルチザンや地下抵抗組織のためにも融通しました。大戦中シラミに血を吸わせる仕事をしていた人たちには、食糧の配給が上乗せされ、普通は手に入らないジャムや紅茶なども支給されました。しかし、食糧以上に重要だったのがワイグル先生発行の通行証で、これがあれば通行の自由だけでなく身の安全が保障されたのです。当時ワイグル先生の教えていたルブフ医科大学の学生だった妻の父親もこのシラミに血を吸わせる仕事に従事し、ワイグル先生のお手伝いをした事を生涯誇りとしていました。大変な仕事だったが、おかげで家族全員が揃って戦後のポーランドに引き揚げることができたとよく口にしていました。

ルドルフ・ワイグル先生

　ドイツ占領下時代にスウェーデンのノーベルアカデミーがワイグル先生にノーベル賞授与を決めたけれど、ワイグル先生は自分はあくまでもポーランド人だと主張してドイツ人としての受賞に応じませんでした。これがノーベル賞を取り逃がした一回目です。

　第二次大戦後ワイグル先生はクラクフにあるヤゲロ大学微生物学部を任され、そして一九四八年に再びノーベル賞授与の話が出ましたが、ワイグル先生はナチスドイツのためにワクチンを作ったと、同僚の教授連中の中傷がノーベル賞委員にもたらされ、ノーベル賞を取りそこないました。これが二度目です。ワイグル先生はドイツ人のためだけというわけでなく、すべての人類のためにワクチンを作り続けたのにです。

　そして戦後共産主義となったポーランドにできたポーランド科学アカデミーの中にはワイグル先生の居場所もなく、一九五七年八月にザコパネで七十三年の生涯を閉じました。因みにチフス菌を殺す抗生物質の発見を見定めてからの死でした。

　ワイグル先生は二〇〇三年にイスラエルのヤド・ヴァシャム・ホロコースト記念館から「諸国民の中の正義の人」という称号を与えられました。それはワイグル先生が戦争中に助けたユダヤ人やポーランド人は五〇〇〇人にものぼり、その数は、あの有名なシンドラーの助けた人の四倍にもなったからです。

　この事実から光の当たる受賞者の影に立派な仕事をして報われなかった何人もの人がいたことを思い、そしてそうした人たちは自分のささやかな仕事で何人もの命が救われたことに幸せを感じているに違いないと思いました。

私の年末年始　1／4

　大晦日は＋七度、元日も＋七度というポーランドのこの季節にはそぐわない気温が続き、これは日本の年の瀬を思わせます。

　今年で四八回目を迎える私のポーランドでの年末年始は基本的に日本式です。大晦日の年越しそば、元旦のお雑煮など今まで一度も欠かしたことがありません。外国暮らしがいくら長くても、日本人として身に染み付いた伝統の味なくしては年を越した気がしないからです。息子が日本人女性と結婚してからは、そのお嫁さんが作るおせち料理を食べながらウィーンからライブで放送されるウィーンフィルハーモニーのニューイヤーコンサートを聞くのがここ数年の恒例行事となっています。

　新年に際しての抱負ですが、来年の二〇一九年はワルシャワ大学日本学科開設一〇〇周年を迎えるので、その記念行事のための画像記録（写真類）を整理することが挙げられます。社会主義当時大学にはポーランド人の先生も学生もカメラを持っている人がほとんどいなくて、日本学科にはもっぱら私が赴任以来撮ってきた写真しかないからです。数千枚の写真を年代順に整理し、説明文を書くには、おそらく学生の手を借りずにはすまないでしょう。

ポーランドの国としての課題は、急速に進みつつある少子化に伴う保険、年金の資金および、労働力の確保や長時間待たされる病院での医療サービスの改善、大学卒業後すぐに外国に流出する知能を食い止めることなど昨年から持ち越した案件もあり、それをどう解決するかが重大事でしょう。国際的には、ポーランドが難民受け入れをかたく拒否していることから生じた、若干冷え込んでいるEUとの関係改善。米朝関係が世界に及ぼすかもしれない国際不安、NATO加盟国として、中央ヨーロッパにおける安全政策など課題も決して少なくありません。

ポーランド人にとって今年の一大関心事は六月にモスクワで開かれるサッカーのワールドカップです。特に日本学科の学生にとってはポーランドと日本が同じグループに入っているためどちらを応援するか悩ましい問題が生じています。私もその例外ではありません。

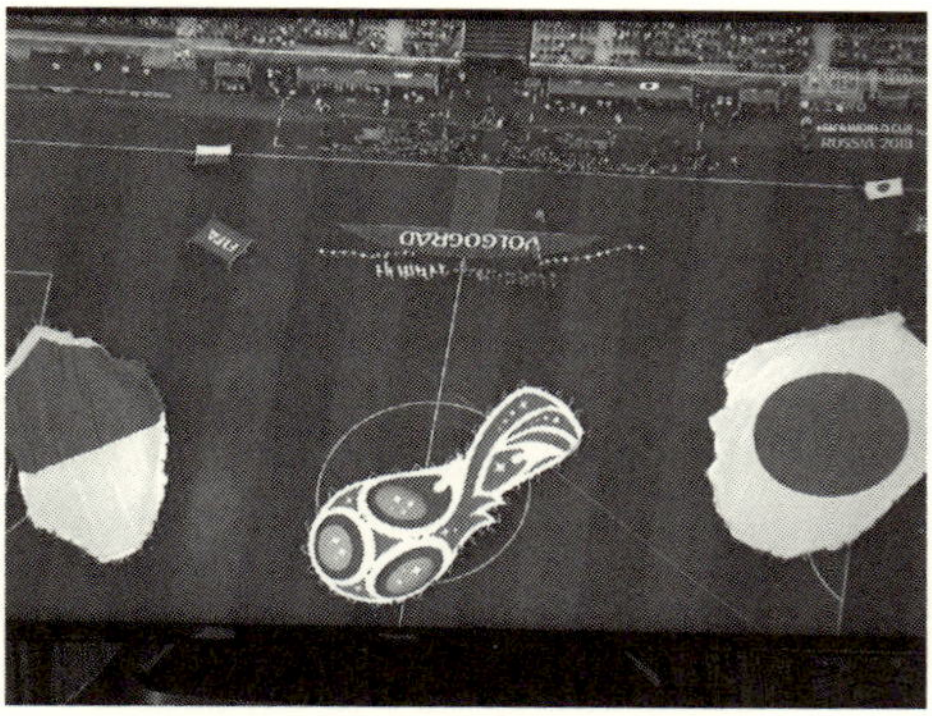

日本対ポーランドの試合開始前の空撮（テレビ画面）

IKEAとポーランド

皆さんはIKEAという世界中に販売網を拡げている家具の店をご存じでしょうか。その創業者であるイングヴァル・カンプラード氏が一月二十七日に母国スウェーデンで亡くなりました。

IKEAは日本にも一〇店舗ほどあり、一三〇〇人の従業員を抱えています。

さてカンプラード氏は一九二七年にスウェーデンで生まれ、五歳の頃からストックホルムで安く仕入れたマッチを自転車で売りさばいていたそうです。以後取り扱う商品は、魚や時計や額縁などに変わり、一九五一年から本格的に家具販売を手がけました。販売が伸び悩んでいたとき、彼はどうすればコストを下げて売り上げを伸ばすことができるかと考えた末、たどり着いた結論が、安い家具でも配送のための梱包に費用がかかりすぎるので、それを避けるために家具をばらばらの部品状態で梱包したものを送り出し、それを受け取った買い手は自宅で簡単に組み立てられるようにすることでした。そうすることで貨物の嵩も減り、簡単に郵便でも配達できるようになったのです。この方法のおかげでIKEAは大躍進を遂げるわけですが、そのやり方が同業他社に大きな痛手を負わせる結果となりました。他の業者は団結してIKEAに製品を卸す事を拒否し、IKEAは窮地に立たされます。あわや倒産かというときにカンプラード氏はバルト海を挟んだ対岸にあるポーランドに救いの可能性を見つけるべく調査に行きました。ちょうどその頃、ポーランドの大手家具会社が運営に苦しんでいました。中でも合板を作る部門が倒産一歩手前という状況でした。ある日、その合板工場に普段着のカンプラード氏が現れました。工場に来たカンプラード氏が最初にやったことは、大きい二個のレンガの間に合板を掛け渡し、その上に乗って飛び跳ねたことです。そしてその強度に満足した彼は、ではお宅と契約を結びましょうといとも簡単に話をつけたのです。

この契約のおかげで、合板会社にとってはカンプラード氏が救世主のように見えたと、あとで幹部が回想しています。そしてカンプラード氏にしても起死回生の問題解決となり、現在のIKEAの礎ともなったのです。

そんなわけで現在IKEA家具の生産木材の供給はポーランドが最大で、製造部門では中国に次いで二番目です。生前カンプラード氏に「私にとってポーランドは第二の故郷です」と言わしめたのも頷けます。

撮影：岡崎史夫

実はIKEAとポーランドの関係は商売上はこれ以上望むべくもないほど順調ですが、商売相手のポーランド人がお酒の好きな国民性を有しているので、彼らと付き合っているうちにカンプラード氏はアルコール依存症になるというおまけが付いて、その快復にはずいぶん苦労したそうです。

以上のような経過もあって、今やポーランドはIKEAの欧州最大の製造拠点を持ち、原材料についていえば、世界最大の供給地となっているわけです。

カンプラード氏は世界の大富豪とも言える財産を持ちながら、その生活はきわめて質素なことで知られています。例えば飛行機は必ずエコノミークラスだし、泊まるところも豪華なホテルではなく、たいていは安いペンションアパートでした。車にしても何年も使い古した車に乗っていたそうです。彼の考えでは儲けは次の投資に向けるべきであって、贅沢をするために使うべきではないということのようです。また社員の名前を全部記憶していたとも言われますし、製品には一つ一つスウェーデンの名前が付けられているのもIKEA社の特徴です。

IKEAは今や年間四五億ユーロ（六千億円以上）の収益を上げ、まだまだ成長を続けています。そしてIKEAは国産車ボルボと歌謡グループ「アバ」とともにスウェーデンの誇りともなっています。

その創業者のカンプラード氏には過去に一つの汚点がありました。IKEAを立ち上げた一九四三年頃、当時のスウェーデンで旗上げしたスウェーデン・ナチス党の活発な党員であったことです。これが明るみに出ると、全社員に向けて「あまりにも若気の至りでした」と陳謝しました。IKEAは現在多文化的、国際的な大企業となりましたが、創業者の汚点は亡くなるまでついて回りました。

カンプラード氏は、世界各地に三〇〇以上もの出店を持って、あれだけ世界中を駆け巡る生活をしていたのに、九十一歳の人生に幕を下ろしたのは生誕地から一〇分しか離れていない自宅でした。

渡りをやめたコウノトリ

コウノトリは秋口になると南の暖かい国を目がけてわたる渡り鳥です。しかしこのところ、南方に渡らずにポーランドに残って越冬するコウノトリが増えてきたことが話題になっています。

ワルシャワからさほど遠くないマゾフシェ県の自然保護団体に「もう冬になるのに、コウノトリがわたらずにずっと巣に残っているがいったいどうするのだろう」とか「こんなコウノトリの保護は誰がするのか」など問い合わせが頻繁に来るようになりました。元気な鳥であれば、何もする必要はなく、近づいたり、餌をやろうとしたりすると、かえって脅かすことになり、良い結果にはならないから、せいぜい寒波のときに納屋のドアを開けて、中に入れるくらいのことと、答えているそうです。

ポーランドにコウノトリが渡ってくるのはワルシ

ャワの近郊では毎年三月十九日ときわめて正確で、鳥たちがどのようにしてこの日にあわせて飛んでくるのか不思議です。まずオスが飛んできて巣作りをはじめ、あとからメスがやってきます。よくコウノトリは一度番になれば、一生同じカップルで過ごすと思われているようですが、本当はかなりその関係は乱れていて、必ずしも一生連れ添うわけではないそうです。

そしてやがて卵（大体六〜八個）を産み、三三日か三四日で卵が孵化します。その孵化する鳥の数もその年の餌の多寡によって多ければ三〜四羽、少なければ一羽ということもあります。

わが別荘のそばにある巣に棲んでいるコウノトリ
撮影：岡崎史夫

孵化したばかりの鳥はくちばしが黒いですが、成鳥になるにつれて赤い色に変わります。一夏をポーランドで過ごし、八月九日に南に渡るわけですが、その前にある地域に鳥が集まり始めます。それが日増しに多くなって、私は百羽以上集まった光景を見たことがあります。そしてある夜その地域の鳥たちが一斉に飛び立ち、翌日には一羽も見られなくなります。

ポーランドの冬を避けて飛び立ったコウノトリは南下して、ハンガリー、ルーマニア経由でトルコのボスポラス海峡を渡り北アフリカのシリア、レバノン、エジプト、リビアまで行きます。そしてまた次の年の春になると、ヨーロッパに戻ってくるのですが、かなりの確率で自分が生まれた巣に戻ってくるそうです。鮭が自分の生まれた川に戻ってくるのと同じですね。

その数千キロにも及ぶ渡りの行為は体力を消耗し

途中で様々な危険を伴うから、できれば渡りを避けたいと思うのでしょうか、温暖化に伴い冬があまり寒くなければ雪も少なくなり餌も見つけやすくなって、渡りをやめる鳥が出てくるわけです。これはコウノトリに限らず、今ではツル、サギ、クロナキドリ、コマドリも同様に渡りをズルする鳥が出てきているようです。また、今までは暖かい地中海地方にしか棲息しなかった鳥がポーランドで目撃されたというニュースもありました。温暖化はじりじりと確実に進んでいるのを感じます。

そのうちにポーランドの鳥は渡りをせずに、ポーランドにはスカンジナビアの鳥たちが渡ってくるようになるかもしれないという鳥類学者さえいます。

激増する中国観光客

このような記事が目に入りました。と同時に確かにワルシャワのあちこちで中国人観光客のグループを頻繁に見かけるようになったことと合わせてちょっと調べてみました。

ポーランドスポーツ観光省の発表では二〇〇七年には一万六千人ほどだった中国からの観光客の数が昨年二〇一七年には一三万人を越えたそうです。その増加率は何と六五〇％にもなります。その増加の理由はもちろんあります。何よりワルシャワ・北京の直行便が開設されたことと、中国からの観光を促す目的で設けられたビザ発行事務所の増設が挙げられます。また西ヨーロッパでのテロの多発も影響しているとみられています。

では中国からの観光客はポーランドのどこを観光するかというと、多いのがワルシャワ、グダンスク、クラクフで、ワルシャワでの目玉は、町の中心にあるワジェンキ公園です。その理由は東西冷戦時代にこの公園の真ん中にある水上宮殿で毎年米中大使級会談が行われたからです。その宮殿がそのまま残っているので、これをバックに記念写真を撮るのが中国の人たちのお目当てなのです。もちろんワルシャワにあるショパン博物館やワジェンキ公園内にあるショパンの銅像の下でのピアノ演奏会も目的の一つです。クラクフは旧都ですから、その世界遺産に指定されている旧市街や近くにあるヴィエリチカの岩塩坑にいくそうです。グダンスクは中国人が大好きな琥珀の店が多く、もっぱら買い物目当てのようです。中国の人たちはどこに行っても自由時間は必ず買い物タイムで、それも安物を嫌い、有名な銘柄にこだわり、高級品を買いたがるのですが、必ずと言って良いほど値切るのは自国での習慣が抜けないのではとガイドさんは話していました。

ポーランドにおける彼らの食事はどうかというと、どこでも必ず炊いたご飯を注文するそうです。ポーランド料理の中では、トマトスープとジュレックという日本の味噌汁に似たスープを好んで食べ、また必ずインスタントラーメンを携帯し、お湯を注文して食べるそうですが、これは日本の人たちとよく似ています。冷たい飲み物を嫌うので、白湯をだすのは常識だとは中国の人がよく行くレストランのボーイさんのはなしでした。

ヨーロッパ人には東洋人の顔が見分けられないので、私もよく中国から来たのかとか、韓国の方ですかなどと聞かれることがありますが、中国の人たちが一番喜ぶのは香港出身かシンガポール人に間違われることだそうです。

また中国の観光客は入れるところはどこでも入ってみるらしく、確かに大学のキャンパスを団体で歩き回り、私も講義中に何度か窓から覗き込まれたことがあります。私は今日も大学に行きましたが、正門前のメインストリートで二つの中国人観光客グループに遭いました。ポーランドには年間一六万人強の中国人観光客が来ますが、チェコには四八万人も訪れるらしく、ポーランド当局はもっとたくさん来てもらうべく努力すると言っています。

難民問題

7/25

ここ数年ヨーロッパの難民問題が大きく報道され、小さな船やゴムボートで命からがら地中海を渡ってくる人たちの映像が目を引きます。一言で難民と言われますが、実は移民と混同されがちで、難民と移民の境界線はかなりあいまいです。例えばポーランド人が今から三〇年前、当時の社会主義体制から逃れて西側に移住しました。ポーランド国内でイデオロギーの違いによる精神的圧迫はあったかも知れませんが、特に戦闘があったり独裁者による迫害があったりしたわけではありません。ですからこれは移民です。また最近ポーランドがＥＵに加盟してからも一〇〇万人以上のポーランド人がイギリスやアイルランドに移住しました。このような現象は人類が国家という意識を持ち始めて以来、ずっと続いていることで、何も北アフリカの人たちが地中海を渡ってきたのが初めてではありません。日本も二〇世紀の初めに国策によってブラジルへの移民が始まり、ハワイ、北米、南米へと渡った歴史は記憶に新しいでしょう。

　では、なぜ最近の難民が大きく取りざたされるかと言えば、シリアなどの内戦もあってドラマチックな渡航方法とあまりにも短期に大量の人たちが移動したことによるところが大きいと思います。ポーランドもＥＵ加盟国の一つとして一万人以上もの難民受け入れが割り当てられています。現在のＥＵ議会議長がポーランド人でもあり、受け入れに熱心なドイツの盟友と言われているので、難民、移民いずれも受け入れに「YES」という立場を取っています。ところが十月に行われた総選挙で、第一野党の右派保守政党が勝利してこの難民受け入れにかげりが見え始めました。

　その前に話しておかなければならないのは、ポーランドではすでに一〇〇万人以上もの難民移民を受け入れている事実です。主に旧ソ連から独立した国、例えば、ウクライナ、グルジア、ベラルーシ、ラトビア、リトワニアなどです。彼らはＥＵ圏のポーランドに大量に流れ込んだと見られます。

しかしこのような統計上の数字を並べても一体彼らはポーランドの中でどのように待遇されどんな生活を送っているかわからないでしょう。そこで、私の周りにいる難民、移民の一部の人を紹介することでその実態を少しでも把握していただければと思います。

先ず身近にはワルシャワ大学で私が教えている学生がいます。現在日本学科にはウクライナ人を初め、ベラルーシ人、ラトビア人、リトワニア人、チェチェン人、ベトナム人がいます。日本の入管に当たる「外国人庁」の受け入れ制度に従って、彼らは無料でポーランド語学校に通い、その後は公立学校に入学できるのです。中には家族ともどもポーランドに移住した人もいれば、一人だけ高等教育を受けるために来た人もいます。ベトナム人の場合、両親がポーランドに経済移住をしたので一緒に来たというケースです。

次に内戦で家族が散り散りになり、一人だけポーランドに来たエチオピア人を紹介しましょう。戦火の続くエチオピアを逃れるために亡命を手伝う業者を通して国外に脱出し、いろいろな乗り物を乗り継いで、ある朝森の近くで降ろされました。そこがなんという国でどんな町なのか皆目わからないままにたどり着いたのがワルシャワだったのです。すぐに「外国人庁」に出頭し、難民としての身分確定を申請し、将来はポーランド国籍を取得したいと思っているそうです。しかしその手続きや審査に手間取って七年経った今も宙ぶらりんの状態です。幸い知人のつてで現在ワルシャワ大学の園芸部に仕事を得て、自活できているそうです。彼は未だにどんなルートでポーランドに至り、ポーランドのどこで降ろされたのか全然わからずにいます。

私に限らず、ここでは誰もが自分の回りにこのような難民移民の知り合いを持っています。私の一〇年来の友人であるエジプト人の話をしましょう。彼はアレクサンドリアの近くに生まれ、そこで高校を出るとすぐオランダに出稼ぎに渡りました。そこでエジプト料理のコックとしての修業を重ね、知り合ったポーランド人の奥さんと一緒にポーランドに来ました。もう一〇数年前になりますが、わが家の近くの小さな市場で小さなエジプト料理の食堂を始め、主にケバブで稼いでいました。彼はエジプトから二人の弟を呼び、彼の店で修行をさせ、その弟たちは今ノルウェーでそれぞれ独立して、店を持っています。彼自身は小さな食堂から始め、今は都心に二階建てのレストランを構え、二四時間営業で頑張っています。従業員にはやはり自分と同じような境遇のチェチェン人、ウクライナ人、リビア人を雇い、彼らのポーランドでの生活の手助けをしています。小学生になった息子の成長を楽しみに毎日仕込みに励んでいます。

前述のエチオピア人やこのエジプト人のように、政治的、経済的な理由によって、国外に出ざるを得なかった人たちは、好き好んで難民、移民になったわけではありません。私たちの祖父母がブラジル、ハワイ、アメリカ西海岸に移住したことも鑑みて、彼らを温かい目で見守り、水死した少年が海岸に流れ着いたりするようなことの無い対応を今こそ取るべきだと痛感します。ポーランドでは今朝も気温が零下になりました。国境近くで足止めを食って、テント生活を強いられている人の事を思うと本当に心が痛みます。

次に、私の教え子であるアデリナ・トルバラさんを例にとって、その問題を考えてみました。アデリナはウクライナ出身の二十四歳の女子学生です。十七歳でドニエツク市にある高校を卒業し、すぐにポーランドの大学に入るべく、ポーランド西部の町ヴロツワフに来ました。そこで一年間ポーランド語を勉強した後、ワルシャワ大学日本学科に入ってきました。そしてまもなく、故郷のウクライナではロシアがクリミア半島を併合し、彼女の住んでいた町ドニエツクでも戦闘が始まりました。その戦争を避けて、母親がポーランドに戦争難民として逃げて来ました。父親はウクライナの非戦闘地区に残って今も仕事を続けているそうです。ポーランド側からは、アデリナは現在大学教育を目的とした移民と見なされ、母親は難民として受け入れられています。ただし、ポーランドでの難民生活はかなり厳しく、難民認定、滞在延長、国籍取得、などいろいろな問題を抱えているようです。ワルシャワで七千人、ポーランド全国では九万人といわれているウクライナからの留学生も日々アルバイトをしながら勉学を続けるといった状況だそうです。またその留学生の一〇倍にもなろうかという難民たちは、スーパーの店員、街の清掃員、老人介護、建築現場などポーランド人が嫌う三Kの仕事を一手に担っているようです。

これは、昔ポーランド人がまだ民主化を果たす一九八九年以前に西側諸国に出稼ぎに行った状況と酷

アデリナさん

似していて、三〇年前のポーランドを思わせるような状態です。そしてあの頃と同じように、豊かな国で稼いだお金を本国の家族に仕送りするというパターンが世界史の中で繰り返されているのを感じます。

アデリナは在学中に一年間日本に留学し、この春学士号を取得しました。彼女は他のウクライナ人留学生と同じく、まだ毎日戦死者が出ている故国には帰る気持ちがなく、ポーランドか第三国で日本文化紹介に関わる仕事に携わりたいと言っています。一日も早く家族がみな揃って平和に暮らせるようになることが夢だと話してくれました。その彼女が留学先の日本の大学で奨励賞を受けた詩の一部をご紹介しましょう。

「百万本のバラの街は　戦争でばらばらになって
バラの色が血の色に変えられた　今も出血が続いている　時間が経っても私はバラを一本守る　自分の名字に残る　ふるさとのバラを」

人生は一〇〇歳から

9／21

　ポーランドでは日本人の長寿はつとに有名で、世界で最も長生きをする国民と思われています。統計的にもそれは正しいのですが、では一体なぜ日本人の長寿が話題になるかというと、ポーランド人自身が日ごろから強いお酒を飲み、脂濃い食事をし、不健康な生活をしているせいであまり長生きの国民ではないと思っているからです。そして、日本人が海産物を多く食べるために長命だと思っている人も多く、そのおかげでワルシャワに一〇〇軒以上もある寿司屋が繁盛しているというわけです。

　そこで、今回はポーランド人の中にも長寿の人がいて、今年一〇〇歳を超えた人の数が発表された記事を基にレポートします。

　こんなテーマの時いつも引き合いに出されるのが世界長寿番付の上位一〇人のうち半数を日本人が占めているという内容の話です。ここでポーランド人は、日本人が「敬老の日」という老人を敬う国家祭日まで設けて老人のケアに国を挙げて取り組んでいる結果だと称讃しています。今年ポーランドで一〇〇歳を超えた人は四一〇〇人近い数に上ります。ポーランド人の最高齢者はテクラ・ユニエヴィッチさんで、一九〇六年生まれの一一二歳です。生まれは現在ウクライナ領となっているルヴフという町の近くで、第一次、第二次世界大戦を経験し、今はポーランド西部の町グリヴィツェ市に孫と住んでいます。テクラさんと親しくしている老人学者のクロチェックさんはテクラさんの長寿の秘訣は間違いなく家族愛だと定義しています。

　さて、今年一〇〇歳を迎えたマリアンナ・ジェブロフスカさんの娘さんがインタビューに答えて、マリアンナさんの長寿の秘訣を明らかにしました。八月二十六日の誕生日を子供四人、孫六人、ひ孫一四人に囲まれて祝いました。娘さんによるとマリアンナさんの人生は決して平坦ではなかったそうです。若いころから育児、家事をこなして、その上牛、豚、鶏の世話をし、農繁期には刈り入れや脱穀を手伝い、それがないときは掃除、糸ツムギ、編み物などを休むことなくし続けました。一生体を動かし続けたことと、そして、今もスマートフォンやコンピュータに興味を示すその好奇心こそがきっと長寿の秘訣ではと言っていました。

日本では一〇〇歳以上の人の数のほぼ八八パーセントが女性ですが、ポーランドでも女性が七六パーセントを占めます。ポーランドで男性が女性より短命である理由として、男性は強いお酒を飲むことからくる脳卒中などの病弊が多く、さらに自殺者のほとんどが男性であることなどが挙げられています。ちなみにポーランド人男性の最高齢者は一〇八歳のスタニスワフ・コヴァルスキ氏で、この人は現在もとても元気で、一〇〇メートル走シニアヨーロッパ記録の保持者でもあります。

ポーランドでは誰かのお祝い事、例えば誕生日とか結婚式などの席で［sto lat］という歌を皆で合唱します。これを日本語に訳せば「百年」とか「百歳」という意味で、長寿を祝い、幸せを願うために歌い、ポーランド人ならだれでも知っています。今日話題に上ったテクラさんやマリアンナさんのお祝いの席では［sto lat］ならぬ、［dwiescie lat］すなわち「二百年」と歌わなければならないとは、七十一歳になるマリアンナさんの娘さんの言葉でした。

忘れられたノーベル賞学者

10／25

今年のノーベル生理学医学賞を京都大学の本庶佑先生が受賞しました。今から二三年前にポーランドの物理学者がやはりノーベル賞を受けたことは実はポーランドでもあまり知られていません。今回は日本とも大いに関係のあるこのポーランド人ユゼフ・ロートブラットについてご報告します。

ロートブラットは一九〇八年にワルシャワで荷馬車運送業者の息子として生まれました。小学、中学校を経て職業学校で電気関係の技術を学び、後年ノーベル平和賞を受賞したレフ・ワレサ氏と同じ電気工として働いていました。しかし、勉学への思いが強く、高校卒業資格の要らないワルシャワ自由大学に入り物理学を修め、一九三八年には現在のワルシャワ大学で博士号を取得しています。そのころ結婚した彼の妻トーラは第二次世界大戦中に、強制収容所で彼の母親、弟妹とともに命を落としました。彼は第二次世界大戦勃発前にイギリスに渡り、リバプール大学で研究をつづけました。戦後一九五五年に、二〇世紀最大の哲学者と言われるバートランド・ラッセルが米国のアインシュタインや日本の湯川秀樹に呼びかけ、核兵器廃絶を唱えたラッセル・アインシュタイン憲章を発表し、それを基に一九五七年、カナダのパグウォッシュで科学者による平和を目的として、立ち上げられたものが「パグウォッシュ会議」で、その創設者がロートブラットだったのです。

彼は第二次世界大戦中に英国の学者に誘われ、米国の原子爆弾製造「マンハッタン計画」に参画しました。しかし、原子爆弾が出来上がる前に、ナチスドイツには原爆を作る能力がないことが分かった時点で、マンハッタン計画から離脱しました。彼はこの計画に参加した学者の中で唯一、途中で離脱した人としても知られています。第一次世界大戦と第二次世界大戦を経験したロートブラットは必ず第三次世界大戦が起き、その時には核戦争になると思い、それを止める手立ては平和運動しかないと考え、

「パグウォッシュ会議」を立ち上げたのです。社会とは無関係であり得ない科学者の道義的責任は重く、学問の成果が戦争で大量殺人に使われることは絶対に避けるべきだと、毎年世界各地で集まりを持ち、一九七六年には第二五回会議が京都でも開かれました。一九五四年に米国がビキニ環礁で行った水素爆弾の実験のため日本の第五福竜丸が死の灰を浴びて、久保山愛吉さんが亡くなった事件では、ロートブラットが死の灰のサンプルを取り寄せて調査し、危険区域外にいれば安全だとした米国の虚偽を暴露しました。

彼は自分の創設した「パグウォッシュ会議」とともに一九九五年にノーベル平和賞を受賞しました。

ユゼフ・ロートブラット

ではなぜロートブラットはポーランドであまり知られていないのでしょうか。「私はイギリスのパスポートを持っているが、ポーランド人です」と言い続け、ノーベル賞授賞式の会場ではショパンの「ポロネーズ」を流すよう要請し、英国人の同僚との話の際にはしばしばポーランド最大の詩人ミツキエヴィチの言葉を引用したにもかかわらず、なぜポーランド国内ではほとんど顧みられなかったのでしょうか。一つは彼が鉄のカーテンの両方の政治家との間を核兵器廃絶の目的で取り持ったことによるのか、（ゴルバチョフは彼を友人として遇した）、一時とはいえマンハッタン計画に参画していたことによるのか、一九八三年に連帯労組委員長レフ・ワレサがノーベル平和賞をもらったことの陰になってしまったせいか、答えは誰もわかりません。

ロートブラットは二〇〇五年八月に九十六歳で亡くなりました。二〇一三年にノーベル平和賞受賞者をワルシャワに集めて行われた平和会議でもロートブラットの名前が挙がらなかったのは不思議というほかありません。

後書きにかえて　著者インタビュー　皮から根っこへ――ワルシャワ生活五〇年を振り返る

聞き手　沼野充義

ポーランドに来るまで

――岡崎先生の長年のワルシャワ生活の集大成ともいうべき『ワルシャワ便り』が刊行される運びになって、大変嬉しく思っています。私がワルシャワで先生に初めてお目にかかったのは、私たち夫婦がワルシャワ大学日本学科に講師として赴任した一九八七年九月末のことでした。私たちはポーランドがその時全く初めてで、本当に西も東も分からないところ、ポーランドの魅力的な世界へのイニシエーションをしていただき、本当にありがたかったです。喫茶店に入るとき、エレベーターに乗るとき、女性と一緒の場合、男が先に入っては絶対にいけない、女性を無視して先に入るような男は「非文化的」と見なされる、といったことに始まり、ポーランドのフラチキ（もつ煮込みスープ）がどこで食べられるかまで。ワルシャワのお宅にも何度もご招待いただき、奥様の手料理をご馳走になり、ポーランド料理の本当の美味しさを知りました。

それ以来ずいぶん長い年月が経ち、ずっと先生にはお世話になりっぱなしでしたが、考えてみると、岡崎先生ご自身のことをあまり伺う機会がなかったという気がします。この機会に、日本の読者への先生のプロフィールの紹介をかねて、いろいろ改めて聞かせてください。

まず、岡崎先生は最初からポーランドにご興味をお持ちだったのでしょうか？　先生の若い頃というと、日本ではポーランドのことなどほとんど知られていなかったと思うのですが、日本では学生時代に何を勉強されていましたか？　ポーランドに行くようになったきっかけはどのようなものだったでしょうか？

岡崎　山口県下関市菊川町の中学生時代、ＰＦＣ（pen friend club）という英語担当教諭の主催するクラブがあり、それに参加して得たのが Tony Wark というオーストラリアのキャンベラに住む中学生でした。以後彼とは四〇年に及ぶ文通を続けてきましたが、その時彼が送ってきたオーストラリアの絵葉書や切手などから受けたエキゾチシズムが外国への関心を目覚めさせました。高校に入って欧米の文学を読んでますますその関心が強くなっていき、最終的には一番好きだったフランス文学を目指して、大学は仏語仏文学科に進学、そこで出会ったのが「留学生友の会」という、留学生と日本人学生との交流を目指し、外国から来た留学生に古都京都に馴染んでもらうのを目的とした学生組織で、すぐそれに参加しました。

――そこまでは、まだポーランドとは縁がなさそうですが……

岡崎　ええ、ところがこの「留学生友の会」での活動中に知り合ったのが、将来の妻となるクリスティナだったのです。ポーランドとの関係はここから始まります。彼女の恩師で、ポーランド近代日本学の礎を作ったコタンスキ先生から声がかかり、「留学生友の会」の活動として留学生に日本語を教えてきた経験を買われ、まずワルシャワ経済大学日本語講座の講師に就任しました。そして三年後にワルシャワ大学日本学科で教鞭を執り始め、今日にいたっています。

ちなみに医者になったトニーとはごく最近まで音信が続いていました。

――そして奥様のクリスティナさんは、後に日本学者としてワルシャワ大学でやはり教鞭を執られたわけですね。夫婦そろってワルシャワ大学の日本学科を長年支えられたわけですが、ポーランドに初めて行ったときの印象はいかがでしたか？　それからなんともう五〇年にもなろうとしているわけですが、こんなに長くポーランドに住むことになるという予感はありましたか？

岡崎　一九六九年に初めてポーランドに来た時の印象は、なんと自然の豊かな国だろうということでした。首都ワルシャワの通りという通りは街路樹に覆われ、あちこちに公園や広場があり、そこにも緑があふれていました。確かにまだ第二次世界大戦の痕跡があちこちに残っていて、現在の王城も瓦礫の中に壁が一枚残っているだけでした。至る所に生々しい弾痕の残る建物がありましたが、それを隠すように緑が豊富だったという印象の方が強かったです。

――ワルシャワはよく知られているように、第二次世界大戦中にナチスドイツに大部分を破壊され、ほとんど町全体が瓦礫と化したわけですが、比較的短期間に立派な復興を遂げたということですね。ただ当時ポーランドは社会主義体制で、日本とは違って戸惑うところもあったのではないでしょうか？

岡崎　時代は社会主義真っただ中で、日常生活に不自由がないほどは物資がありましたが、それ以上ではありませんでした。ただし時により行列に並ぶという苦難を強いられたのですが、これが必ずしも無意味だというわけではなく、並んでいる間にどこそこで何が買えるという生活上きわめて有用な情報が得られました。日本で私が否定的だった贅沢や資源の無駄遣いなどのない、今頃やっと気づいたように言われ始めたエコな生活でした。

――なるほど、今の日本人こそ、そういう社会主義時代の生活に学ばなければならない。

岡崎　そしてワルシャワに来た翌年からワルシャワ経済大学で日本語を教え始め、それまで系統的に日本語を外国語として教える勉強をしていなかったので、日本からそれに関する文献や資料を取り寄せて、勉強しはじめました。毎日の講義の教案などの準備に並行して、ポーランド語の勉強も始めました。そのころは日本語を教えると言っても、教科書もなければ、辞書類もそろっていなかったので、教材作りは毎日の日課で、学生たちも私の板書を書き写すことで、自分の教科書にするという状態でしたから、前日に教材や補助教材を作って授業をし、試験はカーボン紙を挟んで数人分を書き、そんなことを毎日続けているうちにいつの間にか月日が経ち、気が付くと長期滞在をしていたというわけです。したがって、長くポーランドに住むという予感はなく、今になってそれに気が付いたというのが、正しいでしょう。

――もう一度、ちょっと繰り返しになりますが、社会主義国ポーランドの、日本とはかなり異なった体制の下に住むということゆえの不自由とか、違和感はあまりなかったんでしょうか？

岡崎　社会主義社会は想像していたより現実的で、メーデーのような特別な日以外はことさら社会主義を意識したことはありませんでした。

「社会主義時代を振り返って」（本書111頁以下）にも書いた通り、品不足による不便はありましたが、国政批判とか反社会主義的記事などの公的活動さえしなければ、生活は日本と全く変わりませんでした。一般の人の日常生活で、イデオロギーの違いを感じたことはありません。日ごろの会話でも周りにどんな人がいようと気を遣うこともなく、好きなことが言えました。この国には一体社会主義を擁護する意思のある人がいるのだろうかと訝しむほど自由でした。

――しかし、「資本主義国」の人間としては、出入国の手続きなどは相当大変だったのではないでしょうか？

岡崎　そう、共産圏ゆえにポーランドへの出入国は大変だろうといわれましたが、私の印象では出入国管理にかかわる役人たちの事務処理能力に問題があったのであって、待てばキチンと手続きを処理してくれました。ビザが切れても延長を申し込めば、理由さえ明確なら延長に同意してくれました。その点では日本で私が学生時代に留学生のお世話をしていた時に、彼らの滞在延長ビザは一旦国外に出て再度申請しなおさなければならず、日本の国外と言えば海を渡るしかなく、どれだけの留学生がその義務を果たすために苦労したか知っていたので、ポーランドの手続きなどはさほど苦にはなりませんでした。

それより驚いたことは、ワルシャワ大学に奉職した時、私は資本主義国から来た、日本国籍を持つ人間であるにもかかわらず、すぐに国家公務員の資格で就職できたことです。日本人として選挙権こそありませんが、それ以外はすべてポーランドの一般国民と同じ扱いで、今もそれが続いています。ですから、国政参加という面では、私は現在日本国民としてこちらの日本大使館で投票を行うことによって義務を果たしています。

——なるほど、そういう面を見ると、ポーランドのほうが日本よりもよっぽど大らかですね。日本は杓子定規に外国人を区別しすぎているのではないでしょうか。

ワルシャワ大学で日本語を教えて

——ところで、ポーランドでは日本に対して大変好感度が高いと思います。日本研究も盛んですし、日本語を熱心に勉強する学生も多いと思います。どうしてそんなにポーランド人は日本が好きなのでしょうか？　日本語のような難しい言葉をどうして彼ら、彼女たちはわざわざ選ぶのでしょう？

岡崎　ポーランドでの日本に対する好感度の高さは、日本の方からよく聞きます。多くのポーランド人にも尋ねてみて、その理由を探った結果、根源はどうも日露戦争にまで遡るようです。二〇世紀の初め、

ポーランドはロシア帝国の支配下にありました。そして日露戦争が起き、極東の小さな新興国日本があの大帝国を負かした時のポーランド人の驚きは、いまだにその影響が残るほど、大きかったのではないかと推察するのです。直接の影響ではなく、その時驚嘆したポーランド人の思いが親から子へ、子から孫へと語り継がれたのが縦糸で、横糸にその後の日本の経済大国に向かっての発展、日本製品が世界中にあふれた事情があります。その奇跡的な経済発展の原因に強い興味を引かれ、それの精神的背景として武士道とか能楽とか茶道とかが紹介されるに及んで温故知新の理想形として日本を高く評価しているように思えます。もう一本の横糸はポーランド人は武士道を自国の騎士道に擬して、それに強い共感を覚えているようにも感じることです。

——しかし、それはそれとして、言葉まで勉強するところまではなかなかいかないのではないでしょうか？　日本でもポーランドは人気があって、ショパンとか、ポーランド映画に憧れた若者は多かったはずですが、ポーランド語を勉強しようという日本人

は稀でした。私などはスタニスワフ・レムというポーランドのSF作家にはまってしまい、彼の作品をポーランド語で読みたくてポーランド語の勉強を始めたのですが、これは日本ではめったにないケースでしょう。

岡崎　なぜポーランド人が日本語のような難しい言語を選ぶかというご質問ですが、次のように考えてみたことがあります。欧州で、ポーランドのような小国が生きていくには自国語だけでは立ち行かないので、隣国及び大国の言葉をものしてきた民衆としての知恵あるいは打算が代々引き継がれてきた歴史があります。英独仏露などの言語は言うまでもありません。また、わがワルシャワ大学東洋学部を見ても、中国語、韓国語、モンゴル語、ヒンディ語、ウルドゥ語、アラビア語、ペルシャ語、また死語となっているアッシリア語さえ学ぼうという若者がいるところを見ると、打算とは別に、ポーランド人は言語学習が好きな国民かもしれません。社会主義時代に義務付けられていたロシア語学習を避けて、日本語学習に熱をあげることが一種特権階級的意識を生み出しているように思ったこともあります。しかしその前に、前述の好感度の高さが前提にあるように思います。

──とすると、日本を研究するポーランド人たちは、特に変わった人たちではなく、普通のポーランド人なのでしょうか？　また、日本語を学ぶ学生たちの興味のあり方や気質の変化はありますか？

岡崎　ポーランドは個人主義の強い国だけに人並みな表現や専門を嫌う傾向にあり、他に追随することを嫌います。その点では日本語を学ぶ学生たちもほかのポーランド人たちも同じことで、日本学科の学生たちが特に浮き上がっているという印象はありません。

興味のあり方も社会主義時代にはひたすら現実逃避的なロマンを追及する態度が見られましたが、民主化後にはある程度現実に密着した、例えば将来の就職を考えて専攻を選ぶ人がちらほら出てきました。と言ってもロマンを追い求めるタイプの人が多いことに変わりはありません。

昔、新学期の初めに当時学科長だったコタンスキ先生が日本学科を出ても就職が難しいと言ったところ、「私たちはそんな打算で日本学を勉強しに来たわけではない」とねじ込まれ、先生が困った顔をしていたのを思い出します。王朝文学や古代史、日本的美学などを専門に勉強しても、卒業後すぐ実業に就けない現実があるので、中には日本学科を卒業後ワルシャワ経済大学に学士入学して、経済実務を修めてから社会に出る人も出てきました。

——しかし、さすがに最近は、王朝文学や古代史というわけでもないと思いますが……

岡崎　確かに、近年興味のあり方というか日本に興味を持ち始める動機が以前と違ってきたのを感じます。それはマンガやアニメの影響でしょう。子供のころに親しんだマンガなどに啓発されて日本に興味を持ち始めた人が多くなりました。欧州日本語教師会の他国の会員から聞いたところでは、この現象はポーランドに限らず、世界的な現象のようです。

今も昔も変わらないのは、日本語そのものに興味を持って日本学科に入ってくる人が多いことでしょうか。

学生気質については社会の変化程に変わってはいないように思います。

——長年ワルシャワで教えてきた経験の中で、個人的に特筆すべき出来事、記憶に強く残る出来事を二つ、三つ挙げて少しお話しいただけますか?

岡崎　教師生活の大半をポーランドで過ごして、個人的に面白いと思った事柄はたくさんあります。その中から、四つのエピソードを挙げましょう。

第一は、社会主義時代の話です。そのころポーランド人の中には、社会主義を毛嫌いしている人が大勢いて、どんな集まりでも社会主義を称讃したりすることなどほとんどありませんでした。しかし、ある女学生が私のところに来て、「私はポーランド北部の田舎の出身です。しかしその私がこうして首都の大学で高等教育が受けられるのは社会主義時代だからであって、私はこの社会主義を悪く思えません」と告白したことです。おそらく友人たちのいるところでは決して口に出しては言えなかったけれど、なぜか私にその話をしてくれたことが強く印象に残っています。

第二に、印欧語族のポーランド語とは大きく違う日本語の学習の中で、毎日新しい文法を教えられ、新出漢字や単語を絶え間なく覚えるのは、教える側から見ても大変だと思うのですが、二年生の初めから始まる文語にはまる学生が出てくることでしょうか。一通り終えた口語文法に比べ、文語文法の方が整然としていて無駄がないと思う学生が出てくることを、その科目を担当していた妻がよく話していました。私は日本の子供に口語文法が嫌われていることは承知していました。ましてや文語文法など好む人はあまりいないと思っていたので、こちらの学生の反応が強く印象に残りました。

第三に、前のエピソードにも関連しますが、時々漢字にはまる学生が出てくることです。日本人でさら漢字の不得意な人がいるのに、指導する側の教え方次第では、漢字の成り立ちや派生などの方法にだんだん興味を持ち始め、その合理性と何より字形の美しさなどに魅入られる学生がいることです。漢字をたくさん覚えるだけでなく、同意語の微妙な差異までにも通じ、いわゆる「漢字オタク」と言われる

学生がいることです。聞くとほかの国にも必ずそんな学生がいるそうです。

最後に、勉強以外で強く印象に残ったこんなことがありました。私は元来服装などには興味のない人間ですが、いつか日本に帰国していた時に東京で、ある大学の学生のお揃いのスポーツウエアを見て、ワルシャワ大学の学生にもお揃いの服を着せれば、日本学科に所属しているという連帯感が出て勉強の励みにもなるのではないかと思い、講義の際にそのことを話してみました。講義後、ある女学生が私のところに来て、「自分たちは日ごろからいかに他人とは違う個性のある服装をしようかと心を砕いているのに、あろうことか、教師がみんなに同じものを着せるような発言があったが、これは許せない」とのお叱りを受けました。事の重大さに気付かなかった私は、「何もそんなに真面目に言ったのではない」と言ったら「こんな重大な問題を不真面目に取り扱われては極めて心外だ」と火に油を注ぐ結果になって、本当にたまげました。ポーランド人の個人主義を甘く見ていたことへの悔恨とともに強く記憶に残

っています。

――それは面白い。日本みたいに多くの学校でいまだに制服があるのが当たり前、オフィスでは男はネクタイをして、女はハイヒールを履かなければならない、なんて考える国では確かに想像もできないことです。

岡崎先生の長年の努力の甲斐あって、いまやワルシャワ大学の日本学科は、世界でも有数の水準の高さを誇るものになっています。現在ワルシャワ大学で教えているポーランド人スタッフは、教授から若手講師まで、ほとんど全員岡崎先生の教え子ですね。私も一九八七年から八八年にかけて一年間、ワルシャワ大学で教えさせていただき、学生たち、教授陣の素晴らしさに驚きました。その後、私はロシア、欧米、アジアの日本学者たちと幅広く文学研究・翻訳を通じて交流してきましたが、やはりワルシャワ大学の日本学科の水準が国際的に見てもずば抜けて高いという確信は揺るぎません。ワルシャワ大学と東京大学の間では学術交流協定が一九七〇年代から結ばれていて、教員や学生の交換を行ってきましたが、ワルシャワ大学日本学科の推薦を受けて東大に留学した人たちはみな非常に優秀でした。

記憶に残る出会い

――話は変わって、日本から様々な人たちがしばしばワルシャワを訪れたと思います。おそらく岡崎先生はワルシャワのいわば「主」として、そういう日本人たちを――若い貧乏な留学生たちから、天皇陛下にいたるまで迎えて案内してこられたのではないでしょうか。ワルシャワで会った日本人たちの中で特に記憶に残る興味深い方々には、どんな人がいましたか？　差しさわりのない（笑い）範囲でけっこうですから――というのも、おそらくここで言わないほうがいいこともけっこうあったのではないかと思うのですが――お願いできますか？

岡崎　まず、なんといっても、上皇上皇后両陛下です。日本国の象徴としてポーランド人は誰でもその存在を知っていますから、歴史始まって以来の行幸啓を国民がこぞって歓迎しました。ご滞在中の様子はテレビ、ラジオ、新聞などで連日報道されました。

私も在留邦人との集い、ワルシャワ大学への行幸啓、在ポーランド日本大使公邸での集まりに参加して、何度かお言葉を交わす機会がありました。特に大学では教え子たちが五人ほど歓迎の言葉を述べたとき、学長を通して素晴らしい出来だとお褒めの言葉をいただきました。大学の黄金の間（国賓をお迎えする間）では、現地で日本語を教える苦労話や面白い経験などについてお話ししました。両陛下の行幸啓ほどポーランド人の間に日本国を知らしめるのに顕著な寄与のあった例を他に知りません。

次に、大学関係者では、ポーランド研究者の吉上昭三先生です。吉上先生は六〇年代からポーランド研究に力を注がれて来ました。東京大学教養学部に勤務している間に、ポーランド語を教え、その教え子の中から多くの後のポーランド研究者が生まれて行きました。いわばポーランド学発展の原動力になった先駆者です。現在日本のポーランド学を率いる研究者のかなりの方が吉上先生の薫陶をえてこられたのではないでしょうか。

——はい、吉上昭三先生は、東大で私にポーランド語の手ほどきをしてくださった恩師です。私の同学年の西成彦君も、少し年長の関口時正さんも、吉上先生にはいろいろお世話になりました。

岡崎　それから、NHKラジオプロデューサーの村島章恵さんという方がいます。ポーランドに興味を持っていた村島さんがひょっこり日本学科を訪ねてきて、たまたまそこに居合わせた私が大学をご案内したのがきっかけで、お付き合いが始まりました。村島さんが日本国内各所の放送局に赴任されたときは、その地に留学中の私の教え子たちとインタビューしたり、ポーランド関連のニュースを採り上げたりしてくださいました。そして、二〇〇八年に「ラジオ深夜便」のレポーターに推薦してくださったのが、私と深夜便との関わりの始まりで、本書が出版される運びとなったのももとはと言えば村島さんとのお付き合いが発端だったわけです。

——学術や文化面だけでなく、実業といいますか、産業や実学の分野でも、いろいろな日本人とお付き合いがあったのではないでしょうか？

岡崎　そういう方面ならば、まずお名前を挙げたいのは、初生雛雌雄鑑別師の光安親夫さんです。ローマのＩＬＯ（国際労働機関）から社会主義時代のポーランドに送り込まれた養鶏の専門家で、ポーランドの農業立て直しに一役も二役も買われた方です。雛の雌雄鑑別の意識さえ全くなかったポーランドで何年もかけて鑑別技術を教え、無駄なエサ遣りをせずに合理的な養鶏をすることで、利益を上げることができるようになったのです。現在のポーランド農業発展のかなりの部分の礎を築いた方だと思います。

それから、日本製鋼ワルシャワ事務所長だった、神原勝行さん。七〇年代にニチメン実業の社員としてポーランドに来られ、以後ポーランドの経済立て直しに多大な貢献のあった方です。ニチメンを退社された後、自分で立ち上げた日本とポーランドの合弁会社を経営し、機械産業には不可欠なボールベアリングの製造に携わり、それは現地のポーランド企業は言うまでもなく、進出してきた日本および西側企業の工場でも幅広く使われ、その貢献のゆえにポーランド大統領から「ポーランド共和国国家功労賞指揮官十字勲章」を受勲されました。

その後、お世話になったのが特許法専門家の松尾顕樹さんです。民主化後ポーランド経済が大混乱を起こしていたころ、大学では日本から書籍はもちろん出版録さえ購入できず、学生はろくにボールペンさえ入手できない状態でした。それを知った松尾さんが二〇年以上にわたり自費で書籍や文具を送り続けてくださったのです。ワルシャワ大学、およびワルシャワ経済大学合わせてどれだけの教官や学生がその恩恵に浴したことでしょうか。決して忘れられない方です。

その他、留学生としてポーランドに来た若者は数えきれません。以下思い出すままに敬称抜きで列挙させていただくと、秋山由衣（画家）、荒木勝（現岡山大学副学長・ポーランド史）、加藤有子（現名古屋外国語大学准教授・ポーランド文学）、河野太郎……

――えっ、あの外務大臣の？

岡崎　はい、ポーランド中央計画統計大学（現在のワルシャワ経済大学）に交換留学でアメリカから来ておられました。それから、田口雅弘（現岡山大学教授・ポーランド経済学）、小山哲（現京都大学教授・ポーランド近世史)、白木太一(現大正大学教授・ポーランド史)、吉岡潤(現津田塾大学教授・ポーランド現代史)、吉野悦雄(故人、元北海道大学教授・東欧経済・社会史)……

――じつに錚々たる顔ぶれですね。私ももちろんよく知っているこういう沢山の名前を聞くと、改めて、現代日本の知の相当大きな部分は、私も含めて、ポーランドに育まれてきたということを改めて思います。とはいえ、こういう日本人たちも多士済々、みな個性的で決して簡単には「日本人」として一般化できないかもしれません。それを承知のうえで、あえて伺うのですが、岡崎先生の長年の経験を通じて、日本人とポーランド人の気質や物の考え方、行動のしかたの違いをどう思われますか? 実感として結局は同じ人間でしょうか。それともいまだになじめないポーランド人の行動のしかた、ものの考え方というものはありますか?

岡崎 気質や考え方は両国どちらも人それぞれに性格も違えば思考方法も違うので、日本人・ポーランド人という枠でその違いを表すことは難しいです。両国民が持っている喜怒哀楽の情に大きな差異があるとも思えません。日本人社会の集団主義的な行動パターンに比べ個人主義的なポーランド人社会のパターンには明確に差異は感じられます(「休暇の過ごし方」本書27頁以下参照)。

しかし、だからと言ってそのポーランド人の行動様式に馴染めないということはなく、少し視点を変えて考え直してみると彼らの行動も十分にうなずけるわけで、それはおそらくポーランド人から見た日本人の行動のあり方も十分に理解できる筋のものと思われます。

ポーランド人の型にとらわれない合理的な考え方、一方形式を重んじる日本人の考え方など対極にあるように見えますが、背景を詳しく説明すればなるほどと両方が納得する場面をよく目にしました。意思の疎通というか話し合いさえうまくいけば、きっと解り合えると思います。結論は同じ人間であるということです。

日本へのメッセージ

――日本であまり知られていないポーランドの文学・芸術作品、文化的イベントなど、ジャンルを問わず岡崎先生が個人的に特にお好きなもの、ぜひ日本人に知ってもらいたいものなどおありでしたら、二、三あげていただけますか？

岡崎　以下に述べるのはすべて個人的な意見ですが、第一に、ポーランドでは子供がまだ小さいころ、有名な詩人や文学者が書いた詩などを暗唱することが始まります。それも毎週のようにけっこう長い詩文を覚えて、母の日や祖父母の日などの催しの時披露するのです。日本語と同様にポーランド語にも特有のリズムがあり、使われているきれいな言葉とともにそれを暗唱して人前で披露することの有効性は国語教育の根幹になりうるものではないでしょうか。日本語を習うポーランド人を観察していて、やはり母国語がしっかりしていないと外国語も上達しないのを見てきました。きれいな母国語で自分の感情や論理を表現できることが実は外国語を学ぶ上で大変大事なように思われます。

第二には、「博物館の夜」（本書227頁以下）でご紹介したことですが、このような制度が日本にもあれば特に若い世代の人たちに広い知識と教養を植え付ける良い機会になるに違いないと思います。東京のような大都市での実行は難しいかもしれませんが、それでも規模を縮小してやれば不可能ではないと思われます。そうすれば、博物館や美術館に収蔵されている数々の収集品もその文化的価値を今まで以上に拡散伝達できるように思います。こんな機会があれば市民が受ける影響や効果は計り知れないでしょう。

第三に、「クリスマス・チャリティ・オーケストラ」（本書241頁以下）で書いたクリスマス・チャリティ・コンサート。年中行事と化した感のあるコンサートですが、ミュージシャンを中心にしたこの募金活動の特徴は一般の人たち老若男女がボランティアとして募金をして回るところです。募金者の登録から募金箱の貸し出し、募金方法、総計計算作業まですべてボランティアが実施するのです。募金の目的である活動の検討から資金の割り振りまで実施する委員会、会計監査など綿密に計画された組織の上に立ってのチャリティは、予算などに縛られている政府や地方自治体の枠を離れたNPO活動なので、募金の使途がかなり自由に設定できます。毎年のようにボランティアの人たちが感想を寄せるけれど、人助けの手伝いをすることで、自分自身が助けられているという人がなんと多いことか。

――ちょっと変な質問かもしれませんが、いまから振り返ってみると、長年日本を離れてポーランドに生きてよかったと思うことはありますか?

岡崎　こちらにいた間、ずっと日本にいなかったわけで、それからいうとこちらで長く生きてきてよかったかどうか比較判断が難しい面がありますが、次のことは言えるように思います。

自分ではあまり意識していなかったのですが、ポーランドで家族を持ち、ポーランド人の同僚と学生たちと出会い、ポーランド社会の歴史の中に生きてきたことは「日本人としては稀有な経験ができた」と言えるのではないでしょうか。二〇〇〇年生まれの教え子(今年の一年生)たちから、どうして私がここで日本語を教えているかと尋ねられました。これまでも毎年同じ質問をされてきたので、いろいろ考えてはいるのですが、一言で答えるとなると決して簡単ではありません。あえて言えば「運命」でしょうか。旧満州に生まれ、ずいぶん危険な目にあいながら母国に引き揚げてきて、山口県で少年期を過ごし、縁あってポーランドに来てほぼ半世紀経ってあなたたちとの出会いがあったと答えることにしています。ポーランドでの人生の中で戒厳令という危ない一時期もありましたが、それ以外疫病も戦争もなく平穏に過ごせたことは幸運だったと言えましょう。

――ポーランドは社会主義時代末期から政治的激変を経て、ずいぶん変わってきました。いまはポーランドを含むEU、さらにはアメリカ・ロシア・中国などの大国の駆け引きのなかで世界は大きく、なにやら危険な方向に向かいつつあるように見えますが、そんな時代の流れをポーランドで目撃しながら、ポーランドがどこに向かいつつあると思われますか?

岡崎　二〇一五年から保守系右派の政治を実行して

いる現政権は時として、ＥＵと齟齬を生じる政治を行っています。それに同調する例えばハンガリーやBrexitを目指す英国などとともに欧州の安定に少なからぬ不安があるのも事実です。今ポーランドにとって最大の問題は隣国ロシアとの関係です。ロシアに対して常にＮＡＴＯの最前線ともいえるポーランドの立場は微妙で、ウクライナのクリミア半島併合のようなことこそ起きないでしょうが、国際情勢の中でのバランスがどう保てるか不安はぬぐえません。ＥＵに加盟してから、今年で一五年経ちました。ＮＡＴＯ軍が駐留している中、近い将来ＥＵと同調しながら対ロシア問題を念頭に置き、欧州の安定を基礎に国策を進めていくのが得策だと思う国民も多いようです。

――長いこと興味深いお話をありがとうございました。岡崎先生と初めにお目にかかってからもう三二年近く経つわけですが、初めて伺ったことも多く、改めて、岡崎先生が実に豊かな時間をポーランドで過ごしてこられたことがよく分かって、羨ましく思いました。

最後に、この本で岡崎先生のことを初めて知る多くの日本の読者に、メッセージをお願いできますか？

岡崎　日本から見るとポーランドは北半球に限って言えばちょうど裏側に位置します。直行便の飛行機でも十時間余りかかるほどの距離です。人種も風俗も歴史も文化も全く違う国同士ですが、ここに長く住んで実感したのは、確かに現象的には相違点が多いけれど、根っこのところは同じ人間だという事実です。こちらに住み始めたころは目に見える表面的な違いに気を取られ、右往左往した時期もありましたが、この地にしっかり足をつけ、周囲のポーランド人と親しく付き合ってみると段々表面的な皮がはがれ、日本人と変わらない根っこの部分が見えてきたというのが正直な感覚です。これは何も日本とポーランドの間だけの問題ではなく、世界中で同じことが言えるのではないでしょうか。

　ではなぜ地球全体を見るとあちこちで諍いや戦いが絶えないかと考えると、問題はその根っこの上にある皮の部分しか見ていないからではないかと気付きました。そこでお互いの皮の部分を照らし合わせ、比較分析しながら理解を進めることが肝心だろうと思いついたわけです。そうすれば、その「理解」が皮の部分を透明にしてくれるように感じたのです。皮を取り除くのではなく、お互いの皮を認め、理解し合って初めて根っこの部分が共有できるように思いました。

そのためにはポーランドで日本のことを知らしめ、また日本でポーランドのことを紹介することで、できるだけ根っこに近づきたいという希望が出てきたのです。日本にポーランドのファンを作り、ポーランドに日本のファンを生み出すことができれば少なくともこの二国間の根っこが共有できる道が開けるという理想に導かれて今までやってきたように思います。世界二〇〇か国に近い国々のことを考えると気の遠くなるような理想にしか思えませんが、地球の自然が崩壊しつつある現状を見ると、すべての人類が根っこを共有しない限り、この地球は立ち行かないところまで来ているという予感がします。

(このインタビューは、二〇一九年五月から七月にかけてワルシャワと東京の間でEメールによって行われたやりとりを編集したものです。)

おわりに

ある年ワルシャワ大学で開かれた「日本学祭り」シンポジウムの席上、沼野充義先生（ポーランド文学研究者）から、深夜便の原稿を本にしてはとの提案があったことが本書の出版につながりました。本書は普通のポーランド人の日常生活を描写し、それが日本とどんなかかわりがあったかなどを中心に書きましたが、それは同時に著者自身の人生の一片でもあったことを思い、その出版企画の発案者沼野充義先生をはじめ、出版に同意してくださった出版社未知谷の飯島徹氏、構成編集の指導をしてくださった伊藤伸恵氏に心から感謝いたします。

日本・ポーランド国交樹立100周年（1919～2019年）記念事業

おかざき　つねお

1944年旧満州国奉天市（現在の瀋陽市）生まれ。山口県立下関西高等学校卒業。京都大学文学部仏語仏文科卒業。1969年ポーランドに定住。1970年より現在までワルシャワ経済大学、1973年より現在までワルシャワ大学日本学科にて教鞭。

ワルシャワ便り

2019 年 8 月 20 日初版印刷
2019 年 9 月 10 日初版発行

著者　岡崎恒夫
発行者　飯島徹
発行所　未知谷
東京都千代田区神田猿楽町 2 丁目 5-9　〒 101-0064
Tel. 03-5281-3751 / Fax. 03-5281-3752
［振替］　00130-4-653627

組版　柏木薫
印刷製本　中央精版印刷

Publisher Michitani Co, Ltd., Tokyo
Printed in Japan
ISBN 978-4-89642-586-4　C0095